LA
TROPA

LA TROPA

Por qué mata un soldado

DANIELA REA | PABLO FERRI

(con la colaboración de Mónica González Islas)

PREMIO DE PERIODISMO 2018 Javier Valdez Cárdenas

AGUILAR

La tropa
Por qué mata un soldado

Primera edición: abril, 2019

D. R. © 2019, Daniela Rea / Pablo Ferri

D. R. © 2019, derechos de edición mundiales en lengua castellana:
Penguin Random House Grupo Editorial, S. A. de C. V.
Blvd. Miguel de Cervantes Saavedra núm. 301, 1er piso,
colonia Granada, delegación Miguel Hidalgo, C. P. 11520,
Ciudad de México

www.megustaleer.mx

D. R. © Penguin Random House / Amalia Ángeles, por el diseño de cubierta
D. R. © César Rodríguez, por la fotografía de portada

Penguin Random House Grupo Editorial apoya la protección del copyright.
El copyright estimula la creatividad, defiende la diversidad en el ámbito de las ideas y el conocimiento,
promueve la libre expresión y favorece una cultura viva. Gracias por comprar una edición autorizada de
este libro y por respetar las leyes del Derecho de Autor y copyright. Al hacerlo está respaldando a los
autores y permitiendo que PRHGE continúe publicando libros para todos los lectores.

Queda prohibido bajo las sanciones establecidas por las leyes escanear, reproducir total o
parcialmente esta obra por cualquier medio o procedimiento así como la distribución de ejemplares
mediante alquiler o préstamo público sin previa autorización.
Si necesita fotocopiar o escanear algún fragmento de esta obra diríjase a CemPro
(Centro Mexicano de Protección y Fomento de los Derechos de Autor, https://cempro.com.mx).

ISBN: 978-607-317-779-5

Impreso en México – *Printed in Mexico*

El papel utilizado para la impresión de este libro ha sido fabricado a partir de madera procedente
de bosques y plantaciones gestionadas con los más altos estándares ambientales, garantizando
una explotación de los recursos sostenible con el medio ambiente y beneficiosa para las personas.

Penguin
Random House
Grupo Editorial

A todas y todos los que han padecido la violencia de esta guerra y la han resistido con su cuerpo, su palabra y su memoria.

A Griselda, Tania y Francisco. A la memoria de Javier.

ÍNDICE

Nota 11
Prólogo. 13
1. Un soldado mata 33
2. Causar alta 75
3. Construir al soldado. 117
4. Construir al enemigo 167
5. Matar o morir. 209
6. Formas de matar 251
7. Ellos y nosotros 297
Bibliografía. 317
Fuentes de información 321
Agradecimientos. 333

NOTA

En el año 2015 comenzamos a investigar a La Tropa para tratar de entender por qué mata un soldado. Lo hicimos con el apoyo de *Pie de Página* y *El País*, las casas periodísticas que nos amparan. Los primeros resultados de esa investigación se publicaron en el sitio web de Cadena de Mando, en agosto de 2016. Para continuar con los retos de la investigación buscamos alianza con el Programa de Política de Drogas del CIDE, por considerar que compartíamos inquietudes semejantes sobre la violencia que genera la militarización del país. El equipo integrado por Alejandro Madrazo, Catalina Pérez Correa, Javier Treviño, Laura Atuesta, Guus Zwitser, Ángel Alejandro Pocoroba y Sara Velázquez se sumó entusiasta a este proyecto. Durante dos años trabajamos de la mano compartiendo preguntas, lecturas, ideas y solicitando información oficial a través del INAI. Este libro es resultado del trabajo colaborativo entre todos nosotros.

Los nombres de los militares que aparecen en estas páginas fueron cambiados para mantener su anonimato. En algunos relatos también se omiten los nombres de los lugares que mencionan, a petición de ellos.

En los casos en que los nombres se publican completos es porque antes aparecieron en notas periodísticas o en expedientes judiciales.

Algunas fechas fueron igualmente modificadas o directamente omitidas, con el fin de evitar la identificación de algunos de los protagonistas de estas páginas.

Prólogo

I

Una mañana de 2015 fuimos por primera vez a la prisión del Campo Militar Número 1, en los límites entre Ciudad de México y Naucalpan, en el Estado de México. Era un jueves fresco. Había llovido la noche anterior y el sol caía con fuerza sobre el asfalto, iluminando el agua oscura de los charcos. La ciudad se ve bonita desde el complejo, sobre todo en temporada de lluvias, libre de la capa de polución que la cubre en época seca.

El Campo Militar Número 1 es la instalación más importante del Ejército en México. Los militares la llaman Lomas de Sotelo. Con el campo, el Ejército no solo se adueñó del terreno sino también del nombre de una de las colonias que lo contiene. Dicen, "estoy en Lomas de Sotelo", "trabajo en Lomas de Sotelo". El Campo Militar Número 1 —Lomas de Sotelo— es un complejo enorme, con escuelas, gasolinerías, pistas de adiestramiento, decenas de edificios de viviendas, un bosque. Desde fuera parece un fraccionamiento privado, una urbanización fortificada, una ciudad dentro de la ciudad, pero una vez dentro esa sensación de espacio habitable protegido cambia: en el corazón de la instalación hay una cárcel. No es para delincuentes comunes, como el chico que roba un carro, el narco menor arrepentido o el usurero extorsionador. En el Campo Militar Número 1 —en Lomas de Sotelo— encierran militares.

Entrar en esa cárcel es difícil, cuando no imposible, para los periodistas. La Secretaría de la Defensa, la Sedena, da permisos puntuales solo cuando lo cree conveniente para sí y, en general, cuando sabe de antemano quiénes van a hablar y qué van a decir. No era nuestro caso y desde luego no parecían tener interés en darnos permiso alguno. En los meses previos a nuestra primera visita escribimos varias veces a la oficina de comunicación de la Sedena. No nos contestaron. Luego contactamos a un teniente que recién había salido de prisión. Pensamos que igual él nos daba alguna pista.

Habíamos leído su historia en *Proceso*. Como resultado de una extraña cadena de acontecimientos, la justicia militar lo había tenido encerrado más de un año en Lomas de Sotelo por dos delitos menores. El más grave era insubordinación, desobedecer a un superior, confrontarlo. La insubordinación del teniente le había costado tres disparos, uno de ellos en la espalda. Su superior, un teniente coronel a quien había desobedecido, le había disparado en circunstancias poco claras. Pese a todo fue el teniente quién había acabado en prisión y no el teniente coronel. Repuesto de sus heridas, el Ejército le había mandado del hospital directamente a la cárcel. Recién empezábamos a investigar a las Fuerzas Armadas, pero ya nos dábamos cuenta de que la obediencia, allí, es un valor supremo tan importante o más que la vida.

Vimos al teniente cuando llevaba unos días fuera de prisión, una tarde de principios de verano en un café de cadena en la planta baja de un gran hotel sobre Paseo de la Reforma. Es difícil recordar cómo vestía, pero el teniente era un hombre pesaroso: se le veía en los ojos, en su postura encorvada, marchita. Metro ochenta y no más de 85 kilos, tenía el pelo corto, negro, barba de día y medio, ojos huidizos, el semblante serio, inmutable.

PRÓLOGO

Pidió un café grande que apenas tocó, porque no paró de hablar. Criticaba duramente al Ejército por meterlo en la cárcel y nos daba detalles de su historia aquí y allá que no alcanzábamos a comprender. Nosotros escuchábamos y casi no interveníamos. Aquello no era una conversación sino un monólogo y probablemente no había motivos para interrumpirlo. El teniente necesitaba ser escuchado y nosotros estábamos interesados en su caso.

Al rato, más calmado, vacío, le pusimos al corriente de nuestras intenciones. Nos explicó que una manera de entrar a la cárcel militar era aparecer en la lista de visitantes de un preso. ¿Cómo podíamos hacerlo? Él explicó que los jueves iba a visitar a los internos con quienes había compartido reclusión. Si queríamos, dijo, le podía decir a algunos de ellos. Quizá podrían ponernos en su lista.

Esperamos varias semanas. El teniente fue de visita varias veces hasta que uno de los internos aceptó. Una vez a la semana, los responsables de prisión permiten cambios y añadidos en las listas. El reo pediría el añadido y días más tarde nuestros nombres aparecerían junto a los del resto de visitantes, en la libreta de relaciones de todos los internos. Ya en la lista, lo siguiente era ir al campo en día de visita, jueves o domingo, preguntar por el registro de visitantes de la cárcel, no decir nada raro, no parecer extraños, esperar que no hubiera demasiados trámites. No fue todo lo rápido que habíamos pensado. Después de la primera semana, los responsables del campo aún no habían incorporado nombres nuevos a la libreta de relaciones. ¿Por qué? Misterios castrenses. Recién aparecimos a la cuarta semana. El soldado informó al teniente, que a la vez nos llamó y nos dijo que ya podíamos ir.

Aquel día, después de una hora de viaje entre metro y camión, llegamos a la puerta número ocho de Lomas de Sotelo. La puerta de las visitas no difiere en nada de la entrada de cualquier edificio importante de la ciudad: hay vendedores de tacos, de tortas; voceadores de cuatro o cinco micros compiten a gritos por clientes, vendedores ofrecen cigarros y golosinas entre los coches... En la entrada había un primer retén. Dos militares muy jóvenes que cargaban sendos fusiles preguntaron a dónde íbamos. "A la prisión", dijimos. Nos dejaron pasar, indicándonos unas mesas bajo un techo, a unos 50 metros junto a la vía de acceso de los coches en medio de una pradera menuda. Bajo el techo, sentados ante una de las mesas, varios soldados muy jóvenes miraban distraídos sus celulares, sus uñas, los carros que venían y se iban. Parecía que uno de ellos estaba a cargo y el resto trataba de no ganarse un regaño. Quien habló fue el que estaba a cargo: "¿A dónde van?" Contestamos que a la prisión. "¿A quién van a ver?" Dimos el nombre del soldado, el grado y su arma. Luego nos preguntó qué número era. No sabíamos de qué hablaba. El muchacho abrió entonces una de las libretas y entonces nos dimos cuenta de que cada interno correspondía a un número, y cada número a una o dos hojas repletas de nombres de visitantes. Al rato encontró la de nuestro soldado: allí estábamos.

Acto seguido, otro de los militares, también joven, tomó un formulario amarillo, media cuartilla, y pidió que describiéramos nuestra vestimenta, de arriba a abajo. Camisa a cuadros y playera blanca, pantalón de mezclilla negro, tenis negros. Sudadera verde, pantalón de pana, tenis marrones. "¿Traen mochila?" Sí. El soldado apuntaba todo con una lentitud desesperante. Parecía que la redondez de las ces, de las pes, era cuestión de vida o muerte para él, tan esmerado. "¿Parentesco?" Amigos, dijimos. "Déjenme sus credenciales". Se las dimos. Apuntó los números de identificación en las hojas. Por último nos pidió que las firmáramos y para sorpresa nuestra nos las entregó. Luego supimos que aquellos formularios eran una especie de salvoconductos que nos permitirían la entrada al penal.

El militar señaló un camión verde olivo a veinte metros del techo. Ese, dijo, nos llevaría. El camión estaba repleto de mujeres que cargaban hijos, cazuelas, bolsas de comida. También había algún hombre, pero pocos. La conversación en el autobús era desenfadada, tranquila, como en cualquier otro camión de la ciudad. Minutos más tarde, el conductor se trepó a su asiento, cerró las puertas, puso en marcha el motor y salimos. Por dentro, el Campo Militar parece un pueblo en miniatura, con sus colonias de casas de tres alturas, sus parques infantiles. El camino hasta el presidio duró unos diez minutos. En algún momento cruzamos una puerta de barrotes que comunicaba con una zona más boscosa. Dos militares la custodiaban, pero apenas se molestaron en levantar la mirada cuando pasó el camión verde olivo. Al final, el conductor giró a la derecha en una rotonda y asomó el presidio: una barda alta y en el filo, en el mero borde, coronando el muro, un pasillo con militares apostados. La construcción tenía una torreta de vigilancia cada pocos metros. Quizá por los árboles, quizá por el pasto verde, por el brillo de la mañana, pero Lomas de Sotelo parecía cualquier cosa menos una cárcel.

El autobús paró en un aparcamiento semitechado junto a la puerta del penal. De nuevo, varios militares esperaban en sendas mesas a los visitantes. Descendimos y elegimos una. Pronto nos dijeron que las mujeres iban en la de la derecha y los hombres en la de en medio. No preguntaban nada, pedían el papel amarillo, apuntaban los datos, señalaban la puerta.

Salvamos la distancia entre las mesas y la reja de entrada, donde nos pararon de nuevo. En una garita de vigilancia preguntaron, por tercera vez, adónde íbamos y aunque pensábamos que para entonces ya estaba claro que a la prisión, les dijimos, "a la prisión". El militar a cargo del puesto quiso saber, como otros antes, a qué. "A visitar a un amigo", respondimos otra vez. Eso pareció bastarle. Nos preguntó si llevábamos teléfono celular, dijimos que sí. Pidió que anotáramos nuestros nombres y la marca del celular en una libreta y los dejáramos en uno de los espacios del casillero que había dentro del cuarto. Nos dieron una ficha.

Desde la garita se veía el jardín que rodea la entrada interna —en Lomas de Sotelo hay muchas entradas y muchos retenes y muchas puertas—, el tipo de jardín que antecede el *hall* de la oficina corporativa de una empresa de detergentes: los árboles y los arbustos recortados como pequeños cubos, los paseitos de concreto, los tres escalones antes de traspasar el acceso principal. De la garita nos mandaron a la puerta de una construcción chata y maciza, uno de los últimos filtros antes de entrar a la cárcel. En la puerta nos pidieron una identificación y el papel amarillo. Compararon los datos, se quedaron las identificaciones y nos dieron otra ficha. El oficial a cargo dijo que pasáramos. Enfrente había un mostrador y del otro lado del mostrador varios militares, otra vez con cara de aburrida pericia, de conocer mejor que nadie los programas que pasan por la televisión que cuelga de la pared. Las señoras que venían con nosotros en al autobús se acercaron también con sus papeles amarillos. Uno de los militares agarraba un micrófono y leía con voz potente el nombre del interno al que venían a ver: "Fulanito de tal, fulanito de tal, acérquese a la puerta número tal, tiene visita." Así dos veces. Las imitamos.

Acto seguido, fuimos a dejar la mochila en un espacio con estanterías metálicas que hay detrás del mostrador. A las mujeres las hacían pasar a revisión, en un cuarto del lado derecho del mostrador. A los hombres, en otro cuarto del lado izquierdo. Nos metieron uno por uno y un soldado, hombre o mujer, nos hizo quitar zapatos y calcetines y mostrar la ropa interior. Abrir el monedero, mostrar que no traíamos nada, una memoria USB, quizá algo de droga. Aquella vez nos parecieron muy estrictos, aunque con el tiempo nos dimos cuenta de que cada militar hacía un poco lo que quería. Había algunos que apenas sobaban los calcetines y te dejaban pasar. Otros, por el contrario, hacían que te desabrocharas el pantalón y te lo bajaras hasta los tobillos. Con las mujeres eran más agresivos. A Daniela le hicieron bajarse los calzones más de una vez.

PRÓLOGO

Las mujeres se formaban con sus hijos, arrastrando enormes bolsas llenas de comida. Había una treintañera embarazada que meses más tarde, en otra visita al penal, la vimos cargando a su niño en brazos. En aquella segunda ocasión, su pareja, un interno, recibió a la mujer en la entrada y ella le entregó al crío como si fuera una ofrenda. Caminaron abrazados a lo largo de un pasillo hasta que los perdimos de vista. Aquella imagen: la mujer, el esposo, el bebé, los árboles, el sol brillante, la pradera del campo de beisbol que hay junto a la entrada, sugerían el inicio de una hermosa mañana en el Bosque de Chapultepec, con sus juegos de fútbol, su asado, y no una visita a prisión. Aunque luego vimos que ambas cosas, allá en el complejo militar, en Lomas de Sotelo, se parecen bastante.

II

Queríamos visitar esa cárcel desde hacía tiempo. Nuestro objetivo: hablar con La Tropa. Militares procesados por homicidio. Soldados, cabos, sargentos que habían matado, acusados de hacerlo a sangre fría, no en el calor del enfrentamiento, sino después, habiendo *vencido*. Allá adentro estaban, por ejemplo, los militares acusados de ejecutar a una docena de personas en Tlatlaya, en el Estado de México, en 2014; o los procesados por balacear a sangre fría al joven Otilio Cantú en Monterrey, en 2011. Queríamos conocer sus historias, por qué habían elegido el Ejército, cómo y cuándo había sido su primer contacto con la violencia en el país, por qué habían acabado allí, en prisión.

Teníamos, claro, una razón de fondo para ese enfoque. Nunca antes en la historia de México había muerto tanta gente asesinada como en los años anteriores. La política confrontativa del presidente Felipe Calderón, que había gobernado de 2006 a 2012, elevó la tasa de homicidios a cifras nunca vistas, al menos desde tiempos de la Revolución, cien años atrás. Con Enrique

Peña Nieto la tendencia aumentó. El año 2018 fue el más violento en México desde que se tienen registros.

Son más de 200,000 asesinatos[1] y 40,000 desaparecidos[2] desde 2006. Es una gran herida social y muchos periodistas la hemos narrado en infinidad de ocasiones en textos profundos, con análisis sesudos, decenas de notas en la TV, revistas y libros. La mayor parte de esas historias —y esa mayor parte es una mayoría abrumadora— ha sido contada desde la memoria y el dolor de las víctimas.

Nosotros queríamos contar la mirada de los victimarios.

III

Cuando explicamos cómo empezamos a investigar a los militares y por qué, siempre hablamos de una cena en casa de Daniela, un viernes de verano en 2015. Vino, tortillas de papa, mezcal de Guerrero. Comíamos y bebíamos junto a la estufa. Nos sentíamos frustrados.

Pablo acababa de volver de Arcelia, en Guerrero, de entrevistar a una decena de familiares de los ejecutados en Tlatlaya. Familias pobrísimas, ranchos miserables, novenarios orados desde la rotunda humildad de un patio hecho de polvo, adobe y láminas de zinc. Y una frase que se repetía en cada morada: "Si andaba en malos pasos, que los hubieran detenido, pero, ¿para qué los mataron?"

Daniela llevaba cinco meses trabajando en la producción de *La libertad del Diablo*, un documental que ahonda en los motivos de la violencia en el país y las consecuencias que provoca. Entrevistas con sicarios, expolicías y exsoldados, algún torturador…

---

[1] Según datos del Secretariado Ejecutivo del Sistema Nacional de Seguridad Pública.

[2] Según el Registro Nacional de Personas Desaparecidas del Gobierno federal.

PRÓLOGO

No recordamos quién dijo qué y cómo, pero aún ahora, apenas nos estrujamos el cerebro, aflora una sensación de impotencia con la manera en que nos acercábamos a la violencia. Habíamos escuchado historias de terror, la aflicción de madres que habían perdido a sus hijos, el miedo y la amargura de los supervivientes. Lo habíamos contado de la mejor manera posible, tratando de entender los matices, de rescatar su dignidad, de hacerle justicia al dolor. Pero sentíamos que parte de la imagen se nos escurría como líquido entre los dedos.

¿Por qué militares en Tlatlaya habían matado a los vencidos? ¿Por qué militares habían asesinado a Cantú? ¿Por qué secuestraron a Miriam López Vargas en Ensenada, la torturaron y violaron y luego la soltaron? ¿Por qué dijeron que esquirlas de una granada lanzada por criminales mataron a dos niños, los hermanos Almanza, en Tamaulipas, cuando en realidad fueron sus propios proyectiles? ¿Por qué les disparan? ¿Por qué se les va la mano? ¿Por qué la saña?... Eran preguntas que no podían contestarlas los familiares de los muertos o los propios supervivientes.

Si en todos esos hechos los victimarios habían sido soldados, las respuestas estaban con ellos, no del lado de las víctimas. Teníamos que preguntarles a ellos.

Más allá del narco, de la delincuencia organizada, de la narrativa oficial que cuenta esta historia como una batalla entre buenos y malos, es un hecho que muchos de los crímenes perpetrados en este tiempo han sido cometidos por servidores públicos. Soldados, marinos o policías traicionaron la razón de ser del Estado y, en vez de usar la potestad de la fuerza para defender a los ciudadanos, la emplearon en su contra.

Está el caso, por ejemplo, de Javier Eduardo,[3] desaparecido por soldados en Ciudad Juárez en el año 2009 y cuyo cuerpo fue

---
[3] La historia completa puede consultarse en el sitio web de *Cadena de Mando*.

encontrado, con señales de tortura, tirado en mitad del desierto. O el del joven médico Jorge Otilio Cantú, asesinado en 2011 al salir del trabajo:[4] le dispararon mientras manejaba su camioneta por la lateral de la avenida Lázaro Cárdenas, en el sur de Monterrey y, ya moribundo, lo remataron con seis tiros en la cara a menos de un metro de distancia.

Cuando sucedieron, cubrimos los casos de Javier Eduardo y Jorge, escuchamos a sus familias, contamos su dolor... Pero ignorábamos la historia de sus victimarios. ¿Por qué habían matado a Jorge si, herido, ya no representaba un peligro? ¿Por qué torturaron hasta la muerte a Javier Eduardo?

En la última década, el ombudsman mexicano ha recibido más de 11,000 quejas por presuntas violaciones a los derechos humanos cometidas por militares. ¿Quiénes son esos soldados? ¿Qué pasa y ha pasado en su vida para llegar a ese punto? ¿Cuáles son sus historias? ¿Cómo y para qué han sido entrenados? ¿Cómo, en qué momento, por qué un soldado decide asesinar, torturar, desaparecer? ¿De qué manera lo decide? ¿Qué mecanismos psicológicos activan su decisión? ¿Lo niegan? ¿Se vuelven cínicos? ¿Duermen en calma? ¿Han sentido la necesidad de hablar con las madres, hermanas, novias, hijos de sus víctimas? ¿Han vuelto a ser felices tras matar? Cuando esos soldados mataron, ¿tenían otra opción?

Queríamos conocer a los soldados, mano y cuerpo que opera las órdenes del Gobierno en esta guerra interminable. Queríamos conocerlos para tratar de entender, primero, cómo se construye una estructura, una inercia burocrática, capaz de dañar, matar y desaparecer. Y segundo, para comprender cómo estos soldados sin nombre llegan a asumir la vida del otro y decidir sobre ella.

---

[4] El *ombudsman* mexicano emitió un informe que detalla el asesinato del joven Cantú.

¿Por qué elegimos a los militares y no a los marinos, los policías o los gendarmes? Porque los soldados del Ejército —La Tropa, como les llaman— son el pueblo en uniforme. Lo dijo el secretario de la Defensa Nacional en marzo de 2018, en la ceremonia de entrega de menciones honoríficas a integrantes de las Fuerzas Armadas. Molesto por las críticas contra los soldados, el general Salvador Cienfuegos los defendió: "Somos el pueblo en uniforme militar. Nunca criminales ni represores, nunca cobardes y abusivos, nunca mediocres ni mentirosos, nunca desleales ni traidores." También lo han dicho otros antes que él y lo siguen diciendo. Ningún cuerpo policial o castrense ha desplegado tantos efectivos de 2006 a 2018 como el Ejército. Tanto es así que en muchos pueblos y ciudades del norte, centro y sur del país, la gente les llama *gobierno*. Escuchas a vecinos de pueblos como Arcelia, en Guerrero, o ciudades como Reynosa, en Tamaulipas, decir que hay *"mucho gobierno"* en las calles. Es decir, que hay soldados patrullando.

De diciembre de 2006 a la fecha, 540 mil soldados han salido a patrullar las calles del país. El Ejército mexicano ha sustituido a las policías locales y federales y ha tomado bajo su responsabilidad la seguridad de muchas regiones. La violencia ha sido una de las consecuencias más inmediatas. Una base de datos que obtuvimos de la Secretaría de la Defensa, por ejemplo, mostraba que militares y civiles se habían enfrentado en 4,272 ocasiones durante esos ocho años, de diciembre de 2006 a octubre de 2018.[5] Otra vez: 4,272 balaceras con sus muertos. Decenas de miles de balas cruzando el aire en dirección a un cuerpo.

---

[5] Esta cifra la hemos obtenido a partir de solicitudes de información a la Secretaría de la Defensa. En las peticiones demandamos la cantidad de enfrentamientos, el número de heridos y muertos de cada lado y el número de detenidos. Todos estos datos se pueden consultar en el sitio web de *Cadena de Mando*.

IV

El tiempo que pasamos con los soldados en prisión era un tanto irreal. Lomas de Sotelo, la cárcel del complejo militar, parece más un centro de retiro espiritual que un destino de castigo. Los jueves, día de visita, muchos internos hacen asados con sus familias. En una ocasión, mientras esperábamos con dos soldados a uno de sus compañeros, nos tiramos los cuatro de espaldas en el jardín bajo la sombra de un árbol y hablamos de Bob Marley y Jimmy Cliff; saboreamos las ganas de bailar reggae. En otra ocasión fuimos a comprarle un *smoothie* a un capitán que atendía un puesto de dulces. Muchos de los internos sacan dinero de donde pueden. Algunos lavan ropa, otros elaboran artesanías. Este capitán había ahorrado para comprarse una carreta provista de batidora y otros pequeños lujos. Cuando nos acercamos, nos sorprendió la música: escuchaba su colección de discos de bossanova.

Buena parte de las visitas a prisión fueron tiempos muertos que se iban en platicar de cualquier tema con los internos. Del pueblo de origen, sus familias, sus películas y series favoritas, o incluso sus sueños –casi todos habían querido ascender en la escala militar, hacer carrera, tener un futuro seguro; todos, deseos desdibujados por las acusaciones y condenas en contra–. A veces era notorio cómo el orgullo que una vez sintieron se había transformado en puro rencor hacia la institución.

No fue fácil conseguir que los soldados se sentaran para las entrevistas. Una cosa era echarse en el pasto y platicar de música y comida y otra tener que responder cómo y por qué apretaron el gatillo para matar. Que contasen de sus vidas dependía tanto de los ánimos como de su disposición de tiempo. Casi siempre disputamos ese espacio con la visita familiar.

Para las entrevistas elaboramos un cuestionario de más de 40 preguntas divididas en bloques. El primero abordaba la infancia, juventud, educación y primeros pasos profesionales de los soldados.

También sus motivaciones para unirse al Ejército. El segundo trataba sobre su capacitación como reclutas, el adiestramiento; un tercer grupo de preguntas se ocupaba de la relación entre oficiales y tropa, la obediencia, la jerarquía; un cuarto referente al enemigo, los enfrentamientos y, por último, sus años de experiencia como militares y los casos que los habían llevado a prisión.

Con el tiempo, las visitas regulares —hicimos más de 30 en un periodo de dos años—, la conversación vacua (la que todos tenemos con desconocidos con los que compartimos un asiento de avión, en la espera del médico o con amigos), Marley, los tacos de suadero, Cliff y los recuerdos de una tinga caliente, abrieron los cerrojos emocionales y el corsé de desconfianza. Al final, algunos se sentaron a hablar con nosotros. Largo.

V

"Cuando estás en un enfrentamiento sudas, entras en un shock de ¡¿qué va a pasar? ¿voy a morir aquí?!", contaba Javier, uno de los cinco soldados que entrevistamos a fondo en una de nuestras primeras visitas a Lomas de Sotelo. "Algunos compañeros... los ves llorando, otros repeliendo, otros defendiéndose, otros diciendo «órale, cabrón, ¿piensas morir aquí?» En tu cabeza solo pasa si vas a morir o no. En ese momento, un segundo, unos segundos, te acuerdas de que tienes familia y pones en juego todo lo que tienes. Y como todos: para que lloren en tu casa, pues que lloren en la de él, lamentablemente."

Revelaciones así acababan por aparecer en las conversaciones como producto de momentos de extraordinaria confianza o de ascenso catártico, nosotros tomando notas —no podíamos meter la grabadora al penal—, ellos hablando. Rezábamos para que siguieran.

Respetábamos el orden de los cuestionarios, aunque a veces tomábamos los caminos que querían los soldados. Insistíamos especialmente en sus sentimientos y emociones ante situaciones duras como los enfrentamientos. Era justo en esos momentos cuando se gestaba, pensábamos, la venganza; en que los asesinatos empezaban a ocurrir.

Si el enfrentamiento podía anunciar desenlaces indeseables, los días que pasaban entre balacera y balacera, las palabras de los comandantes, la doctrina callejera de oficiales y sargentos, definían el intercambio de fuego. "Luz verde significa que te dan la libertad de hacer lo que tú quieras, sin pedir permiso o autorización", explicaba el soldado Ramiro una mañana, bajo un árbol frondoso, junto al campo de fútbol de pasto natural de Lomas de Sotelo. "Por ejemplo, por reglamento las camionetas de los soldados (cuando van en convoy) no se pueden separar. Con luz verde, se pueden separar; si ves a un sospechoso se puede revisar y disparar antes de que ellos disparen porque un hombre armado es un peligro para el soldado."

A tres años de nuestras primeras visitas a prisión, esos segmentos donde los soldados relatan su experiencia en campo —humanamente degradante, personalmente demoledora— nos siguen revolviendo el estómago, tensando los músculos de la espalda, desbaratando toda idea de hasta dónde llegan el miedo o la rabia.

Aunque parezca una obviedad, poco a poco nos dimos cuenta de que la violencia es el medio de La Tropa, su fe. La paranoia, su dogma. A partir de los textos que armamos con estas entrevistas y los datos que bajamos de la Secretaría de la Defensa, creamos un reportaje multimedia que publicamos en cadenademando. org. Aquello ocurrió en agosto de 2016. Meses más tarde uno de nuestros lectores escribió:[6] "Las razones de los soldados para cometer asesinatos extrajudiciales: 1) porque se los ordenaron, 2)

---

[6] El texto se puede consultar en el sitio web de *Cadena de Mando*, en la sección Post Scriptum.

por rencor contra los presuntos delincuentes y 3) porque consideran que el procedimiento judicial (carearse con el delincuente, presentarlo ante el Ministerio Público, trasladarlo a un hospital para que reciban atención médica) los pone en riesgo."

O sea, si se dan las condiciones, casi por cualquier cosa.

Cuando escuchábamos a los soldados hablar de los enfrentamientos, hacer confesiones como las que hizo Javier —"para que lloren en mi casa..."—, nos sentíamos de alguna forma en medio de la guerra. Sentados en el pasto o en una banca, todo verde si era septiembre u octubre, el viento helado en enero o febrero, frases como aquellas nos transportaban de repente a otro lugar y momento. Acariciábamos un conocimiento vedado, como si la guerra se quitara la máscara. O como si nos la quitáramos nosotros y comprobáramos que la batalla de buenos y malos que ha planteado el Gobierno en los últimos doce años no es más que un disfraz burdo, simplista. Una mentira útil.

VI

Desde 2017, las visitas al penal militar se han ido espaciando. Después de dos años de investigación, nuestra intención era seguir con las entrevistas cambiando ligeramente el foco. Platicar no solo con soldados, sino también con sargentos y oficiales. Dentro y fuera de prisión. Los soldados son la mano ejecutiva del Ejército, mientras que los sargentos y oficiales de grado bajo —tenientes y subtenientes— componen los músculos del brazo. Ellos comandan y organizan secciones y pelotones. Mandan en los patrullajes. Con el tiempo notamos, además, que los internos, sin importar si eran condenados o solo procesados, habían moldeado su discurso en torno a una enorme justificación: yo sólo cumplía órdenes.

Justo por entonces, el Congreso debatía la Ley de Seguridad Interior, una iniciativa del Gobierno de Enrique Peña Nieto apoyada por parte del PAN, que planteaba un marco jurídico para la actuación de las Fuerzas Armadas. En estos años, la sustitución de las policías por el Ejército funcionaba con base en una excepción. Es decir, no había una ley que determinara su actuación. Esa ley, decía el Gobierno de Peña, arreglaría la situación.

En la práctica, la norma abría la puerta a que militares y marinos siguieran fungiendo de policías *sine die*, una posibilidad que había generado una bronca de enormes dimensiones entre el Gobierno, buena parte de la oposición y organizaciones de la sociedad civil que se dedican a temas de seguridad y procuración de justicia. Cuando Calderón sacó al Ejército de los cuarteles, pocos pensaron que los militares seguirían haciendo de policías doce años después. Era una medida de urgencia, decía el Gobierno. Pero la urgencia se había convertido en la nueva normalidad. Los militares no están preparados para hacer de policías, señalaba el colectivo de organizaciones Seguridad sin Guerra, que agrupa a una buena cantidad de expertos en políticas de seguridad pública. Están preparados, precisamente, para la guerra.

Al final, el Congreso aprobó la reforma a la Ley de Seguridad Interior, de acuerdo a los planes del Gobierno. El fin del mandato de Peña Nieto y la renovación de las cámaras hizo que lo anterior quedara prácticamente en el olvido. El nuevo Ejecutivo, comandando por Andrés Manuel López Obrador, impulsó en diciembre de 2018 una reforma constitucional para crear un nuevo cuerpo militar, la Guardia Nacional, que eventualmente sustituiría al Ejército en tareas de seguridad pública. La pugna entre defensores y detractores del papel policial de cualquier fuerza castrense seguía mientras este libro se iba a imprenta.

Cuando se aprobó la Ley de Seguridad Interior, muchos en Lomas de Sotelo lo entendieron como una prueba —la confirmación, en realidad— de que ellos no deberían estar allá adentro. No importaba el delito del que los acusaran, pues en el momento de cometerlo solo estaban defendiendo a su país. Como si la falta de un marco jurídico implicase la carencia absoluta de conciencia, de sentido común.

Un teniente, José, con quien hablamos infinidad de veces durante varias visitas por esa época, estaba preso porque unos años atrás un detenido se le había muerto —así decían, "se nos murió"—, cuando él y sus hombres le aplicaban el cuestionario inteligente, un tipo de interrogatorio que los militares pusieron en práctica durante el sexenio de Felipe Calderón. Eran más de 100 preguntas que deberían formar parte del trabajo de los fiscales pero que los militares hacían a cualquier sospechoso. (Y no es sólo que pudieran hacerlo: los animaban a ello).

José y sus hombres mataron al detenido durante el cuestionario inteligente y el juez los mandó a prisión. Nunca, después de horas de plática, fuimos capaces de entender cómo había ocurrido aquello, quién golpeó y mató al detenido. Con la ley, ese tipo de muertes encontraría en el remozado marco jurídico un limbo para ocurrir sin contrapesos. Los soldados podrían apretar a sus detenidos sin temor de que los excesos los condenen, según José. Para él, la nueva ley eliminaba de cuajo situaciones como la suya, de soldados que se sobrepasan en el cumplimiento de la ley. La nueva ley les daba, por fin, un marco jurídico. Tranquilidad y protección.

Fue entonces cuando decidimos empezar a buscar militares fuera de prisión, ajenos a la necesidad de defender sus actos. Es comprensible que quienes están presos o enfrentan un proceso judicial que cuestiona sus decisiones justifiquen cada medida para defenderse, pero ¿esa lógica se repite fuera, entre los soldados y oficiales que no han sido señalados por crímenes? ¿Tienen ellos una visión similar a los José o Javier sobre esos segundos que preceden a una balacera, antes de que te disparen o de empezar a disparar? ¿Tienen la misma mirada que sus pares presos acerca de la tortura? ¿Cómo se habla del enemigo en los cuarteles? ¿Ellos sí tienen mayores limitaciones morales que sus camaradas sobre los métodos para obtener información de los detenidos? ¿Sienten que ante la posibilidad de la muerte, obedecer la ley tiene sentido?

A principios de 2018 empezamos a viajar a la frontera de Tamaulipas con Texas. En la primera parte de nuestra investigación habíamos descubierto que la mayoría de los enfrentamientos entre militares y civiles habían ocurrido por esos rumbos. De los 4,272 choques que mantuvieron militares y civiles en esos años según la Sedena, 1,907 ocurrieron en Tamaulipas, la mayoría en la frontera. Si la guerra tiene un frente, está en ciudades como Nuevo Laredo, Reynosa o Matamoros. En ningún otro lugar como allí. Nuestra intención era contactar a militares que estuvieran (o hubieran estado) destinados en la zona. ¿Qué significa ser soldado en ciudades así, patrullar en un lugar donde lo difícil es que *no* te agarres a balazos cada pocos días?

Sabíamos de un teniente que estaba destacado en un cuartel de la frontera en Tamaulipas. Se llamaba Casas. Lo habíamos conocido un año antes, a pocos meses de que lo trasladaran al estado vecino. En marzo de 2018, Casas nos invitó a pasar unos días en la base de operaciones que comandaba. Era una oportunidad increíble: tendríamos acceso total a un grupo de treinta soldados, cabos y sargentos durante varios días, justo en la zona roja. No tendríamos que trabajar bajo supervisión ni el maquillaje de la Secretaría de la Defensa. No dudamos ni un segundo.

Durante días patrullamos los márgenes del Río Bravo junto al teniente Casas y sus hombres. Pronto entendimos que compartían una vivencia: todos habían participado en enfrentamientos. Muchos, incluso, habían resultado heridos.

Caminamos con ellos por colonias paupérrimas, lugares donde, decían, los habían emboscado alguna vez, la última no hacía todavía un mes; platicamos en la intimidad vespertina del comedor, en los pasillos de la base, en el cuarto del teniente Casas, una estancia cuadrada, con dos camas, uno o dos fusiles siempre encima de una de ellas, una máquina de café en permanente funcionamiento. La experiencia en la base y los testimonios que recogimos complementaron las entrevistas que habíamos hecho en prisión y la información que aportaron otros militares con quienes hemos hablado estos años.

Este libro es un viaje desde aquellas primeras entrevistas en la cárcel a las últimas en Tamaulipas, Veracruz, Oaxaca, Guanajuato y la Federación de Militares Retirados Francisco J. Múgica. Un viaje en el que hemos tratado de comprender a los militares, entender sus motivaciones y puntos de vista. Un intento por penetrar la psique de hombres que obedecen la orden de matar a otras personas porque es legal hacerlo.

En el camino, hemos tratado de evitar que la empatía se convirtiese en justificación. A veces temíamos que ocurriera. Escuchándolos a la sombra de árboles frondosos hablar de sus familias, en placenteros rincones de la cárcel militar, caminando junto a ellos en Tamaulipas, respirando el mismo polvo, compartiendo un café en la intimidad barata de las cafeterías de Ciudad de México, sentíamos una cercanía inquietante. Suponemos que esa incomodidad es nuestra mejor defensa, la herramienta para empezar. Esta búsqueda de los motivos que llevan a un hombre a matar a otro no puede evadir la pregunta de quiénes somos ante ese otro. Este intento de entender por qué mata un soldado nos obliga a entender qué se mata cuando se asesina, qué se nos ha muerto antes.

1
Un soldado mata

"De modo tal que, a partir de las evidencias existentes en el expediente de queja, es dable establecer que esa segunda agresión con arma de fuego no fue motivada por algún tipo de contexto de persecución riesgoso (atacantes desde dentro de la camioneta) o intempestivo (ante la sorpresa de que el agraviado abriera la puerta) y que V1 se encontraba, malherido, a merced del tirador, quien le disparó sin justificación alguna, a menos de un metro de distancia."
Comisión Nacional de Derechos Humanos, Recomendación 73/2011

Un vacío llenó sus oídos cuando acabaron los disparos. Hubo un instante de silencio. Antonio se incorporó en la batea de la camioneta militar para ver qué había frente a él. Sudaba incesantemente. Era de noche, era verano y el calor del desierto de Nuevo León se había mezclado con el golpe de adrenalina. No supo determinar qué sucedía unos metros adelante. Había autos detenidos, sí, y distinguía luces intermitentes, pero el humo de la metralla —la metralla que él disparó— no dejaba ver nada más. Entonces escuchó un grito.

El grito de unos niños.

En la batea de la camioneta Antonio soltó el cuerpo y bajó los brazos. Tenía las manos tan sudadas que su fusil de asalto resbaló hasta casi dar contra el piso de chapa. Alguien gritó algo, una orden o un insulto. ¿Era la voz de un jefe o de otro soldado? Antonio se acomodó el casco verde olivo y volvió a asomarse por encima del techo de la camioneta. Lo mismo: autos detenidos, luces intermitentes, el humo de la metralla. Y el grito de los niños.

Aquella noche del 5 de septiembre de 2010,[7] la camioneta militar de Antonio encabezaba el convoy de seis unidades del Ejército que circulaba por la carretera Laredo-Monterrey, al norte de México, haciendo un patrullaje de rutina cuando un Chevrolet Malibú subió a la cinta asfáltica de manera algo errática, pasó por el costado del convoy, y aceleró. En el Malibú viajaba una familia. Padre, madre, hijos, yerno, nietos. Pero los soldados no lo sabían todavía: para ellos, en ese auto avejentado de vidrios polarizados que volaba delante de la pista conducido de manera más o menos bamboleante sólo podían viajar un tipo de personas: criminales.

Unos metros más adelante, tras gritar el alto,[8] los soldados dispararon. El Malibú se detuvo poco después, de golpe, en la misma carretera. Cuando llegaron junto a él, los soldados comprobaron a qué le habían dado. Los militares mataron a dos personas, el albañil Vicente de León de 52 años y su hijo de 15, Alejandro, estudiante de preparatoria. También hirieron a otras tres —Patricia Castellanos, la esposa del albañil, su hija y el yerno. En el auto Malibú también viajaban dos niños que salvaron sus vidas porque el cuerpo de los adultos y los sillones del automóvil detuvieron las balas.

En aquel 2010, a sus veintiuno, Antonio llevaba tres años como soldado. Sentía orgullo de vestir el uniforme y portar un arma y de estar destacado en Nuevo León. Para entonces el estado, la entidad económicamente más poderosa de México después de la capital, era el escenario de una interminable seguidilla de

---

[7] Este hecho se reconstruyó a partir de entrevistas con una sobreviviente, con un soldado involucrado y con el expediente de la Comisión Nacional de Derechos Humanos.

[8] Los soldados dijeron haber marcado el alto, pero la familia dijo no haberlo escuchado.

asesinatos.[9] Para Antonio, ir a Nuevo León era un reconocimiento a su valor.

Pero en esa noche de verano no hubo valentía. Al cabo de unos minutos llegaron a la carretera una ambulancia y las televisoras y a Antonio le ordenaron que se apostara a unos metros del Malibú baleado, asegurando la escena del crimen por el que acabaría encerrado en un penal militar y, cinco años después, esperando su condena.

En esa prisión, Antonio nos dice que no recuerda haber visto mucho más durante aquella noche del 5 de septiembre de 2010. Apenas los autos detenidos, las luces intermitentes, el humo de la balacera. Pero sí recuerda lo que oyó: la señora que lloraba, los lamentos, a sus compañeros soldados que, también a los gritos, pedían una ambulancia. Y encima de todo eso, y sobre todo, el shock de los niños.

—Le gritaban a su papá "por qué no te *detuviste*, por qué no te *detuviste*". Me quedé en shock. No supe qué hacer.

Operativos, enfrentamientos, muertes

El Ejército llegó a las calles del estado de Nuevo León en el año 2008 cuando el entonces presidente Felipe Calderón puso en marcha el Operativo Conjunto Tamaulipas-Nuevo León, también llamado Operativo Noreste, una respuesta gubernamental anunciada para combatir al crimen organizado que, según Calderón, amenazaba la seguridad de las familias mexicanas y la salud de los niños y los jóvenes a través del tráfico de drogas.

---

[9] Nuevo León era el séptimo, entre los 32 estado de México, con el mayor número de personas asesinadas en ese 2010, según el conteo del Gobierno federal.

El Operativo Noreste abarcaba Nuevo León, donde estaba destinado Antonio, y Tamaulipas, el estado que en poco tiempo sería el distrito de México con el mayor número de *enfrentamientos*[10] entre militares y personas no uniformadas.[11]

El Operativo Noreste era parte de un plan general de ataque al crimen organizado, se dijo desde el gobierno, que llevó al Ejército a trece estados, el cuarenta por ciento del total del territorio, cada uno con su gentilicio específico —el Operativo Conjunto Chihuahua, el OC Michoacán, el OC Guerrero Seguro, el OC Sinaloa, el Operativo Morelos Seguro, entre otros—, una notación administrativa que parecía mostrar que México era una nación en guerra en su propio territorio, ocupado por una fuerza irregular nacida de los intestinos de su misma sociedad.

Desde 2006, cuando iniciaron los operativos ordenados por el presidente Felipe Calderón, hasta octubre del 2018, los soldados se *enfrentaron* con *agresores civiles* en 4,272 ocasiones.[12] La cifra

---

[10] Según la base de datos elaborada por Sedena sobre enfrentamientos entre militares y civiles agresores, para el año 2010 en Tamaulipas sucedieron una tercera parte de los enfrentamientos que hubo en todo el país. Este porcentaje incluso se incrementó con los años: de los 4,272 enfrentamientos registrados desde el 2006 a octubre del 2018 (la última actualización de la estadística) casi la mitad, 1,907, sucedieron solo en el estado de Tamaulipas.

[11] La Sedena, en su conteo oficial, les llama "civiles agresores" y "enfrentamientos": tiroteos entre fuerzas armadas con alguien que representa un riesgo para la vida de los militares. Esa manera de catalogar a quien está del otro lado asume que todas las personas que resultaron heridas o muertas en un cruce de balas donde estuvieron los militares pudieron ser (o fueron) criminales. Cabe decir que, a diferencia de la Sedena, la Policía Federal en su conteo de enfrentamientos hace la distinción entre "probables miembros de la delincuencia" y "probables civiles" –es decir, registra también a personas no armadas muertas y heridas-; y la Marina se refiere a los civiles como "presuntos infractores civiles". Mientras la Sedena en su registro los asume como "agresores", la Policía Federal y la Marina acotan con "probables" y "presuntos" la culpabilidad de las víctimas.

[12] Estas cifras provienen de la base de datos de enfrentamientos entre militares y "civiles agresores" elaborada por la Secretaría de la Defensa Nacional y tiene una actualización hasta el 31 de octubre del 2018. En esta base de datos se registra –en términos establecidos por la misma institución– fecha del enfrentamiento, municipio, estado, militares heridos, militares muertos, civiles agresores heridos, civiles agresores muertos y civiles agresores detenidos.

1. UN SOLDADO MATA

anual de enfrentamientos creció de manera consistente hasta el año 2011, para luego disminuir y tener un repunte en el 2017.[13] México registró de media al menos una balacera entre militares y civiles *todos los días* durante once años.

Según los propios registros de las fuerzas armadas, 200 militares y 3,907 civiles murieron en los eventos registrados desde diciembre de 2006 hasta abril de 2014. En promedio, un civil muerto en cada enfrentamiento durante ocho años, veinte civiles por cada militar: cifras monstruosas. Después de esa fecha no sabemos cuántos civiles han muerto.[14] En efecto, en abril de aquel año, ocho años después de que Felipe Calderón sacara a los soldados a patrullar las calles, la Secretaría de la Defensa Nacional dejó de informar sobre civiles muertos y heridos.[15]

¿A qué se deben esas cifras de víctimas? ¿Al tipo de armamento que emplean los militares? ¿A que La Tropa dispara mejor porque

---

Para siguientes referencias le llamaremos "Base de datos de enfrentamientos de Sedena". Esta base de datos se puede descargar del sitio www.cadenademando.org

[13] En la contabilidad militar este es el registro de "enfrentamientos" por año: 2006: 0; 2007: 48; 2008: 106; 2009: 207; 2010: 621; 2011: 1008; 2012: 816; 2013: 482; 2014: 276; 2015: 185; 2016: 173; 2017: 303; 2018 hasta el 31 de octubre: 47.

[14] En un intento por saber cuántas personas han muerto a manos del Ejército, cruzamos los datos de estado, municipio, fecha y número de muertos de los tres registros oficiales con que se cuenta: la base de datos de enfrentamientos (que tiene datos de "civiles agresores muertos" hasta abril del 2014), las víctimas mortales que se incluyen en las recomendaciones de la CNDH y las víctimas mortales registradas en las sentencias judiciales. La Sedena registra 3,907 muertos en enfrentamientos, la CNDH en sus recomendaciones registra 83 muertos, en cuanto a las sentencias, el Poder Judicial registra 29 muertos (21 con sentencia condenatoria por homicidio y 8 por sentencia condenatoria por otros crímenes, pero en la carpeta se registran los muertos). Sin embargo, la calidad de los registros oficiales impide saber con absoluta certeza cuántos casos están duplicados y, por lo tanto, el total de muertos. Por ejemplo, en nueve casos (de los 3,907 que tiene número de muertos en la base de enfrentamientos) coinciden al menos dos de las variables, por lo que no podemos asegurar que se trate de los mismos ataques, enfrentamientos y muertos.

[15] En marzo del 2019 el Instituto Nacional de Acceso a la Información Pública INAI, ordenó a la Sedena informar sobre el número de civiles muertos, heridos y detenidos en enfrentamientos, desde abril del 2014 a la fecha.

están más y mejor capacitados para no fallar? ¿A que actúan en superioridad numérica? ¿O hay algo más? Porque, ¿eran todos esos hombres y mujeres muertos en los enfrentamientos *agresores* de verdad? ¿Qué ha pasado con las cifras de muertos en enfrentamientos desde el año 2014? ¿Por qué el gobierno dejó de informarlas?

El número de personas no uniformadas que murieron en los tiroteos con soldados mexicanos supera el número de muertos en tiroteos con otras fuerzas de seguridad como la Policía Federal y la Marina. Por ejemplo, en los sexenios de Calderón y Peña Nieto, la Policía Federal tuvo 498 choques con civiles en los que murieron siete personas no uniformadas por cada policía. En el caso de la Marina, que tuvo 235 choques, murieron 8 personas no uniformadas por cada marino.[16] Es importante señalar que su despliegue en las calles ha sido menor. La Policía Federal tuvo en ambos sexenios entre 20 mil y 30 mil elementos, mientras que la Marina tuvo alrededor de 17 mil.[17]

La relación de militares muertos versus civiles muertos no es *normal* para una guerra. Según el "índice de letalidad", una fórmula empleada en países como Brasil, Argentina y Venezuela para calcular la fuerza mortal de los ejércitos o las policías

---

[16] De diciembre del 2006 a diciembre del 2017, la Policía Federal tuvo 498 choques con civiles, en los que murieron 924 "probables miembros de la delincuencia" y 57 "probables civiles" y 132 policías; además hubo 182 "probables miembros de la delincuencia" y 99 "probables civiles" heridos. En el mismo periodo la Marina tuvo 235 choques donde murieron 97 "presuntos infractores civiles" y 12 marinos; además de 53 "presuntos infractores civiles" heridos.

[17] La Policía Federal cuenta con un total de 38 mil elementos. Andrés Manuel López Obrador, como presidente, dijo que la mitad de ellos hacen trabajo de oficina, esto significaría que casi 20 mil estarían patrullando; María Elena Morera, directora de la organización Causa en Común que se ha especializado en el estudio a las policías del país, dijo que el porcentaje de oficiales en trabajos administrativos es de 17 por ciento, por lo que serían 31 mil en las calles.

en distintos conflictos,[18] los soldados mexicanos que patrullan las calles del país matan más que muchos de sus pares en el mundo:[19] ocho personas por cada una que resulta herida, cuando *lo deseable* es una persona muerta por cada persona herida.[20]

¿Incide en ese nivel que, *a diario*, un pelotón del Ejército mexicano se involucre en un tiroteo en un cuarto de los municipios del país?[21] Los militares no responden —todos nuestros pedidos de información y entrevista fueron negados por la Sedena durante tres años—[22] y la evidencia de que fenómenos oscuros rodean nume-

---

[18] El índice de letalidad compara el número de contrincantes muertos, con el número de contrincantes heridos. A mayor diferencia entre muertos y heridos, mayor es el índice de letalidad y mayor la sospecha de que se haya abusado de la fuerza.

[19] La policía es la que asume el combate a la delincuencia organizada en otros lugares del mundo, por eso hemos tomado los índices de letalidad de las policías en algunas ciudades para hacer un comparativo con el índice de letalidad de los soldados en México. El Índice de letalidad mide la relación entre personas civiles muertas y heridas, el índice ideal es 0. En Argentina, la letalidad de la Policía Federal del año 2012 al 2015 tuvo un índice de 0.43. En Nueva York, entre 1993 y 2002, la Policía de la ciudad tuvo un índice de 0.5. En Sao Paulo el índice de letalidad entre 2000 y 2009 fue de 1.24. En México la letalidad de las fuerzas armadas entre 2007 y 2014 llegó a un índice de 7 en promedio.

Los investigadores Richard A. Gabriel y Karen S. Metz, autores del estudio *A short history of war*, del Strategic Studies Institute, U.S. Army War College, encontraron "una disminución de las bajas en la batalla incluso a medida que aumenta la letalidad de las armas", encontrándose el nivel de letalidad más alto durante las guerras de la antigüedad y el más bajo reflejado en las guerras modernas.

[20] Según los académicos Catalina Pérez Correa, Carlos Silva Forné y Rodrigo Gutiérrez, autores del análisis "Índice de letalidad: indicadores sobre el uso de la fuerza letal y necesidades de transparencia", el indicador permite "alertar de posibles abusos de la fuerza letal". Como metodología para acercarse a un fenómeno que no podemos observar directamente, aclaran, y, como tal, aporta una mirada parcial de algo.

[21] Desde 2006, los tiroteos han sucedido en *casi todos* los estados del país —excluidos Colima, Tlaxcala y Yucatán— y en 570 municipios o poblados, esto es, una cuarta parte de los 2,458 municipios de México.

[22] La Sedena se negó a informar sobre los civiles muertos en enfrentamientos a partir de abril del 2014 que solicitamos a través de la Plataforma Nacional de Transparencia. La misma petición hicimos a la Policía Federal y a la Marina, las que, a diferencia de la Sedena, sí actualizan los datos de civiles muertos, al menos hasta el año 2017.

rosos operativos es incontestable. En muchos casos, esas acciones han involucrado violaciones rampantes a los derechos humanos, crímenes disimulados con mentiras y montajes, ajusticiamientos, desapariciones de personas y asesinatos.[23]

Para Nuevo León, donde estaba apostado Antonio, la fuerza letal de La Tropa no era una novedad. Al menos 82 tiroteos ocurrieron entre militares y civiles en las avenidas y rancherías del estado desde el primer día del año 2008, en que el Ejército comenzó a realizar rondines en las calles de sus ciudades, hasta aquella noche de verano en la que Antonio patrullaba a bordo de la camioneta. Para finales de 2010, militares y no militares se agarraron a balazos al menos *dos veces al mes*. Los civiles se llevaron la peor parte: por cada soldado muerto, 21 personas acabaron en la tumba.[24] Y hubo casos en que los muertos no eran agresores.

Sobran brutales ejemplos de esos cruces de caminos.

El 19 de febrero del 2010, Jorge Mercado y Javier Arredondo fueron asesinados dentro de la exclusiva universidad Tec de Monterrey, donde estudiaban. La justicia no pudo determinar quién los mató —hacia fines de 2018 todavía seguía el proceso contra tres soldados—, pero una investigación de la Comisión Nacional

---

[23] Desde diciembre de 2006 hasta diciembre de 2018, la Comisión Nacional de Derechos Humanos, un organismo que es autónomo al Gobierno federal, ha emitido 125 recomendaciones al Ejército por violaciones a derecho humanos: crímenes cometidos por soldados contra civiles, como ejecuciones extrajudiciales, tortura, desaparición forzada, violación sexual, detención arbitraria, cateos ilegales. En este total de recomendaciones no se incluyen aquellas relacionadas con mal servicio en hospital militar, discriminación por VIH a soldados, permiso en el uso de explosivos y desalojo de profesores del SNTE en Oaxaca, al no estar relacionadas con la tarea de seguridad pública de las fuerzas armadas. En 9 de cada 10 casos investigados por la CNDH se detectó que los soldados alteraron su versión de los hechos o alteraron la escena del crimen, colocando armas en los muertos, cambiando de posición los cuerpos o intentando desaparecer cadáveres.

[24] En Nuevo León murieron 107 personas no uniformadas y 5 soldados en los tiroteos desde diciembre del 2006 a septiembre del 2010, cuando Antonio patrullaba en las calles de ese estado. Además hubo 27 personas no uniformadas heridas y cuarenta soldados heridos.

de Derechos Humanos (CNDH) concluyó que los jóvenes primero fueron heridos de bala —las balas provenían de armas de uso exclusivo del Ejército— y luego recibieron golpes en la cabeza con una culata. Al final, los remataron con disparos a menos de un metro de distancia y les colocaron armas sobre los cuerpos con la intención de hacerlos pasar por delincuentes.

No pasaría un mes y llegaría el turno de Rocío Elías Garza y Juan Carlos Peña. El 3 de marzo del 2010 la pareja salía de su trabajo a comer en una zona de tiendas y restaurantes del municipio de Anáhuac. Rocío y Juan Carlos se encontraron en medio de un fuego cruzado cuando caminaban sobre una avenida y se resguardaron detrás de un automóvil estacionado, documentó la CNDH. Cuando los disparos terminaron —era un tiroteo entre soldados y otros hombres armados—, Rocío salió con las manos en alto e intentó acercarse a un soldado para pedir ayuda: su esposo había sido herido en un brazo. El soldado le respondió disparándole: 14 balas perforaron su cuerpo. Unos segundos después, el mismo soldado caminó detrás del auto donde estaba herido Juan Carlos, le disparó seis veces y le dio un tiro de gracia a centímetros de distancia. Luego volvió sobre sus pasos e hizo lo mismo con Rocío, que ya estaba muerta. Como a los estudiantes del TEC, los soldados colocaron armas junto a los cuerpos: una 9 mm junto al cadáver de Rocío y un AK-47 junto a Juan Carlos. Poco tiempo después, la Secretaría de la Defensa Nacional publicaría un boletín en el que acusaba a la pareja de ser integrantes del crimen organizado. De Rocío dijeron que era importante *narca* conocida como "La Gata". Rocío y Juan Carlos tenían 29 años y eran padres de dos niñas.

Más soldados, más muertes

Cuando se investigó el incremento de la violencia callejera en Brasil, los estudios arrojaron un resultado llamativo: una buena proporción del número de muertes ocurridas en los últimos años está directamente relacionada a la creciente actividad de la Policía Militar, una policía civil entrenada por militares, en el combate del narcotráfico y el crimen organizado en las principales ciudades del país, sobre todo en las favelas, los barrios más pobres.

El Foro Brasileño de Seguridad Pública, una entidad civil que se ha convertido en un espacio de discusión de la seguridad pública en el país, informó que durante 2018 murieron 14 personas por día en intervenciones de la Policía Militar, 20% más que en el año precedente.[25] Esas muertes han mantenido encendido un debate: ¿Deben las policías militares —y las policías en general— mantener su estrategia de tratamiento del delito? Según Rafael Custódio, coordinador de Violencia Institucional en Conectas, una organización que monitorea y denuncia ataques a los derechos humanos, las cifras explican por qué la política de seguridad pública implementada en Brasil desde fines de los años noventa es fallida. "Debemos reformar nuestro modelo, comenzando con la policía, que debe ser desmilitarizada y debiera estar sujeta a control externo", dice. "Y también tenemos que romper con la lógica de que arrestar personas lleva a un incremento en la seguridad. Actualmente tenemos la tercera mayor población carcelaria del mundo y los registros de muertes violentas crecen cada año."

En Colombia, entre los años 2002 y 2008, cientos de personas fueron asesinadas por las fuerzas armadas a sangre fría y hechas pasar por guerrilleros muertos en combate, víctimas a los que se les conoce como "falsos positivos". Según la investigación de Omar Rojas Bolaños y Fabián Leonardo Benavides titulada *Ejecuciones extrajudiciales en Colombia, 2002-2010. Obediencia ciega en campos de batalla ficticios*, la razón de esos crímenes fue justificar los

---

[25] En tanto, un policía militar o civil fue asesinado por día en el mismo 2018, una reducción del 5% respecto al año precedente.

paquetes militares de ayuda de Estados Unidos. Al año 2017 la Fiscalía General de la Nación colombiana investigaba alrededor de 3 mil 600 asesinatos como "falsos positivos". De acuerdo con la organización Human Rights Watch, no se trató de hechos aislados, sino de ejecuciones extrajudiciales que aparentemente habrían sido generalizadas y sistemáticas, pues fueron cometidas por tropas ligadas a casi todas las brigadas del Ejército colombiano.[26]

En Colombia, la diferencia está en la identidad del enemigo que plantea el estado. En el caso de Brasil, la metodología —una extendida operación militar como presunta solución efectiva para combatir el crimen en todo el país— se reproduce por igual en México con la diferencia sustantiva de que, en vez de ser una policía militarizada como en Brasil, las calles de numerosos estados del país son controladas por militares haciendo de policías, una tarea para lo que no han sido entrenados.

Y los resultados son nocivos: las muertes y abusos han cubierto cada palmo de México donde han estado involucrados mandos y La Tropa.

Hacia fines de 2018, por ejemplo, cuatro soldados seguían bajo proceso por abuso de autoridad y desaparición forzada después de secuestrar en abril de 2009 en Ciudad Juárez a Javier Eduardo Rosales y Sergio Fernández. El día en que se los llevaron, lo único que hacían Javier y Sergio era beber cerveza con sus amigos en una calle de su colonia. Los militares torturaron a los dos muchachos de

---

[26] Human Rights Watch señaló en el informe "El rol de los altos mandos en Falsos positivos" señaló que varios de estos crímenes fueron cometidos por unidades tácticas que no estaban dedicadas al combate, por ejemplo, un batallón informó el asesinato de 86 guerrilleros, cuando su especialidad era construcción de puentes o alumbrado público para civiles; otro batallón registró un repunte de muertes de guerrilleros a pesar de que no operaba en zonas de conflicto, sino en zona urbana, donde además la jurisdicción era de la Policía Nacional. HRW también señala que aunque 800 soldados han sido condenados por los crímenes, se trata de elementos de tropa y no de oficiales, a pesar de la posible participación de altos mandos en los asesinatos.

19 años pidiéndoles información sobre supuestos puntos de venta de droga. Los soltaron dos días después en las afueras de Ciudad Juárez y Sergio logró llegar a su casa a pie y descalzo. Caminó varias horas de vuelta a casa y avisó que Javier había sido golpeado y abandonado en el desierto. Su madre, Margarita Rosales, acompañada por un contingente de familiares, vecinos y reporteros, salió a buscarlo. Encontró el cadáver de su hijo Javier en un páramo del desierto al tercer día de su desaparición. Tenía golpes en los glúteos y le habían quemado los genitales. Según Sergio, lo castigaron más porque tenía tatuajes.

Unos meses después, los trabajadores federales de puentes y aduanas Jorge Parral y Óscar García fueron secuestrados por hombres armados en el puente fronterizo de Camargo, en Tamaulipas, y llevados a un campamento de seguridad. Horas más tarde, un convoy militar del 46º Batallón de Infantería entró al campamento a fuego abierto. Jorge recibió un balazo en la pierna y otro en el abdomen; cuando ya estaba caído un soldado lo remató con seis tiros en la cara y el tórax, tres de ellos a menos de dos centímetros de distancia. Luego colocó armas y cartuchos junto al cuerpo. Los soldados informarían a sus superiores que "en el enfrentamiento" murieron siete agresores, Jorge y Óscar entre ellos.

Luego, el 1 de mayo del 2011, en Cuernavaca, Morelos, policías detuvieron a Jethro Ramsés Sánchez cuando salía de la Feria de la Primavera porque, dijeron, participaba en una riña donde ostentaba que era miembro del crimen organizado. Lo entregaron a los soldados de un cuartel de la 24ª Zona Militar, en cuya carpintería fue torturado. Su cuerpo aparecería diez días después enterrado en un descampado en el límite estatal entre Morelos y Puebla. La autopsia permitió saber que Jethro fue sepultado vivo.[27]

---

[27] Por este crimen había tres soldados en proceso judicial todavía hacia fines de 2018, a siete años de los hechos.

1. UN SOLDADO MATA

Y luego está el 30 de junio del 2014, día en que un convoy de militares asesinó a un grupo de civiles, algunos armados, en Tlatlaya. En una bodega de ese paraje del Estado de México, un grupo de soldados mató a 21 hombres armados y una adolescente. Los soldados adujeron un enfrentamiento normal, los atacaron y ellos respondieron. Pero según la investigación de la CNDH, de las personas que murieron esa noche, entre 12 y 15 fueron asesinadas cuando ya se habían rendido.

Tiro de gracia

Sí, un soldado mata.

La madrugada del 18 de abril del 2011, a las 5:40 horas, un grupo de soldados que viajaba en cuatro patrullas realizando funciones de policía estatal asesinó a Jorge Cantú a la vera de un camino en la colonia Las Brisas, una zona de clase media y calles amplias en Monterrey.

De acuerdo con el relato de los soldados a los investigadores de la CNDH y al testimonio de uno de los participantes del ataque, doce soldados patrullaban una avenida principal de Monterrey cuando un desconocido los detuvo en la calle para denunciar que metros más adelante había hombres armados a bordo de dos vehículos, uno blanco y otro rojo.[28]

---

[28] Alejandro Madrazo Lajous, Jorge Javier Romero y Rebeca Calzada publicaron el estudio "La guerra contra las drogas. Análisis de los combates de las fuerzas públicas 2006-2011" en el que analizaron el origen del intercambio de fuego entre fuerzas de seguridad —incluido el Ejército— y personas armadas. Los resultados muestran que de los enfrentamientos iniciados por autoridades, 74% se debió a presencia física en las calles (como patrullaje, flagrancia, retén o persecución); 15% a actividad previa (como operativos, investigación u orden judicial); y 11% a información de terceros (como llamadas anónimas o reportes).

El convoy se dirigió hacia donde supuestamente estaban los hombres armados. Los soldados contaron que pronto dieron con la camioneta roja, pero cuando intentaron darle la orden de detención los criminales trataron de fugarse en medio de los balazos. Dos patrullas le siguieron el paso en una persecución por varias avenidas de la ciudad, siempre con los criminales disparando y los militares *repeliendo* la agresión.

De repente, la camioneta roja se detuvo de manera intempestiva, pero el conductor de la primera patrulla no pudo esquivarla y la chocó por detrás. Cuando bajaron a revisar, los soldados hallaron al conductor herido, pero no por el choque: tenía varios impactos de bala. En la calle, inmediatamente al lado de la camioneta roja, encontraron una pistola 9mm y varios casquillos percutidos. Los soldados de La Tropa dirían luego que recogieron y colocaron los casquillos servidos en el asiento del conductor para evitar que se perdiera la evidencia.

Horas más tarde, la Secretaría de la Defensa Nacional emitiría un boletín que diría que "presuntos delincuentes" persiguieron a los soldados y les dispararon, por lo que el convoy, dirigido por un capitán segundo de infantería, debió disparar en su defensa. En el enfrentamiento, diría la Sedena, murió uno de los delincuentes. La autopsia detallaría que recibió disparos en el tórax y el abdomen. El delincuente mencionado por la Sedena era Jorge Cantú.

Sin embargo, otro relato se fue construyendo con el paso de los días y meses. El médico regiomontano Otilio Cantú dijo a los medios que su hijo no era un delincuente, sino un joven que fue atacado por un convoy de soldados mientras conducía a su trabajo. Que, según las cámaras de dos comercios ubicados en la avenida, supuesto escenario de la balacera, la persecución informada por la Sedena jamás existió. Que todos los disparos que recibió el vehículo de Jorge eran de atrás hacia delante. Que cuando su hijo detuvo la camioneta ya estaba herido. Que cuando los soldados se acercaron a revisar el vehículo, uno de ellos le disparó seis veces a menos de un metro de distancia. Que las balas penetraron en su tórax y abdomen. Y que otros disparos destrozaron su rostro.

La CNDH investigó la muerte y confirmó que no hubo intercambio de disparos sino que las balas que dejaron moribundo a Jorge Cantú fueron disparadas por los soldados mientras lo perseguían. Fue un fusilamiento en movimiento. Según la Comisión, el joven aún estaba vivo cuando le gatillaron a menos de un metro de distancia en la cara y el pecho. La CNDH dijo que Jorge Cantú levantó ambas manos en un último, vano intento de protegerse.[29]

El caso de Jorge Cantú es uno de tantos donde, paradigmáticamente, La Tropa ejecuta con frialdad a personas heridas. Pero, ¿por qué suceden estas acciones? ¿Por qué un soldado mató a Jorge Cantú —y otros militares a otros como él— si estaba moribundo? ¿Creyó realmente que Jorge Cantú era un criminal y que, aún herido, representaba un peligro para él y sus compañeros? ¿Qué llevó a un hombre, que juró proteger la vida de los mexicanos, a matar a quien no representaba amenaza alguna? ¿Y por qué le disparó desde tan cerca, por qué lo *ajustició* tantas veces, como si mediara saña?

¿Por qué mata un soldado?

Dispara al enemigo

Es una mañana de verano durante el sexenio de Enrique Peña Nieto en Lomas de Sotelo, la prisión del Campo Militar Número 1. Antonio se recuesta bajo la sombra de un árbol a la orilla de una cancha de futbol con pasto perfectamente cuidado, un lujo

---

[29] Cinco militares fueron sentenciados a 22 años de prisión por el crimen, la sentencia fue apelada por los sentenciados.

no solo en una cárcel sino en una escuela o un centro deportivo público. Nos sentamos a su lado. Ese espacio verde, rodeado por árboles, jardineras y juegos infantiles, transmite una irreal sensación de comodidad interrumpida solo de cuando en cuando por la bocina que anuncia el nombre del soldado que tiene visita. De no ser por esa intromisión que nos recuerda que estamos encerrados bajo la mirada de uniformados armados que vigilan desde una torre, el lugar es relajado y vivaz. Tomamos café y comemos chicharrones y tacos dorados que compramos unos minutos antes a unos reclusos que atienden un puesto cercano. Son militares, como Antonio, y con el puesto sacan un dinero extra que envían a sus familias. En esta cárcel, los presos andan por las calles, como si fuese un espacio de retiro o relajación. Al menos durante las horas de sol, no están encerrados en los dormitorios —ellos no les llaman celdas— sino paseando o platicando como si se tratase de un día de campo. Algunos hasta sacan los aparatos de sonido o la guitarra para alegrar la mañana.

Nosotros, como ellos, pasamos gran parte de las visitas sin hacer nada, caminando por los jardines, sacando plática a los uniformados que tienen puestos de café, dulces o artesanía, en espera de contactar a soldados que quieran platicarnos algo. Cuando ingresamos por primera vez le contamos al soldado que nos puso en su lista nuestra intención de estar ahí: queríamos conocer a otros internos que estuvieran en proceso penal por asesinato. Él accedió a buscar a algunos y preguntarles si querían platicar con dos reporteros. El resto, convencerlos de darnos una entrevista, sería tarea nuestra. Algunos se negaron, otros aceptaron. Antonio fue uno de éstos.

A diferencia de otros soldados, Antonio no entró al Ejército para tener un ingreso seguro. En La Tropa se dice con sorna que "al Ejército llegas por la cartilla y te quedas por la tortilla", pero Antonio pertenece a otra categoría. A él le atraían el uniforme, las armas, los helicópteros desde que tiene memoria. La idea de

1. UN SOLDADO MATA

servir para algo. La patria, el país, la nación. Un propósito superior. Así que a los 18 años decidió causar alta.

Cuando enviaron a Antonio a Monterrey, a inicios de 2010, la guerra arreciaba[30] y el chico pensó que se pondría muy caliente. No eran buenos tiempos. Antonio la pasaba entre cuarteles y rondines, la mayor parte del tiempo rodeado de sus camaradas. En los días de franco, como los militares llaman a las jornadas de descanso, ni él ni sus compañeros salían a las calles. Tenían miedo a ser secuestrados o asesinados por los narcos. Aquel era un espíritu poco halagüeño: los soldados del Ejército —los hombres armados por la nación para defenderla— temían que un enemigo irregular tuviera más poder que el Estado que los combatía.

El miedo era un alimento diario. La Tropa solía contarse esos días la historia de dos militares que habían sido asesinados en 2008 mientras custodiaban un cargamento de droga y armas en la Central de Cargas de Monterrey. Los narcotraficantes primero torturaron a los militares, luego los degollaron y para finalizar el horror, al amparo de la noche, arrojaron sus cuerpos sin cabeza en un parque para que pudieran ser vistos por cualquier paseante. Ese no fue el único ataque contra militares. Otros nueve soldados fueron asesinados en la misma época en distintas zonas aledañas a la ciudad de Monterrey: a algunos los sacaron de un bar donde bebían cerveza en su día de francos, a otros los apuñalaron dentro de un *table dance*, a otro lo secuestraron y su cuerpo fue tirado al borde de una carretera. Aunque esas matanzas habían sucedido antes de la llegada de Antonio a

---

[30] La violencia en México, medida por los homicidios dolosos, tenía una tendencia histórica a la baja desde 1991. En el año 2007 la tasa de homicidios dolosos era de 8.2 crímenes por cada 100 mil habitantes, tres años después, en el 2010, llegó a casi 23 personas asesinadas por cada 100 mil habitantes. Por otro lado, según los registros de la Sedena, el año 2010 el número de enfrentamientos entre militares y civiles llegó a 620, el triple del año anterior, y un año después, en el 2011, llegó a su máximo con 1,008 enfrentamientos.

Monterrey, la amenaza se sentía palpitante. Había un monstruo allá afuera —los *agresores*— que no tenía compasión. Nadie quería volver en pedazos a su casa.

La primera vez que Antonio salió en operativo fue en una incursión a una casa de seguridad por la Colonia Independencia, famosa en Monterrey porque en sus calles creció el músico de vallenato Celso Piña. Y también porque, en los últimos años,[31] las tienditas se fueron convirtiendo en puntos de narcomenudeo y las viviendas de familias comunes, en casas de seguridad. Aquella incursión tenía el propósito de rescatar a un grupo de hombres y mujeres que habían sido secuestrados por criminales. A medida que el convoy avanzaba, Antonio veía desde la batea de la camioneta a los vigilantes de la colonia apostados en las azoteas, jóvenes "bien drogadictos" que avisaban del paso de los soldados con sus radios *walkietalkie*. Cuando llegaron a la casa de seguridad, los secuestradores habían huido, pero allí estaban las tres personas privadas de su libertad, atadas y muy golpeadas. Una estaba moribunda.

—Se pusieron a llorar cuando los rescatamos.

A ese rescate le siguieron otros. Antonio recuerda en especial el de un niño que encontraron encadenado por el tobillo a una cama. Esa imagen le causó coraje: alguien inocente suplicando por su vida. Al cabo de unos meses Antonio ya había hecho misiones que cambian la vida de cualquier persona. Nacido en la costa de Guerrero, un poblado donde creció jugando entre olas y turistas ocasionales, Monterrey le había enseñado que la humanidad

---

[31] Patricia Cerda, doctora en Ciencias de la Información, publicó en 2014 el libro *Prisión y familia*, en el que registró las zonas más conflictivas de Monterrey, siendo la colonia Independencia la que ocupó el primer sitio; la investigadora llegó a esta conclusión analizando el origen de las personas que fueron liberadas de prisión, siendo la Independencia la que tenía mayor número. La Fuerza Civil estatal tiene un cuartel en la colonia por considerarla una zona con los mayores índices delictivos.

puede ser cruel. Porque, ¿quién puede torturar a civiles indefensos, quién deja moribunda a una persona golpeada y vejada, quién es capaz de secuestrar a un niño, quién de matarlo?

El trabajo militar daba a Antonio la seguridad de servir para algo, lo que había soñado desde pequeño. Le hacía sentir bien. Cuando lo cuenta, bajo el árbol junto al campo de fútbol de la prisión militar, también habla de los ruegos y los llantos de mujeres a quienes vio junto al cadáver de algún hijo, novio o hermano asesinado por la *maña*, esa que se merece todo su coraje.

Aquella noche de verano del 2010, el día del ataque al Malibú, la patrulla de Antonio sobre la carretera Monterrey-Laredo estaba compuesta por seis automóviles. Era un convoy de soldados, policías judiciales federales y municipales. Todos compartían cuartel, una base común conocida en la jerga militar como Base de Operaciones Mixtas, una BOM: los soldados detienen, los judiciales llevan a los detenidos ante el juez. Los rondines mixtos eran una de las estrategias que el gobierno de Felipe Calderón empleaba como "barrera" de contención del delito. Su uso se extendió al sexenio de Enrique Peña Nieto.

Antonio iba en la primera camioneta, de pie en la batea empuñando su fusil de asalto listo para reaccionar a cualquier incidente. Años más tarde, al leer las declaraciones de sus compañeros en el expediente judicial sobre el ataque de aquella noche, Antonio supo que un sargento que copiloteaba la tercera camioneta vio el carro Malibú entrar a la carretera y sobrepasarlos, y que le pareció sospechoso porque tenía vidrios polarizados y conducía mal, metiéndosele a otros autos. El sargento llamó por radio al capitán al mando del convoy con el que Antonio compartía camioneta y le transmitió su sospecha. Tanto el sargento como el capitán dirían luego a la CNDH que ordenaron que se hicieran señas de luces al chofer del Malibú para que se detuviera pero, por el contrario, el carro aceleró. Ese gesto lanzó a los militares en su persecución.

Fue entonces cuando los soldados dispararon y las consecuencias ya se saben: un padre y su hijo murieron por las balas y otros tres familiares a bordo del Malibú fueron heridos.

No hay certeza sobre si Antonio vio esa noche lo que contó a la justicia o lo reflexionó después: que el automóvil estaba destartalado, que iban muchas personas y que el chofer manejaba mal. Pero es cierto que esa combinación de factores reunía para Antonio y sus camaradas los elementos básicos aprendidos en su entrenamiento sobre qué hace sospechoso a un automóvil: los narcos más pobres circulan en autos viejos con los vidrios oscuros para que no se distingan cuántos van en la cabina; viajan en grupos de no menos de tres personas para incrementar sus posibilidades en combate; traen la carrocería sucia porque vienen de los campamentos de entrenamiento ubicados en rancherías, y si van *puestos* con drogas y alcohol hasta arriba, no conducirán de manera racional sino a alta velocidad o zigzagueando.

Según el relato del capitán de Antonio a la CNDH, tras la salida acelerada del Malibú y los cambios de luces, él mismo hizo dos disparos a los neumáticos traseros del coche con la intención de detenerlo, pero tres soldados que iban en la batea de la camioneta militar —Antonio entre ellos— se espantaron al escuchar las detonaciones del arma y de inmediato comenzaron a disparar activamente hacia el automóvil.

Antonio recuerda otra cosa. Que patrullaban tensos en busca de autos sospechosos cuando de repente escucharon los disparos de su capitán y, de inmediato, éste les dio la orden de tirar con el gesto de agitar la mano por encima de su cabeza. Antonio vio el gesto y obedeció, pero, por la altura de la batea donde estaba apostado y la cercanía del auto, sus disparos no salieron hacia a las ruedas sino hacia los cristales,

El automóvil se detuvo unos segundos después de las ráfagas. Las camionetas militares frenaron algo más atrás. Hubo un tiempo indeterminado de shock durante el que nadie se movió, ni en el Malibú

1. UN SOLDADO MATA

ni en el convoy militar. Antonio soltó el cuerpo y bajó los hombros. Desde la batea intentó mirar, pero entre la cerrazón de la noche y el humo de la metralla no distinguió una sola figura. Otro tiempo impreciso después, cuando el shock ya se había disipado, Antonio obedeció la orden de su mando y bajó de la camioneta con el arma y fue a plantarse frente al auto para "dar seguridad", eso que hacen los soldados cuando deben resguardar la escena de un tiroteo.

Los peritos de la CNDH encontraron 29 impactos de bala en el Malibú: en el toldo, en el parabrisas, en las puertas, en la cajuela. Casi todos los disparos, efectuados desde atrás y por la izquierda. Sin embargo, no hallaron ninguno de los tiros a los neumáticos que el capitán del convoy dijo haber hecho como advertencia.

Antonio aún cree que el chofer del Malibú venía drogado y borracho; de hecho, dice, dentro del auto los soldados encontraron varias latas de cerveza. Cuando se acercó al Malibú a cumplir la orden de resguardo, pudo asociar el grito de los niños que le pareció haber escuchado con lo que vio dentro: sus ocupantes no eran una banda armada sino una familia. Entonces su pasmo se renovó. La habían *regado*: acababan de ametrallar a civiles. Demasiada sangre cubría los asientos, las puertas y el piso del auto, pero aun así pudo comprobar lo que necesitaba cuando vio a los niños: no había imaginado los gritos infantiles. Allí estaban esos niños llorando. Antonio empezó a temblar. Sudaba, las manos se le pusieron frías, entró en shock.

—Sentí un temor sobre qué va a pasar el día de mañana.

Bajo el árbol de la cancha de futbol en la prisión de Lomas de Sotelo, Antonio arranca con los dedos algo de pasto y calla por un rato. Como si todo el peso de estos cinco años en prisión, como si toda esa frustración y coraje, le cayeran de golpe sobre los hombros.

—Cuando pasaron los disparos y vi lo que habíamos hecho —dirá un rato después—, me sentí muy mal, porque yo estaba confiado en el capitán.

Matar, mentir

Durante estos cuatro años de investigación hemos escuchado relatos parecidos de boca de numerosos soldados: vas con una misión, pero acabas en otra historia. Vas a defender la ley y terminas quebrándola.

Las investigaciones de la Comisión Nacional de Derechos Humanos y las sentencias judiciales contra soldados muestran una sucesión de episodios similares: una acción militar que debía asegurar la legalidad desemboca en una crisis donde las fuerzas armadas violan la ley que juraron defender. Esas ilegalidades suceden por diferentes motivos.

Porque los jefes han ordenado a La Tropa acabar con todo lo que se les cruce: no quieren soldados muertos.

Por falta de pericia y formación de los soldados. Porque pasan demasiado poco tiempo en entrenamiento de combate donde intervienen civiles —o, porque al combatir en las ciudades, los civiles pueden ser *daño colateral*— o porque pasan demasiado poco tiempo practicando tiro. Porque disparan pocas salvas de entrenamiento a blancos fijos y menos aún a blancos móviles.

Por el miedo, el estrés o la ansiedad. Por pánico.

Por la confusión que generan los disparos.

Por el tipo de armamento –los soldados usan calibre 5.56 y 7.62, con fusiles como el FX-05 que tiene una capacidad de disparo de 850 tiros por minuto con un alcance de hasta 800 metros y en años recientes comenzaron a usar calibre 50, capaz de tumbar blindajes.[32]

---

[32] Un capitán nos relató que el calibre 50 es un arma controversial que en Estados Unidos usan los francotiradores. El capitán nos comenta que la comenzaron a usar las fuerzas armadas a partir de que los criminales la sacaron a las calles, por el principio de proporcionalidad.

1. UN SOLDADO MATA

O por la burocracia del enfrentamiento —un soldado nos contó que matar a una persona era menos engorroso que dejarla herida: con el herido, debían llamar a una ambulancia, trasladarla, llenar formularios, responder preguntas en hospitales y, claro, si el herido es un tipo malo de verdad, un buen día también podría vengarse.

Por el relato de sospechas que los soldados han construido sobre aquellos a quienes enfrentarán, a los que los soldados han asumido como un *enemigo*: alguien que camina sospechoso, conduce una camioneta sospechosa con vidrios polarizados sospechosos, *parece* que, sospechosamente, sacará un arma.

Por el deber marcial de acabar con ese enemigo. Por la determinación patriótica de defender a México del crimen organizado.

Porque, claro, son soldados: La Tropa está allí para obedecer órdenes de sus jefes.

Las variables que posibilitan que un soldado dispare y asesine son numerosas. ¿Cuáles de esas variables emanan de la formación militar, cuales condicionan la predisposición a matar? ¿Cuáles son inherentes al nervioso proceso de decisión de un muchacho de poco más de veinte años que siente que si no mata puede morir? ¿Cuáles son inherentes a, tal vez, un retorcido deseo?

El Ejército ha sido la punta de lanza en la estrategia de seguridad de tres gobiernos sucesivos de México desde 2006: el de Felipe Calderón, el de Enrique Peña Nieto y, tras sus anuncios una vez convertido en presidente, el de Andrés Manuel López Obrador.

En diciembre de 2006, el presidente Calderón estrenó su mandato ordenando el despliegue de miles de militares por todo el país, en sustitución de unos cuerpos policiales corrompidos. Comenzó por Michoacán, a donde envió 4,000 efectivos y ordenó sobrevuelos con helicópteros y el cerco naval de sus costas. Le llamó Operación Conjunta Michoacán y su propósito era recuperar "los espacios públicos que la delincuencia organizada había arrebatado". El plan: erradicar plantíos de marihuana y amapola, realizar cateos, ejecutar órdenes de aprehensión, desmantelar puntos de ventas de droga y controlar las carreteras y costas de todo tráfico.

Calderón asumió que había que declarar una guerra al tráfico de drogas y que la única manera de hacerlo era empleando a las Fuerzas Armadas en tareas de seguridad interior. Para demasiadas personas esa decisión parecía única y extraña, pero, como lo ha documentado Luis Astorga, académico de la Universidad Nacional Autónoma de México, no es la primera ni sería la última vez que un gobierno en América Latina decide que los militares son la solución a los problemas de la convivencia civil.

Ya en el año 1975 en México —como en el resto de América Latina— había tenido lugar la Operación Cóndor, el primer ensayo en el continente de una estrategia de seguridad interior dirigida por militares. En aquellos años, la intervención militar de los gobiernos latinoamericanos, comandados mayoritariamente por dictaduras, tuvo como justificación y excusa la Guerra Fría contra el comunismo e implicó espionaje, persecución, detención, tortura, desaparición y asesinato de decenas de miles de personas.

Luego seguiría Colombia con la Operación Fulminante en 1978 —10 mil soldados combatieron a los productores de hoja de coca destruyendo más de 10 mil hectáreas de cultivo— y su sucesor desde el año 2000, el más amplio Plan Colombia, destinado a terminar el conflicto armado y combatir la producción de narcóticos.

Tras los ataques a las Torres Gemelas en Nueva York, en el año 2001, la lucha contra las drogas vinculada al combate al terrorismo inspiró discursos de gobernantes de Estados Unidos y buena parte de los países de América Latina. Aunque en México hablamos de la "guerra contra las drogas" a partir del sexenio de Felipe Calderón, los antecedentes de la participación militar en conflictos de baja intensidad vinculados a seguridad interior se remiten a los sexenios de Ernesto Zedillo y Vicente Fox, con el Plan

1. UN SOLDADO MATA

México Seguro. Las políticas de ambos mandatarios desembocaron en "medidas más duras y desesperadas, no necesariamente más eficaces, como los operativos conjuntos en varias partes del país en la naciente administración del presidente Calderón", escribió Astorga en su libro *Seguridad, traficantes y militares. El poder y la sombra*.

La ascensión de Enrique Peña Nieto a la presidencia en 2012 no supuso una modificación en la estrategia de seguridad. Por el contrario, la presencia militar en las calles aumentó.[33] En 2018, antes de asumir su mandato, Andrés Manuel López Obrador dijo que resultaba imposible para él mandar a los militares de vuelta a los cuarteles, dada la crisis de inseguridad que sufre el país. López Obrador dijo que los soldados, adscritos en Gobierno a la Guardia Nacional, seguirían haciéndose cargo de la seguridad de las ciudades mexicanas.[34]

Además de los problemas que provoca el uso policial del Ejército, en México se suman serias dificultades para procesar los crímenes. La falta de investigación judicial impide saber la responsabilidad del Ejército en esas muertes, esto es, si fueron causa del abuso de la fuerza o si los soldados mataron en legítima defensa.

Quisimos saber cuántas investigaciones inició la Procuraduría General de la República por homicidios cometidos por soldados

---

[33] *Animal Político* informó en una nota periodística del 6 de octubre de 2016 que la presencia de militares en las calles se duplicó entre los años 2012 y 2016: en aquel año había Bases militares mixtas destinadas a la seguridad pública, con mil 680 integrantes; para el año 2016 fueron 142 Bases con 3,386 elementos. En el mismo periodo el número de vehículos militares en tareas policiales pasó de 160 a 368.

[34] En su primera conferencia del 2019, el presidente Andrés Manuel López Obrador anunció que su gobierno lanzó la convocatoria para la Guardia Nacional y que esperaban reclutar a 50 mil integrantes. "Lo ameritan las circunstancias. Necesitamos tener elementos para garantizar la seguridad, lo estamos haciendo de esa manera", dijo el presidente. Días antes Alfonso Durazo, su secretario de Seguridad Pública, defendió la propuesta de la Guardia Nacional y dijo que esta nueva institución trabajará con legalidad.

entre 2006 y 2017. Las solicitamos a través de peticiones de información, pero las respuestas de la dependencia fueron omisas y confusas. En una primera respuesta, dijo que la subsecretaría de Derechos Humanos registró siete, además de otras dos donde la víctima es civil. No aclara, por ejemplo, qué tipo de víctima son las otras siete. En esa respuesta dijo también que la Subprocuraduría de Delitos Federales registró 22: en 17 no se ejerció acción penal, en otras tres se declaró incompetente, dos siguieron su curso. En una segunda respuesta, contestó con el número de denuncias que la Sedena y la Marina pusieron ante la PGR contra soldados por el delito de homicidio, un total de 14, todas en el 2014. La respuesta de la PGR no permite saber si esas 14 incluyen a las otras o si esas 14 son la totalidad.[35]

Entre 2006 y 2017 los jueces dictaron 14 sentencias condenatorias contra soldados en casos que involucraron a 21 víctimas de homicidio y al menos a 49 soldados.[36] A ellas se suman otras siete sentencias por delitos como abuso de autoridad, tortura, inhumación clandestina o encubrimiento que involucran la muerte de otras ocho personas también a manos de soldados. Hay además cuatro sentencias absolutorias por el homicidio de cuatro civiles: el ministerio público no comprobó la responsabilidad de los soldados acusados[37]. Nuevamente, la cifra es ínfima: la Justicia probó que

---

[35] En el mismo periodo la justicia militar declinó al fuero federal 56 averiguaciones previas o carpetas de investigación contra soldados por homicidio –en todas sus variantes– cometido contra un civil. Estas investigaciones se iniciaron antes de la reforma al fuero militar, que entonces permitía al fuero de guerra investigar crímenes contra civiles y violaciones a derechos humanos. También, entre 2006 y 2017, un total de 210 soldados fueron encarcelados por homicidio; estas estadísticas, sin embargo, no permiten saber si los soldados encarcelados fueron condenados o liberados.

[36] Las condenas fueron por homicidio en sus distintas variables (calificado, culposo, violencia contra las personas causando homicidio calificado o violencia contra las personas causando homicidio simple intencional).

[37] Nos llama la atención que en las sentencias entregadas por el Poder Judicial no se incluyeran casos como el de Tlatlaya y Otilio Cantú; en el primero de los casos fueron absueltos

1. UN SOLDADO MATA

soldados asesinaron a poco menos de 30 personas, pero hay más de 3,900 mexicanos cuya muerte a manos de militares siguen sin justicia tras doce años de guerra. El abismo entre ambos datos es tan grande que bien puede llamarse con el término: impunidad.[38]

La baja relación entre crimen y castigo está también validada en investigaciones independientes. En la última década, la Comisión Nacional de Derechos Humanos recibió casi 11,000 quejas de individuos por presuntas violaciones a derechos humanos cometidas por militares entre las que se incluyen asesinato, tortura, violencia sexual, detenciones arbitrarias, abuso de la fuerza y desaparición forzada. De esas quejas, la CNDH dirigió 125 recomendaciones al Ejército, esto es, informes en que concluía que la queja, la denuncia, después de investigada, resultaba cierta. Una tercera parte de esas recomendaciones estaban referidas a los

---

seis militares y en el otro fueron condenados. Por otro lado, llama la atención la sentencia absolutoria de la causa penal 04/2016 en la que un sargento es acusado de homicidio simple intencional, en junio del 2009 en el estado de Michoacán, pero no se comprueba su culpabilidad. En el expediente otro soldado que es llamado a declarar como testigo reconoce haber cometido el asesinato.

[38] No estamos diciendo que los soldados hayan asesinado de manera ilegal a esas personas en su totalidad, sino que no hay información pública disponible que muestre que las muertes han sido investigadas para determinar sus causas. Por otro lado, la revisión de los expedientes también nos permitió encontrar fallas en el trabajo ministerial y en el judicial que llevaron a sentencias menores contra los soldados. Por ejemplo, el 19 de julio del 2010, en Ciudad Madera, Chihuahua, un hombre comía en el campo cuando llegaron soldados buscando plantíos de marihuana. Al verlos, el hombre corrió asustado y los soldados le dispararon en la cabeza, por la espalda. Al dispararle por la espalda, sin que pudiera defenderse, los soldados actuaron con alevosía y ventaja, que son calificativas del delito de homicidio. Sin embargo, el Ministerio Público y el juez no reclasificaron el delito, con lo que se podría haber aumentado la pena. En otro caso, el 11 de febrero del 2017 en Reynosa, Tamaulipas, una mujer conducía su carro, acompañada de su hija, cuando fueron atacadas por soldados que hacían patrullajes rutinarios. La mujer murió por un disparo en la cabeza y, al igual que el caso anterior, el Ministerio Público no estableció las calificativas del delito agravado, ni el juez reclasificó el delito consignado, por lo que los soldados fueron castigados con una penalidad menor. En ambos casos los soldados fueron sentenciados a 13 y 12 años de prisión y de haberse reclasificado la pena pudo haber sido más del doble, 30 años de condena en ambos casos, que es la mínima pena para homicidio calificado.

asesinatos de 83 personas a manos de soldados. A pesar de la evidencia que la CNDH ha logrado reunir en sus investigaciones, el trabajo de las procuradurías por llevar a los responsables a la justicia es muy limitado. De las 36 recomendaciones que la CNDH dio a las fuerzas armadas por asesinato entre 2006 y 2017, solo cuatro han logrado sentencias condenatorias en la última década y nada más por la muerte de siete personas.[39]

Es la muerte, pero también la legitimación de la muerte. La propia CNDH logró constatar que en 94% de los casos de ejecución extrajudicial que investigó, las fuerzas armadas alteraron la escena o la narrativa del crimen para justificar la muerte y responsabilizar a las víctimas de su destino. En numerosas ocasiones los soldados "sembraron" armas y droga después de matar. En un número igualmente significativo, enterraron el cuerpo clandestinamente para hacer desaparecer la evidencia del crimen. Después de matar, también, mintieron abiertamente.[40]

Ante niveles tan altos de impunidad ponemos en duda la eficacia investigativa del Estado mexicano. ¿Se trata de una acción intencional? ¿No esclarecer para no castigar, para encubrir? Si los militares tergiversan los hechos de crímenes que la justicia no

---

[39] De 2006 a 2018 la CNDH ha dado 37 recomendaciones al Ejército por privación ilegal de la vida, que incluyen a 83 víctimas mortales. Para este comparativo se hace un corte al año 2017, año al que llega la actualización de sentencias del Poder Judicial de la Federación. Estas cuatro sentencias condenatorias se incluyen en el total de 36 sentencias condenatorias que el Poder Judicial registró para las fuerzas armadas por distintas violaciones a derechos humanos desde el año 2006 al 2017.

[40] Análisis propio hecho a partir de la sistematización de las recomendaciones de la CNDH. En 94% de las recomendaciones por ejecución extrajudicial, las autoridades militares intentaron evadir su responsabilidad alterando la escena del crimen o la narrativa de los hechos para responsabilizar a las víctimas de su destino. En 52% se alteró la escena del crimen: en diez ocasiones los soldados sembraron armas, en tres casos hubo exhumación clandestina del cuerpo de la víctima, en dos ocasiones se sembró droga y en un caso los soldados hicieron disparos para inculpar a las víctimas. En 41%, los soldados alteraron la narrativa de los hechos para responsabilizar a las víctimas: por ejemplo mintieron sobre la forma de detención, negaron la tortura o simplemente no informan sobre los hechos.

1. UN SOLDADO MATA

juzga, la respuesta afirmativa a esa pregunta no resulta descabellada. De hecho, la justificación política da solidez a esa narrativa. En 2011, durante una reunión con empresarios de la Confederación Nacional de Cámaras de Comercio, el presidente Felipe Calderón acuñaría una frase que resumiría su teoría de seguridad interior criminal: "Los asesinos son ellos, los criminales."[41]

En noviembre del 2017, la Oficina en Washington para Asuntos Latinoamericanos, Wola, una organización dedicada a documentar violaciones a derechos humanos, publicó el informe *Justicia olvidada. La impunidad de las violaciones a derechos humanos cometidas por soldados en México*, en el que expone sus averiguaciones sobre la forma en que la Procuraduría General de la República investiga los crímenes cometidos por militares. Al comparar investigaciones iniciadas a soldados con las condenas efectivas por violaciones a los derechos humanos, Wola encontró que el trabajo de la PGR tiene apenas un 3.2 por ciento de efectividad, es decir, solo hay sentencias condenatorias en ese porcentaje de casos abiertos por la PGR contra soldados.[42]

Wola también detectó algunos patrones que entorpecen la resolución judicial de las investigaciones: la mayoría de las pesquisas son iniciadas por los mismos soldados que participaron del crimen y están en la escena del crimen. En muchos casos, esos soldados alteran o declaran falsamente los sucesos. Según la organización,

---

[41] En la ciudad de Torreón, Coahuila, una de las regiones más golpeadas por la violencia, Felipe Calderón dijo a los empresarios que las críticas a su estrategia de seguridad, que se habían evidenciado en un desplegado titulado *Ya basta*, eran un ataque político. Calderón dijo que se debía condenar a los culpables, que el "ya basta" debía ir dirigido a los criminales "porque no podemos confundirnos, los que asesinan son ellos, son los criminales; los que matan jóvenes inocentes son los criminales".

[42] El informe de Wola, realizado por la investigadora Ximena Suárez-Enríquez, detalla que entre el 2012 y 2016 la PGR inició 505 investigaciones por violaciones a derechos humanos cometidas por soldados contra civiles, la mayoría por tortura y desaparición forzada; en el mismo periodo, solo se emitieron 16 sentencias condenatorias por esas violaciones.

es además difícil para la justicia mexicana conseguir que los soldados respondan y acudan a declarar como acusados o testigos cuando son citados en investigaciones realizadas por tribunales civiles. Además, muchos jueces no registran los crímenes cometidos por militares como homicidio, una decisión que distorsiona las estadísticas oficiales.[43]

Para dudar sobre la versión oficial, ¿es suficiente con entrecomillar *enfrentamientos* o puntualizar con los adjetivos de la propia duda, *presuntos, supuestos* criminales? Incluso si se trató de una agresión, ¿es suficiente entrecomillar o usar estos adjetivos para no dar por hecho que era inevitable matar a los criminales?

Lo peor es que todo esto se sabe y no se sabe. Se sabe porque uno teclea Nuevo Laredo, Reynosa, Ciudad Mier, Ciudad Juárez, Apodaca, Apatzingán en un motor de búsqueda y aparecen videos de balaceras, notas sobre el hallazgo de cadáveres y persecuciones a balazos en bulevares comerciales. Y no se sabe porque lo que pasa no se explica. Apenas se recoge. En las ciudades del interior, en particular las más pequeñas, la prensa local tiene casi prohibido hablar de los crímenes.

Los relatores de libertad de expresión de la ONU y la Comisión Interamericana de Derechos Humanos, Edison Lanza y David Kaye, denunciaron la violencia que grupos criminales y autoridades ejercen sobre los periodistas para controlar la información que difunden o que callan. "Algunas regiones del país son «zonas silenciadas», es decir, áreas sumamente peligrosas para el ejercicio de la libertad de expresión, donde los periodistas no solo se ven limitados en cuanto a lo que pueden publicar, sino

---

[43] De acuerdo con el informe de Wola, tal vez esto se deba a dos razones: una, que el MP que investiga el caso lo hace por un delito menor, por ejemplo, en lugar de investigar homicidio se investiga abuso de autoridad; porque el juez puede reclasificarlo como delito que no es homicidio. En este caso se suman también los homicidios ocurridos entre soldados, que son investigados por los tribunales militares.

además obligados a difundir mensajes de dichas organizaciones delictivas", concluyeron en su informe publicado en junio del 2018, después de escuchar a periodistas y organizaciones no gubernamentales de distintas regiones del país.

Sí. La autoridad o las mafias actúan de jefes editoriales de la mayoría de los medios de comunicación regionales. La exigencia trasciende al enfoque de las informaciones.

Combustible militar

¿Qué ha significado la presencia militar en las calles del país? ¿En qué se ha traducido? Fernando Escalante, profesor de estudios internacionales de El Colegio de México, publicó un artículo a inicios de 2011 en el que plantea que la presencia militar en ciertos estados del país produjo un aumento de la violencia. En "Homicidios 2008-2009: la muerte tiene permiso", Escalante explicó que, mientras la tasa de homicidios en el país venía a la baja entre 1990 y 2007,[44] en los años 2008 y 2009 se registró un repunte que rompió la tendencia: en esos dos años los homicidios aumentaron 50% cada año respecto al anterior. Y la tasa de homicidios se disparó más del 60% en "los estados en que se realizaron los primeros «operativos conjuntos» y donde se desplegó el ejército para ocuparse de la seguridad pública. «…» El factor que puede explicar el cambio es la «guerra contra la delincuencia» y el despliegue de ejército, marina y policía federal en buena parte del territorio del país".

Escalante no está solo en la tesis de las fuerzas armadas como combustible violento. Eduardo Guerrero, consultor y analista

---

[44] De 19 a 8 homicidios por cada 100 mil habitantes, según cifras del Instituto Nacional de Estadística y Geografía INEGI, citadas por Escalante.

especializado en crimen organizado y violencia en México, planteó en su artículo "La raíz de la violencia", que la presencia de las fuerzas de seguridad expande la violencia a nuevos territorios y detona el incremento de otros delitos como extorsión, secuestro o robo en instituciones bancarias o a automóviles. Cuando el gobierno arresta o mata a importantes capos, los cárteles se dividen y esa dinámica propicia frecuentemente la aparición de nuevas y más pequeñas organizaciones criminales. Luego, la fragmentación expande la violencia a nuevos territorios. Además, escribió, las autoridades gubernamentales han cometido "errores" como asesinatos a civiles desarmados por parte de militares.

Tanto Escalante como Guerrero cuestionan la versión gubernamental, que carga a la disputa entre los cárteles el incremento de la violencia en territorio mexicano. Para ambos especialistas en seguridad, la presencia de las fuerzas armadas tiene mucho que ver con el aumento de la violencia y del número de muertos, aunque en esos análisis la correlación no fue demostrada.

En marzo del 2017, la economista Laura Atuesta, del Centro de Investigación y Docencia Económica, CIDE, publicó el análisis "Las cuentas de la militarización" que dio una vuelta de tuerca a los análisis anteriores: si aquellos miraban el efecto de los operativos conjuntos en la violencia, Atuesta revisó el efecto que tiene sobre la violencia la participación de las distintas fuerzas de seguridad. A partir de una base de datos sobre estadística criminal que le fue filtrada al CIDE —con registros entre el 2007 y 2011—, Atuesta encontró que los homicidios a nivel municipal aumentaron por la existencia de enfrentamientos con fuerzas de seguridad. Y más aún, el aumento de la violencia es mayor cuando participa el Ejército que cuando intervienen otras instituciones. Para Atuesta estos resultados mostraban las consecuencias negativas de la política de seguridad de militarización.

1. UN SOLDADO MATA

Tronerío

"De repente sentimos el tronerío, un tronerío tremendo, muy feo. «Lupe, Lupe, nos están tirando.» Todos estábamos asustados, yo me agarro de mi hijo y lo abrazo porque los primeros disparos que se oyeron, él como que se movía mucho."

Quien habla es Patricia Castellanos Corpus, una de las tres sobrevivientes del ataque del convoy militar al Chevrolet Malibú la noche del 5 de septiembre del 2010.

Es una tarde de primavera de 2016, en la sala de la casa de Patricia en una colonia de calles de tierra, en una zona industrial de las afueras de la ciudad. No parece ser esta la "Sultana del norte", como se conoce a Monterrey por su prosperidad económica. La casa de Patricia es de un piso, dos habitaciones y una estancia pequeña donde están tirados los juguetes de sus nietos y los fierros del puesto de tamales con el que sostiene a su familia desde que los militares mataron a su marido y a su hijo.

Patricia dice que eran las nueve de la noche cuando volvían a casa apiñados en el Malibú, de salida de una fiesta familiar en una ranchería. Su yerno manejaba el carro y su hija mayor hacía de copilota. Patricia iba en el asiento trasero con su esposo, su hijo de 15 años y sus dos nietos pequeños.

Cuando ya estaban sobre la carretera, Patricia vio por delante un convoy de unas cuatro camionetas en el que, calcula, viajarían unos 30 militares, pero no les dio importancia. Para entonces era normal encontrarse a los soldados en las calles y avenidas de las ciudades y en los retenes de las carreteras de Nuevo León. Eran parte del escenario común de Monterrey. Como al día siguiente había escuela y los adultos trabajaban, el yerno de Patricia, conductor del Malibú, rebasó al convoy y retomó su carril.

Casi de inmediato comenzaron los disparos.

Patricia los escuchó y su yerno los sintió: las balas y esquirlas le dieron en el cuello, la cara, el oído, el labio y el brazo izquierdo. Y él, que venía conduciendo el auto, frenó.

—Nosotros sí vimos ese convoy, pero nomás lo vimos como cualquier otro carro— dice Patricia sobre la noche fatal. —Nos estábamos incorporando a la carretera y pasamos al lado y cuando ya nos orillamos, de repente sentimos el tronerío, un tronerío tremendo, nos están tirando, nos están tirando.

Cuando escuchó los disparos, abrazó a su hijo, sentado junto a ella. Su hija, que iba de copilota, se volteó al asiento trasero para jalar a sus dos pequeños y llevarlos con ella. Para entonces, el esposo de Patricia ya había sido herido. La sangre de su mano herida la salpicaba y se dejó caer sobre sus piernas. Luego vino un momento de silencio. Patricia reaccionó cuando sintió una luz sobre su cara, era la luz que salía de la lámpara de un militar que le alumbraba desde la ventana. "Y oigo que dicen «disculpe, disculpe fue una equivocación»." El soldado le repitió que fue un error, que les habían reportado un auto similar con gente armada y por eso dispararon.

—¿Por qué con tanta saña? —dice Patricia y no encuentra lógica: si ellos no respondieron la agresión de los soldados, ¿por qué siguieron disparando?

En el desconcierto, aún con humo y de noche, con la sangre tibia corriendo en el cuerpo y los gritos de los niños, Patricia alcanzó a ver que un soldado recargó un arma en la puerta de su carro.

—Y le grito "¡mira hija, mira, lo que nos van a poner!" Y me volteo porque me llama mi esposo y cuando volteo ya no estaba el arma, pero ellos la quisieron sembrar, nomás que nos dimos cuenta.

En la confusión, Patricia intentó ayudar a su esposo a salir del carro, pero entre la mano destrozada y un agujero en la espalda, no sabía de dónde agarrarlo.

Pasaron varios minutos hasta que llegaron los paramédicos. Uno de ellos intentó reanimar al hijo de Patricia. Fue en vano. Ya estaba muerto.

1. UN SOLDADO MATA

—Mi hijo se me murió en mis brazos —. Los disparos que recibió lo mataron casi al momento.

Otro paramédico se acercó para sacar a su esposo y subirlo a la camilla, ella viajó con él en la ambulancia hasta el hospital.

Su esposo moriría en el quirófano, pero mientras eso sucedía, Patricia estaba en un automóvil afuera del hospital con una funcionaria de derechos humanos que le tomaba declaración. Entonces llegaron tres soldados y detrás de ellos otros más, en fila.

—Me dijo que él había sido quien había dado la orden. ¿Por qué lo hizo? Se quitó la gorra, me pidió disculpas y mi cuñada le dijo «una disculpa, ¿qué? Ya el daño está hecho». Nomás se quedó callado, agachado, dobló la cabeza.

Según la autopsia, las balas abrieron un orificio de dos centímetros en el tórax del esposo de Patricia y otro de tres en la mano izquierda. En el pecho quedó incrustado un proyectil. El hijo tuvo heridas en el antebrazo, dos más en el muslo y un orificio en el tórax de tres centímetros. Según las autopsias, las balas en el tórax provocaron las muertes de padre e hijo. Patricia dice haber visto que su hijo tenía un tiro en la cabeza, pero ese supuesto balazo no fue registrado por los médicos forenses en ningún reporte.

Los civiles siempre corren

Días después de aquella noche, Antonio y sus compañeros fueron llevados a las instalaciones de la PGR para tomarles declaración. Ningún soldado del convoy tenía un abogado presente, pero los oficiales de la PGR les pidieron firmar un documento. En la prisión, Antonio cuenta que les presentaron el oficio como "el parte de los hechos". No fue así.

—Era mentira, ¡era una declaración! —dice ahora, bajo el árbol de Lomas de Sotelo—. El domingo [una semana después del ataque a la familia del Malibú] me llegó una orden de aprehensión, me tuvieron detenido seis, siete días. En ese documento nos echan toda la culpa a La Tropa, que a nosotros se nos fueron los disparos en ráfaga, que le dimos al carro por error.

Hacia inicios de 2019, cuatro soldados esperaban en prisión la sentencia por el crimen del marido y el hijo de Patricia Castellanos. Casi una década después del crimen, Patricia ya no sigue el proceso judicial. No tiene abogado ni dinero para pagar el transporte a las audiencias y, sobre todo, se sintió amenazada por las constantes visitas de militares a su domicilio.[45] Patricia aceptó una indemnización que tramitó la Comisión Nacional de Derechos Humanos y dio por cerrado el caso, aunque el duelo no termina.

Una de esas mañanas de verano en la cárcel militar del Campo Militar Número 1, Antonio nos dijo que en el cuartel aprendían los elementos básicos para reconocer a criminales: el enemigo viaja en grupo; usa un auto con vidrios polarizados para que no se vean sus armas u ocultar a algún secuestrado; trae la carrocería sucia, llena de tierra, porque viene de los campamentos de entrenamiento en las rancherías; maneja mal porque viene drogado…

—Los civiles siempre corren a resguardarse —dice Antonio—. Los enemigos sí te enfrentan.

Hablamos con Patricia para contrastar el aprendizaje militar de Antonio en identificación de delincuentes y las características del Malibú en que iba su familia:

—Veníamos muchos —dirá Patricia—, pero éramos pura familia. Sí traíamos vidrios polarizados como todos en el norte. Por el sol, el calor. Veníamos de una fiesta familiar en el rancho, por eso la tierra; nos regresamos tarde de la fiesta. Mi yerno venía

---

[45] Después del ataque, contó la mujer, al menos en cinco ocasiones soldados acudieron para ofrecerse a llevarla al cuartel para dar seguimiento a su caso o para insistir en aceptar la reparación del daño.

moviéndose porque venía saliéndose del carril de alta velocidad porque venían pitándole, el carro traía dos llantas que eran de refacción. Yo a lo que mis pensamientos dicen, es que ellos andan sobre la idea de la gente mala y se supone que están preparados para eso y si no te responden ¿por qué con tanta saña? ¿Querían eliminarnos a todos? Me pongo a pensar, si yo fuera personal de ellos, si veo que no me responden, pues, con cuidado, ya no disparo la agresión.

Las decisiones que asumieron soldados como Antonio fueron fatales. Un hombre y su hijo fueron asesinados porque alguien pensó, creyó, decidió que debían morir pues parecían sospechosos.

En esta historia, después de cinco años, Antonio se asume así:

—Nosotros somos un arma, soy un arma de guerra. Una pieza clave para enfrentar una guerra.

Y en una guerra, es normal que las personas mueran. Y si son los otros, los *enemigos*, mejor.

Matar animales (para que vivamos)

En su libro *Every twelve seconds*, el politólogo Timothy Pachirat, intenta provocar una reflexión sobre cómo la distancia y el ocultamiento de la matanza industrial y masiva de ganado operan como mecanismos de poder en las sociedades modernas. Pachirat explora la matanza industrializada desde el punto de vista de los empleados de los rastros: qué significa para esos hombres y mujeres la rutina de matar animales que consumirá la sociedad y cómo nosotros, esa sociedad, nos relacionamos con la matanza oculta de esos animales.

En el contexto de la militarización del país o "la guerra contra las drogas", como fue nombrada por Felipe Calderón, el gobierno de México ha usado el discurso como un muro simbólico entre la sociedad y los muertos. Lo hace de la misma manera que la industria cárnica, usa muros para ocultarle a la sociedad la matanza masiva de animales para nuestro posterior disfrute. El discurso funciona como un muro. Encubre, oculta y distancia. Primero con el lenguaje: "Son daños colaterales", "andaba en malos pasos", "estaba en el lugar y la hora equivocada", y luego con la normalidad burocrática: después de morir son convertidos en números, estadísticas que justifican la presencia militar en las calles, que parecen decirnos: estamos acabando con los malos.

La Secretaría de la Defensa Nacional llama *enfrentamientos* a los encuentros entre militares y civiles armados o no armados y considera *agresores* a los muertos bajo balas militares puesto que supone que sus soldados repelen o anticipan un ataque de individuos con armas. Sin embargo, en la gran mayoría de los casos no hay investigaciones que permitan, al menos judicialmente, confirmar que esos muertos llevaban armas o que, si las llevaban, atacaron primero a los soldados.[46]

El problema es que, una vez que la voz oficial legitima los eventos como *enfrentamientos*, los medios de comunicación reproducen la información de los boletines sin verificar términos o conceptos. Muchas veces ni siquiera cambian los verbos y las informaciones de la prensa se llenan de términos como repeler, abatir... Otras, los medios de comunicación publican la imagen de personas detenidas por las fuerzas armadas que, sin juicio de por medio, son señaladas como criminales.

---

[46] El Poder Judicial de la Federación nos entregó sentencias contra soldados del periodo 2006-2017, cruzamos esos datos con los enfrentamientos que la Sedena registró en esos años, fueron 4,226 en total. Cruzamos las bases de datos a partir de las variables: estado, municipio, fecha del evento y número de muertos. En el cruce encontramos solo un caso que coincide completamente en las cuatro variables, un asesinato ocurrido el 8 de diciembre de 2011 en Arandas, Jalisco, que tuvo sentencia absolutoria; en otros nueve casos, coincidieron al menos dos de las variables, lo cual nos impide saber con certeza si se trató o no de los mismos hechos.

1. UN SOLDADO MATA

La práctica está tan arraigada que, al concluir su visita a México en el año 2011, la Relatora Especial de las Naciones Unidas sobre Independencia de Jueces y Abogados solicitó al gobierno eliminar la presentación de detenidos ante los medios de comunicación, pues se desprestigia la impartición de justicia y se daña el debido proceso de las personas.[47]

Es difícil escribir sobre estos *enfrentamientos* cuando la mayoría de las veces solo se cuenta con la versión oficial. La Sedena es la única institución que lleva un registro completo sobre esos hechos. Hasta la secretaría llegan los reportes de los soldados[48] involucrados en balaceras, es la primera y más cercana versión de la historia. Pasado el filtro de La Tropa, llega el conteo de las fiscalías estatales. Otras fuentes de primera mano son los sobrevivientes y, seguidamente, los familiares o testigos de los *enfrentamientos*.

---

[47] También se ha pronunciado al respecto Marco Lara Klahr, periodista especializado en el sistema judicial mexicano y el papel de los medios de comunicación. Lara Klahr llamó a la mediatización de la justicia como "infoentretenimiento" en el que "funcionarios públicos y periodistas suelen experimentar una especie de simbiosis hasta la consumación de la exhibición mediática de personas víctimas, detenidas e imputadas". Y una más. El Instituto de Justicia Procesal Penal, una organización civil que en México promueve el respeto a los derechos humanos en el sistema penal, llamó a frenar los "juicios mediáticos".

[48] La PGR debería tener la información de las carpetas de investigación abiertas por estos eventos, sin embargo, en las solicitudes que hicimos a través del INAI negó contar con el registro y canalizó la petición a la Sedena. De igual manera, solicitamos información a las procuradurías locales sobre investigaciones abiertas de homicidios en los que hayan participado militares o soldados en tareas de policía estatal, pero negaron tener el desglose por autoridad involucrada.

Por otro lado, cuando una investigación llega ante un juez el INEGI comienza el registro de datos del homicidio, pero no distingue si el arma fue de uso exclusivo del Ejército y menos si ésta fue disparada por un militar. Y aunque el INEGI incluye en sus estadísticas la ocupación de quienes son procesados por homicidio, su lista de variables no especifica si se trata de funcionarios públicos, servidores públicos o integrantes de las fuerzas de seguridad. Estos son los rubros: (0) no aplica, 1) funcionarios, directores o jefes, 2) profesionistas y técnicos, 3) trabajadores auxiliares en actividades administrativas, 4) comerciantes, empleados en ventas, 5) trabajadores en servicios personales y vigilancia, 6) trabajadores en actividades agrícolas, ganaderas, forestales, caza y pesca 7) trabajadores artesanales, 8) operadores de maquinaria industrial, ensambladores, choferes y conductores de transporte, 9) trabajadores en actividades elementales y de apoyo, 10) ninguna ocupación, 11) no identificado.

Pero la mayoría de los testigos, cuando hay, no hablan. En algunos casos los familiares o sobrevivientes de las balas militares han cuestionado los dichos del Ejército, pero la mayoría de las veces estos testimonios quedan al margen de la historia oficial, documentados por algunos medios o en los informes de organizaciones de derechos humanos, que no alcanzan a la mayoría del público. Lo que sí llega es lo que publica la prensa diaria y los noticieros de radio y televisión: *repeler, abatir, enfrentamiento, agresores*.

El relato que justifica mantener a los militares en las calles permea de la institución a la sociedad. Apropiarse de la narrativa ha sido siempre un modo de ganar el relato histórico: la historia la escriben los que ganan, dice el dicho. Y parece haber una determinación significativa de vender una realidad ficticia —dadas las comprobaciones de la CNDH de que *en casi todas las acciones donde murió una persona* los militares falsearon las pruebas. Si hay un plan siniestro es difícil de probar, pero de que existe la voluntad de ajustar la realidad al molde del discurso oficial para justificar una acción es indudable: la lógica es *ellos dispararon, nosotros repelimos*.

De hecho, el desbalance informativo —porque la gran mayoría de la información sobre enfrentamientos proviene directamente de las fuerzas armadas— y una lingüística ajustada a sólo una voz, la oficial, no facilitan una aproximación distinta a *la guerra* contra el crimen organizado. El gobierno institucionaliza un discurso con una terminología específica que los medios masivos reproducen sin mucha mirada crítica, mientras que las instituciones de la sociedad civil que observan el estado de los derechos humanos en el país no consiguen romper esa narrativa. La falta de investigaciones amplias complica poner en debate la legitimidad de *la guerra* o sus consecuencias.

El discurso es un muro que encubre, oculta y distancia, igual que los muros de las industrias cárnicas ocultan una verdad incómoda: para atender la demanda del mercado de la carne existen rastros donde se mata una vaca cada 12 segundos. En México,

1. UN SOLDADO MATA

cada día una persona muere asesinada por elementos del Ejército.[49] Personas como animales. Hay una tortuosa analogía entre las matanzas vacunas y el uso que el Estado mexicano hace de las fuerzas armadas: para que sobrevivamos como sociedades conformadas por millones de personas, es preciso que alguien asesine animales en cantidad, pero debe hacerlo fuera del alcance de nuestros ojos, de manera aséptica y humana. No debe afectarnos. Por lo mismo, para que nuestra sociedad de millones de mexicanos sobreviva a una violencia brutal, parece preciso que alguien asesine a *otros animales* —los *agresores*— y nos oculte la verdad, torciéndola, para que sigamos tranquilos nuestras existencias, confiando que nuestros soldados, como los matarifes de vacas, se ocupan de darnos lo que necesitamos. Carne o *agresores* muertos. Vida y paz.

Ante un contexto de extrema violencia y una "afrenta" a las instituciones por parte del *narco* —o eso es lo que nos han dicho desde el poder—, el relato oficial nos sugiere con insistencia que el empleo de las fuerzas armadas resulta imprescindible. De tal manera, la consecuencia lógica es que haya muertos, y que ellos sean la *lacra* de la sociedad. Ganado necesario para la supervivencia de la *pax mexicana*. Esas muertes se aceptan como inevitables con tal de vencer una guerra irrenunciable. Lo contrario, nos advierten, es el caos.

---

[49] Solo para tener ideas de la dimensión de la violencia militar: si dividimos los 3,907 muertos por soldados en la década del 2006-2017 nos da a 1 muerto por día en manos del Ejército. Si lo dividimos entre los 8 años (con el conteo hasta abril 2014) nos da casi quinientos muertos por año, esto es 1.3 por día.

2

Causar alta

"La mera verdad era que a nosotros los de tropa, nos daba igual un lado que otro; en una y otra parte había jefes, oficiales, sargentos y cabos; en las dos partes habíamos forzados que por nuestra propia voluntad jamás hubiéramos peleado contra nadie. ¿Que culpa teníamos nosotros de las diferencias o dificultades de los de arriba? ¿Por que no se agarraban ellos, unos con otros y nos dejaban a nosotros en entera libertad?"
Tropa vieja, Francisco L. Urquizo

—¿Por qué decidiste darte de baja?

—Ya estaba harto. Pensaba «¡ah!, voy al batallón y ahí me voy a encontrar al sargento cabrón. Y si me vuelve a decir algo lo mato. ¡Lo mato! Voy armado. Lo mato y ya». Porque por él me hice yo lacra.

En el Ejército, dice Higinio, un *lacra* es un indeseable, una persona depravada, abusiva. Siempre lo arrestan. Los mandos lo envían a la sierra a quemar plantíos de marihuana. Todos lo odian sin saber muy bien por qué.

Dice Higinio que empezaron a llamarlo así, lacra, sin que él fuera depravado o abusivo. Menos un indeseable. Pero que de tanto decirle lacra se convirtió en uno. Como si le hubieran dado un disfraz y él, de tanto que lo jodieron, se lo puso. Y actuó como tal, como el personaje del disfraz. Como lacra.

—¿Qué significó para ti ser lacra?

—Muchos te respetan. Te miran y dicen "ah, miren. Ahí viene ese lacra, pónganse al tiro. Donde pase te va a chingar". Y sí, ya me había acostumbrado. A la hora de la comida, ¡pum, pum!, le chingaba el cargador del arma a uno.

—O sea que tú empezaste a hacer cosas que...

—Que no debía. Se dormía el escribiente, entraba a la cuadra y me robaba los cascos, los chalecos. Los sacaba del cuartel y los vendía. Y se los vendía al mismo dueño. Le borraba el número de serie. Un casco, 500 pesos. Un cargador... ¡Tenía pilas de cargadores!

El lacra goza de un respeto que viene del miedo, un respeto artificial hecho de materiales baratos, que se rompe a la mínima. Pero, al fin y al cabo, era un respeto que mientras funcionó mantuvo a raya riesgos y peligros, como una coraza. Así Higinio vivió sus años en el Ejército con alguna tranquilidad.

Hoy atiende un negocio de videojuegos en San Juan Guichicovi, a medio camino entre las costas de Oaxaca y Veracruz, en la parte húmeda, verde y caliente del istmo de Tehuantepec. Pasadas las 19.00 horas, una legión de críos aporrea los controles de varias Xbox, gritándose burradas que no se atreverían a repetir en casa. Juegan a la guerra. Sus personajes empuñan armas brillantes y se disparan y matan y mueren mientras ellos, de este lado de la pantalla, gritan. Higinio ya nos ha dicho que mejor hablemos en otro momento, que los chamacos se ponen muy bravos, pero teniendo en cuenta la tendencia evasiva de los exmilitares vecinos del pueblo, que son bastantes, mejor hacerlo de una vez.

Higinio

Nació en 1978 en Salina Cruz y luego, no sabe cómo o por qué —o no lo dice porque no quiere o se le ha olvidado—, lo adoptó un matrimonio de Tehuantepec. Vivió en la costa del Istmo hasta los catorce años. Cuando se cansó de los golpes, los insultos y las humillaciones de su madrastra subió al tren de mercancías y se bajó en Matías Romero, cerca de San Juan. Aquel sería el primer trayecto de un viaje que duraría años, con parada incluida en el Ejército.

2. CAUSAR ALTA

Aunque no guarda recuerdos de aquellos tiempos —o dice que no lo hace— suponemos a Higinio, entonces un chavo flaco como perro callejero, la mirada afilada, el gesto impertinente, retador. Con 20 o 30 kilos menos de los que le sobran ahora, ese muchacho tenía toda la vida por delante y no pensaba malgastar un solo minuto. Pero hoy, a sus cuarenta y pocos años, Higinio luce la triste sonrisa del derrotado, la mirada del que intuye un peligro en cada esquina. Sentado tras el mostrador de su negocio, luce mucho más viejo que sus cuatro décadas vividas. Habla como si tuviera prisa por acabar, por si acaso, por si le vienen a buscar. No hay nada en él que parezca decir que fue un lacra: su modo de actuar es esquivo y sugiere un continuo malestar. Como si en vez de ser el más chingón temiera que se lo chinguen.

Aunque han pasado casi dos décadas, Higinio recuerda aquellos días en el cuartel como si los viviera, como si al acabar esta charla hubiera de volver al cuartel, a avisarle al escribiente que ha llegado y se echase sobre el estrecho camastro del barracón junto a sus compañeros que le llaman lacra. En aquellos días dormitaba un par de horas y despertaba para ir directo a hacer su guardia. Las guardias eran tiempos muertos, largos e inanes, donde lo que más hacía Higinio era esperar. O lo que es lo mismo, rezar y esperar a que ya no apareciese el sargento cabrón que le arrestaba cada vez que lo veía. ¿Por qué lo detenía? Por portación de identidad: por oaxaco, por ser de Oaxaca.

—Él nada más odiaba a los oaxacos —dice Higinio del sargento, que era de Tlaxcala.

En México, los reclutas de las Fuerzas Armadas firman un contrato por tres años que puede renovarse hasta llegar a 20, cuando tienen derecho a retirarse y cobrar una pensión de por vida. Una pensión modesta, pero constante. Hay también quien se da de baja antes. Y hay quien deserta.[50] Higinio fue de los que

---

[50] Históricamente, la deserción es una de las primeras tres causas de baja del Ejército, al menos así ha sido desde 1985, según la respuesta que nos entregó la Sedena. También

decidió irse a tiempo. En 1999, tres años y cuatro meses después de ingresar al Ejército —el tiempo que dura el primer contrato y un poquito más—, se dio de baja.

Ya no quiso renovar el contrato. Había tenido suficiente. De dormir poco, de aguantar al sargento con sus insultos, de llevar una vida que no le gustaba, de ser y que le considerasen un indeseable. El mismo día que dejó el Ejército, tomó un bus y se fue una semana entera a la playa. A veces salía a pescar, pero la mayor parte del tiempo la pasó tirado en la arena con la vista fija en el mar, haciendo lo mismo y todo lo contrario que en los años anteriores. O sea, esperar y nada. Cuando se aburrió, volvió a la casa que compartía con su esposa en el pueblo donde vivían y viven, San Juan Guichicovi, donde atiende el local de videojuegos.

Ahora, en el local, por como cuenta su historia, parece que a Higinio le duele más el recuerdo del sargento indeseable, aquel que lo convirtió en lacra, que el de su madrastra maltratadora. Al sargento le mataría, a su madrastra no. A su madrastra le escupe metafóricamente a la cara una lección aprendida a cuchillo: una cosa es el respeto, otra el miedo. Sargento y madre son dos personajes, de todas formas, importantes en su vida; fantasmagóricos, pero presentes.

Uno entra

El aire de la tarde en San Juan Guichicovi huele a trapo mojado, a tasajo al carbón, a tortilla, frijol y manteca. En la plaza, una señora y un señor —él, nos cuentan, marino retirado— cocinan tlayudas. A veces pasan muchachos en motocicleta a toda velocidad.

---

predomina entre las razones para causar baja el haberla solicitado o pasar a la reserva activa. En los últimos años, causar baja por retiro ha tomado mayor relevancia.

Mientras Higinio habla, a una nena que pasa volando en moto junto a la puerta se le cae el suéter. El conductor da la vuelta y para, la nena desmonta, agarra el suéter, suelta una risotada, sube de nuevo y se van. Cosas del día. El calor, la humedad, no dan tregua, incluso después de la puesta de sol.

Las criaturas que hace unos minutos gritaban como locas en la tienda de videojuegos de Higinio acechan ahora a nuestra espalda, curiosos; estiran los cuellos para escuchar, atraídos por la cámara y la grabadora. Se ríen, se empujan.

Al rato se marchan. Higinio los mira irse y entonces sí vuelve a contar sus años de militar. Nos dirá por qué cree él que allí, en San Juan Guichicovi, mucha gente se mete al Ejército. Y lo dirá con una voz firme, que no admite réplicas.

—En realidad, cuando uno va de soldado, no va a servir a su patria, no va a servir a la comunidad. Uno entra por necesidad.

Por qué (I)

Preguntamos en San Juan Guichicovi. Y antes preguntamos en la prisión del Campo Militar Número 1, con sede en Naucalpan, en los límites entre la capital y el Estado de México, en Lomas de Sotelo; durante un consejo de guerra celebrado en Veracruz en abril de 2017, preguntamos a militares acusados de colaborar con el narco; preguntamos a integrantes de la Federación de Militares Retirados A. C. General Francisco J. Múgica; preguntamos a militares que participan en la lucha contra el robo de combustible en Guanajuato; preguntamos a soldados, cabos y sargentos que patrullan a pie la ribera del río Bravo en Tamaulipas; preguntamos a casi cualquier militar que conocimos estos años, soldados, cabos, sargentos y oficiales, reclutas, cadetes del colegio militar:

¿Por qué entraste en el Ejército?

Casi todos confirmaron nuestra presunción: por necesidad. Porque en sus casas no alcanzaba para alimentar, vestir y educar a los hijos. Y todo eso —alimento, vestido y escuela— lo ofrecen las Fuerzas Armadas. Los militares son la despensa, la tienda, el maestro y el patrón de la mano de obra barata que no tiene empleo en la economía formal o informal de México.

Pero también encontramos excepciones: un joven entró porque su mamá lo corrió de la casa y no encontró nada mejor que hacer que ser soldado; otro porque tenía novia y quería ganar dinero para invitarla a salir y hacerle regalos; otros porque crecieron con un padre, un tío o un primo que vestían el uniforme verde olivo. Uno más porque se imaginaba a sí mismo como Rambo. Y otro porque pensaba que era una buena opción para seguir estudiando. También hubo quien causó alta por patriotismo, para combatir a la delincuencia. O, paradójicamente, quien ingresó porque fue víctima de esa delincuencia, como el pintor de Guerrero que se hizo soldado después de que unos criminales lo extorsionaron durante meses hasta que su negocio quebró. No lo hizo por venganza, sin embargo: otra vez fue la necesidad.

De hecho, la combinación "necesidad + conveniencia" funciona desde el nacimiento del Ejército. En sus libros sobre la Revolución, el historiador y escritor Héctor Aguilar Camín[51] plantea que, más que lealtad a los jefes, la defensa de unas ideas o la exigencia de cambios concretos, los soldados siempre pelearon porque había una paga: "Sus dos líneas terminales son, en el soldado, «la moral del haber», del salario; en los jefes, una independencia relativa ante las masas que luchan bajo sus órdenes."

México contaba en 2018 con 214,000 militares. La mayoría, 175,000, eran parte de La Tropa: soldados, cabos y sargentos, la clase baja. El resto, la clase media y media alta, son sus oficiales y

---

[51] Aguilar Camín escribió *Saldos de la Revolución* en 1984 y *La Frontera nómada. Sonora y la Revolución Mexicana*, en 1985. En ambos trata el nacimiento del Ejército en los primeros meses de batalla contra el régimen de Porfirio Díaz.

2. CAUSAR ALTA

jefes: subtenientes, tenientes, capitanes, mayores, tenientes coroneles, coroneles y generales.

El académico Marcos Pablo Moloeznik dice que la imagen popular del Ejército ha sobrevivido al paso de los años, la imagen de un Ejército heredero de la Revolución, compuesto por obreros y campesinos. Sin embargo, esa idea del Ejército está lejos de la realidad. Hoy día, según Moloeznik, existen dos ejércitos, el de los privilegiados, que ejercen el comando de las Fuerzas Armadas, comprometen a la institución en misiones y funciones de naturaleza policial y defienden su autonomía, prerrogativas y privilegios, y el de la masa. "En México, el Ejército es el pueblo mismo en uniforme", dice, "al menos en el sentido de que comparte las abismales diferencias y contrastes que caracterizan a la sociedad en su conjunto".

En 2018, un soldado cobraba al mes 10,950 pesos, poco más de 500 dólares. No es mucho, pero en México tampoco es poco. Después de que a inicios de 2019 el gobierno del presidente Andrés Manuel López Obrador incrementase el salario mínimo a 100 pesos diarios, la mensualidad mínima que cobra un ciudadano se elevó a 3,000 pesos, menos de la tercera parte del salario de un soldado. Además, a diferencias de las familias civiles, cualquier miembro de La Tropa no paga comidas ni alojamiento. Y esto no significa que un soldado está salvado comparado con un ciudadano regular. Nada más es menos pobre que otros tantos millones de mexicanos.

Por qué (II)

A veces, pensamos, los soldados nos decían lo que queríamos oír; otras, lo que creían que queríamos oír; otras, lo que necesitaban decir para sentirse mejor.

Por qué causaste alta, preguntamos a Israel, en la prisión del Campo Militar Número 1:

Entré por la necesidad de ayudar a mi país. En el barrio que crecí había mucha delincuencia, veía a la comunidad tratar de ayudarse de una u otra manera. Siento que las policías son muy corruptas, demasiado; veo al Ejército con más valores.

Yo me imaginaba que si me metía al Ejército haría operativos para erradicar a la delincuencia en mi barrio, pero no, te mandan a erradicar delincuentes a otros estados.

Me ofrecían seguro, carrera, estudiar, dibujo técnico. Tenía casi 18 años, a los 11 días de cumplirlos causé alta. Ya no estaba en la prepa, la dejé porque sentía que no había lana en la casa. Vivía con mis abuelos y mi mamá; mi mamá trabajaba en el Italianni's de cocinera, mi papá nos dejó de pequeños.

Yo pensaba ascender, era soldado raso, quería ser cabo y de ahí escuela para sargento. Pero soy soldado policía militar, no llegué a cabo.

Por qué causaste alta, preguntamos a José, en la misma prisión:

Soy del Estado de México. Estudié hasta el primero de preparatoria y luego en el Colegio Militar acabé el bachillerato. Mi mamá, que era madre soltera, ya falleció. Mi figura paterna fue mi abuelo. No tengo hermanos. Mi abuelo fue militar y dos de mis tíos también. Mi abuelo fue general brigadier. Mis dos tíos, coroneles.

Desde que era muy niño tuve contacto con el personal de tropa que estuvo bajo las órdenes de mis familiares, principalmente de mi abuelo. Siempre me llamó la atención. Siempre me desenvolví en un ambiente militar. Entonces, tuve esa opción, digámosle. Se me hacía que era la opción más viable para mí para ser independiente.

Más que todo, por la figura de rectitud que había tenido por parte de mi abuelo. Buscaba un trabajo con honorabilidad, honradez, un sentido de pertenencia a algo. La encontré en el Ejército. No encontraba otro lugar con más prestigio que las Fuerzas Armadas.

Por qué causaste alta, preguntamos al subteniente de Infantería Eustaquio, durante un consejo de guerra en Perote, Veracruz:[52]

Soy hijo de militares. Mi papá y mi mamá. Desde muy chico entré a la guardería de la unidad habitacional [del Campo Militar Número 1, en Ciudad de México]. Siempre vivimos ahí en la unidad. En un departamento. Había mucho amor de hogar.

Yo jugaba con mi papá. Él tuvo la fortuna de estar en buenos cargos. Era del servicio de transportes y, como conductor, estuvo con los mandos. Con el secretario, con el Estado Mayor. Me llevaba a los desfiles los 16 de Septiembre. Y cuando veíamos pasar a los cadetes, le decía, "yo voy a ser como ellos y voy a ser general".

El Ejército siempre ha sido mi vida. Pero ya entré grande. A mi última oportunidad, a los 20 años. Entré hecho un puerco, pesando 120 kilos. Todo el mundo me gritaba "puerco".

Mi hermana, que también era militar, estaba entonces en admisión a planteles militares. Me dijo, "¿quieres entrar al colegio?" Yo venía de trabajar en una empresa de seguridad privada. Escoltaba transporte público federal. Venía de un viaje a Monterrey, entrando a la Ciudad de México es cuando me llama mi hermana y me dice que me espera

---

[52] En el ámbito castrense, un consejo de guerra es un juicio. En este caso se juzgaba a un grupo de militares de un batallón del norte por haber colaborado con una organización delictiva años antes. Más detalles aquí: https://elpais.com/internacional/2017/04/28/mexico/1493390310_128238.html

en una hora en las instalaciones del Heroico Colegio Militar con mis papeles. Le dije que no tenía nada a la mano. Me dijo, "tráeme puras copias".

¿Por qué tardé tanto en entrar? Ah, porque me entró mi etapa de rebeldía. Hubo un tiempo en que no quise estudiar y perdí casi tres años, que fue lo que estuve trabajando. Terminé mi prepa en ese tiempo y ahí fue que me decidí, a los 20.

Si te digo que entré por dinero, te *estuviera* mintiendo. Hay que perseguir tus ilusiones y es una ilusión que ni quería dejar pasar.

Por qué causaste alta, le preguntamos al teniente Manuel, durante el mismo consejo de guerra en Perote, Veracruz:

Nací en Puebla. Mi papá es profesor retirado, mi mamá fue secretaria ejecutiva. Somos cuatro hermanos, uno falleció en 2001. Con mi hermano que falleció me llevaba muy bien. Yo soy el más chico y quería crecer para irme con ellos a las discotecas. Fui a la escuela hasta la prepa. Y luego ingresé al Heroico Colegio Militar. Tenía como 15 años. Fue el año 1993.

Antes había trabajado con un primo en un mercado vendiendo pollos en Puebla. Era tranquila aquella época. A mi papá le pagaban suficiente para vivir, una vida media, sin lujos.

¿Por qué decidí ingresar al colegio militar? Un primo lo intento y no pudo. Luego fue mi hermano y tampoco pudo, entonces se me metió a la cabeza: "Si ellos no pudieron, yo sí voy a poder." Y luego porque me llamaba la atención el medio militar.

Cuando veía los desfiles, me gustaba la gallardía, la fuerza con que marchaban. Me llamaba la atención todo eso. Veía los desfiles en televisión, o los que hacen el 5 de mayo en Puebla. Yo desfilaba por parte de la prepa en los desfiles del 5 de mayo y ahí coincidíamos con los soldados. Me gustaba la rectitud con que marchaban.

No me fui a La Tropa porque ya sabía las diferencias y me llamó más el colegio. Digamos que al entrar en tropa, te cuesta más ser oficial. Si vas por colegio, sales como subteniente. Como elemento de tropa es más largo.

No pensaba yo en el dinero en esa época.

Además, me veía graduado como oficial, cumplir con las misiones que se me asignaran, tener más conocimiento del Ejército. No sé, saltar de un avión, rappelear, andar en diferentes partes del país cumpliendo misiones.

Pero ahora me doy cuenta de que no es todo como te lo pintan. A veces no comes, tienes que estar alejado de tu familia.

Presentan su mejor versión, la que piensan que es su mejor versión, personas sobrias, determinadas: yo siempre quise, mi vida siempre fue. O también la ilusión de alcanzar algo más, la ilusión impoluta de la inocencia, ajena a lo que vendría después. No hablan de ellos: hablan de lo que les hubiera gustado que ocurriera.

San Juan Guichicovi

Desde el cerro de la piedra, San Juan Guichicovi parece un lunar pardo en el brazo velludo de la montaña. Es un municipio de poco más de 30 mil habitantes en mitad del Istmo, la parte sur del país que se estrecha como un nudo de corbata. Siete de cada diez vecinos de San Juan Guichicovi viven en la pobreza o la pobreza extrema. Muy pocas personas van a la escuela y, de las que van, muy pocas van por largo tiempo. Muchos ni siquiera terminan la primaria.[53]

La cabecera municipal se parece a cualquier otra ciudad del sur tropical, con sus comercios, su mercado y sus carros. Hay una escuela preparatoria, una secundaria técnica, una estación de radio y hasta un pequeño museo. Riadas de gente llegan al centro y las calles aledañas todos los días, gente que vende y compra maíz, chile, agua fresca, ropa; gente que llega de unas comunidades para transportarse a otras, para viajar a Matías Romero o a Tehuantepec.

El centro de San Juan Guichicovi no está en el centro sino en uno de los extremos del pueblo. Por las mañanas, los cantos de decenas de gallos llegan confusos hasta el cerro de la piedra, como el fuego de hogueras antiguas que arden desde la noche anterior.

A las seis en punto, el perifonero empieza a dar cuenta de los anuncios del día a través del altavoz municipal colocado estratégicamente enfrente del mercado, justo delante de un hermoso árbol de guiechachi hinchado de flores blancas, naranjas y rosadas.

El perifonero es un señor que canta la agenda del pueblo, compromisos, posibles actividades. El domingo, por ejemplo, anuncia los desayunos del mercado o de cualquiera que haya cocinado en su casa: "La señora tal vende horneado de cabeza de res de desayuno", "la señora cual vende mondongo blanco con epazote". Cuando lee el nombre de esos platos, el perifonero homenajea la exuberancia del valle.

El perifonero sirve a todos, vecinos y forasteros. Cualquiera que necesite anunciar algo llega con el encargado a darle su mensaje. Y como cualquiera, también los reclutadores del Ejército van

---

[53] Según el Consejo Nacional de Evaluación de la Política Social, el 43.8 por ciento de los habitantes viven en pobreza y el 31.4 por ciento en pobreza extrema; el grado promedio de escolaridad es de 4.6 años, dos años menos que el resto del estado de Oaxaca y cinco años menos que el promedio nacional.

con él. Higinio dice que él causó alta porque escuchó el mensaje en el altavoz.

—¿Qué te dijo el reclutador?

—Fui y le pregunté qué documentos ocupaba y me dio la lista. «Si los tienes, adelante», me dijo, «vámonos». Tenía todo y me fui con él. Tenía como 20 años [en realidad, 18]. Nos fuimos unos 11 que venían de Veracruz, yo y otro del pueblo.

En el cuartel le tomaron las huellas y cotejaron sus papeles. Los militares tratan de averiguar los antecedentes así que necesitan que sus probables soldados tengan los dedos en buenas condiciones. "Si tu huella tiene una peladita o algo, hasta que se sane no te dan de alta", dice Higinio. A él le fue bien: *huelleó* un día 20 y el 30 ya tenía el radiograma de incorporación.

Las manos del Ejército

Huellear, dice Higinio.

Que las huellas de tus dedos sean perfectas, que no haya heridas, ni callos. Nada que perturbe el valor identitario de la piel.

Y no deja de ser irónico, porque muchos de los exsoldados del Istmo de Tehuantepec, como en cualquier parte del país, llegan a La Tropa —al escalón más bajo del Ejército— después de trabajar en el campo durante años o como carpinteros, electricistas, albañiles. De trabajar, en fin, con sus manos, con la piel de sus manos. Sus pieles quedan roídas, sus identidades quedan roídas —y el Ejército les pide que sus huellas no tengan huellas.

Pero, ¿significaba lo anterior alguna novedad? ¿Lo significa ahora? ¿O el Ejército mexicano arrastra, como muchas otras fuerzas armadas en el mundo, el estigma de ser un depósito de pobres, descarriados, analfabetos, gente sin mucho por delante? ¿Hay luz en el pasado remoto de ese Ejército heredero de la Revolución? ¿Acaso no era entonces, también, que La Tropa era mano de obra barata?

Artesanos, labriegos, jornaleros, desempleados, indígenas, borrachos, delincuentes, vagos, alcohólicos: La Tropa. Los estudios históricos sobre el ejército de Porfirio Díaz muestran a La Tropa como un grupo de pordioseros, obligados en muchos casos a enrolarse, siempre dependientes de un cuerpo de oficiales ajeno a sus intereses y necesidades.

La historiadora Alicia Hernández Chávez, experta en la figura del caudillo y los años de la Revolución, escribió en 1989 un ensayo completo sobre la formación y caída del ejército porfiriano. Díaz llegó a la presidencia en 1877 tras derrocar al presidente Lerdo de Tejada. El general construyó su victoria con el apoyo de la Guardia Nacional, entonces un cuerpo militar compuesto de ciudadanos con fuerte arraigo local.

Ya entronado, Díaz canalizó a los milicianos de la guardia al nuevo ejército federal, pero aquella fue una medida equivocada. Su gran error, sugiere Hernández Chávez, fue separar a los militares de clase media y media alta de los de clase baja. A La Tropa de los oficiales. A los primeros, sus más cercanos, los incluyó en el ejército permanente; a los segundos en el ejército auxiliar. "La formación profesional del militar y su situación de privilegio transformaron la composición social de los dos sectores" explica la autora, "encontrándose entre la oficialidad del ejército permanente una élite y en las fuerzas auxiliares a una clase media pobre o a desempleados y vagabundos. Inclusive a los ex presidiarios y disidentes políticos se les castigaba enviándolos a filas".

Esto es: ser soldado era una condena mientras que ser oficial representaba un premio. Quien nacía pobre tenía destino de tropa rasa: era un paria en la vida civil y lo era también en la militar. Quien nacía rico o con posibilidades tenía un lugar más propio de una casta poderosa. La Tropa es el pobrerío, lo más bajo en una institución profundamente jerárquica.

Pero el problema era aún peor: el Ejército mexicano, en sus inicios, era una fuerza armada obligatoria a cuya convocatoria no

2. CAUSAR ALTA

había manera de oponerse. El historiador Luis Ignacio Sánchez, que ha dedicado buena parte de su trabajo al porfiriato, dice que el factor definitorio era el servicio militar obligatorio controlado por los líderes locales. "La abrumadora mayoría de soldados eran obligados a llevar a cabo el servicio de las armas mediante la leva, es decir, el reclutamiento forzoso que realizaban, por lo general, los jefes políticos de los estados", escribió en un ensayo de 2011 sobre la educación en el ejército porfiriano: "Esto con el fin de deshacerse de vagos, alcohólicos, tahúres y, en general, de cualquier individuo que pudiera resultar pernicioso."

Sánchez explica que la leva fue producto de la falta de interés de los jóvenes por el Ejército. El historiador cuenta que la gente no quería enrolarse por las incomodidades: permanecer lejos de la familia, malos tratos, peligros como la muerte a manos de un enemigo o por enfermedades, un sueldo escaso, mala alimentación... Antes que pisar un cuartel, muchos preferían huir. Sánchez dice que los jóvenes llegaban a esconderse o incluso a "inutilizarse". Por eso la leva, para conseguir reclutas a la fuerza.

Las condiciones de vida eran tan brutales como soldados que ni el temor a ser perseguidos y encarcelados por desertar impedía que los jóvenes quisieran dejar el Ejército una vez que, obligados por la leva, veían que aquello era acabar como carne de cañón de sus oficiales. El investigador Mario Ramírez Rancaño rescata el relato de Edith Coues, esposa del encargado de negocios de la embajada estadounidense en México durante la administración de Porfirio Díaz, quien decía que en las noches amarraban con frecuencia a los reclutas a los vagones del ferrocarril para que no desertaran.

Sin soldados convencidos, más pendientes de desertar que de ganar batallas, no había manera de que el antiguo régimen del Porfiriato aguantara. Ante el maltrato de los jefes, que parecían más enemigos de La Tropa que sus líderes, los incentivos de los soldados a abandonar las filas del Ejército crecían porque enfrente había una oportunidad: la Revolución. Son muchos los casos de soldados del

Ejército regular, dicen los historiadores, que decidieron cambiar de filas y unirse a los contingentes rebeldes.

Cuatro fueron los contingentes que conformaron el ejército revolucionario: tres norteños, uno sureño. Los primeros en incorporarse al nuevo ejército fueron la División del Norte, comandada por Pancho Villa, el Cuerpo del Ejército del Noreste y el del Noroeste. Javier Garciadiego, que coordinó un trabajo especial de El Colegio de México por los 100 años del Ejército, dice que la soldadesca del norte estaba compuesta por "campesinos, vaqueros —hábiles en el uso de las armas y el caballo—, mineros —diestros en el manejo de la dinamita—, ferrocarrileros, arrieros —conocedores de la geografía local— y pequeños empleados". De la vertiente noroeste participaron también "grupos procedentes de las tribus de los indios mayos y yaquis". Y del Ejército Libertador del Sur, comandado por Emiliano Zapata desde Morelos, campesinos con y sin tierra, arrendatarios, medieros, peones de las haciendas, arrieros, carboneros, artesanos y maestros rurales. Esto es, otra vez, La Tropa hecha por quienes usan las manos.

Pero, ¿por qué? ¿Por qué pelear por la Revolución? ¿Acaso sus ejércitos no se alimentaban también de reclutamientos forzosos como las fuerzas armadas del gobierno? ¿Acaso La Tropa recibía un trato mejor que en el Ejército del Estado? Pedro Salmerón, académico experto en los ejércitos revolucionarios del norte, distingue entre los motivos de los reclutas de los cuerpos militares de Sonora o Coahuila y el de Chihuahua, los más numerosos: si bien los soldados se adhirieron a la Revolución por amor a una idea o lealtad a sus jefes, dice, en los primeros dos estados se imponía el argumento económico. La paga y el derecho de saqueo convencían a la milicia, ajena a los intereses de Venustiano Carranza y el resto de los jefes. En Chihuahua, sin embargo, "estuvieron presentes de manera sistemática las demandas de los soldados, la relación entre los soldados y los jefes y el hecho de que los jefes lo son por decisión de los soldados y no del Gobierno". Allí, en el norte, los rebeldes tomaron el levantamiento del 20 de noviembre de 1910 como una forma de venganza contra los hacendados, que les habían robado agua y tierras. Hermanado moralmente con los villistas del sur, el ejército de Zapata, que llegó a contar con 30,000 efectivos hacia 1914, reclamaba la devolución de las tierras de los campesinos, confiscadas en favor de la poderosa industria azucarera.

Aunque Zapata murió asesinado en 1919 por los hombres de Carranza y su ejército acabó por capitular ante los revolucionarios del norte, su causa vivió: la reforma agraria, el reparto de la tierra entre campesinos cristalizó en la Constitución y las leyes posteriores. Nació el ejido, que dotaba a comunidades de labriegos de pedazos de tierra intransferibles. Con los años, 60% de la tierra rústica del país se convirtió en terreno ejidal. Fue una victoria agridulce. Dice el historiador Emilio Kouri que la reforma no generó una agricultura próspera que elevase el nivel de vida de las comunidades. A un siglo de la muerte de Zapata, emigrar a Estados Unidos supone muchas veces una mejor opción que trabajar la tierra.

El triunfo de la Revolución supuso la desaparición del ejército porfiriano y anunció la emergencia de uno nuevo, ajeno a la leva, pero dependiente de jefes y caudillos regionales que habían adquirido mucho poder durante el movimiento. Después del triunfo y asesinato de Madero, del ascenso y la caída de Victoriano Huerta y las peleas posteriores entre los distintos cabecillas de la Revolución, la mayoría de historiadores señalan a 1917, año en que se aprobó la Constitución, como la fecha de nacimiento del Ejército mexicano moderno.

La mera verdad

Higinio cierra su negocio. Recoge y apila las sillas de plástico junto a la puerta, apaga las *Xbox*, las pantallas. El hombre que hace veinte años trabajaba con la posibilidad de disparar y ser disparado, vigila ahora que la violencia de los transmisores se quede ahí, en las pantallas. Hay críos que se toman estos juegos demasiado en serio.

Recorre la sala en cámara lenta, parsimonioso. Primero esto, luego aquello, poco a poco, como si cerrar su negocio de videojuegos requiriera de una misteriosa delicadeza, un arte. O, simplemente, porque es un trabajo relajado donde Higinio está consciente de que al final del día no llegará ningún sargento maldito a regañarle porque una Xbox está fuera de sitio.

Higinio ha tenido varias vidas. Niño adoptado, maltratado, cuando a los catorce escapó de Tehuantepec en el tren de carga del Istmo; Matías Romero suponía la aparición de un mundo nuevo aunque no estuviera demasiado lejos de la casa donde vivía con la madrastra. Tal vez otros podrían haberse intimidado, pero Higinio sabía que lo que había dejado atrás era peor. En Tehuantepec ya trabajaba de albañil, pero todo el dinero debía dárselo a su madrastra. Por eso en Matías Romero no tuvo empacho en trabajar de lo que fuera. Otra vez albañil, colador, peón. La obra era un negocio accesible para un muchacho sano que busca dinero para sobrevivir.

Un año después, Higinio volvió a subirse al tren y marchó a la frontera, hasta Matamoros. Cruzó el río, pasó unos días en Brownsville y se montó en otro tren a Houston. Los policías fronterizos lo atraparon y lo deportaron, pero Higinio volvió a cruzar unos días después —era 1993 y los controles fronterizos eran más relajados que los actuales— y acabó trabajando durante todo un año en Houston. Cuando ahorró suficiente, regresó a Matías Romero y volvió a emplearse de albañil. Uno de esos días, conoció a una chica en un comedor que frecuentaban los peones. Higinio y la chica se enamoraron y, meses después, acabaron casados. Tenía dieciocho años.

En Matías Romero, incluso después de casarse, Higinio no llevaba una vida tranquila. Dice que, como andaba entre

2. CAUSAR ALTA

albañiles, le entró al vicio y al alcohol, así que con su mujer decidieron mudarse a San Juan Guichicovi para montar una pequeña tienda de ropa.

Había una razón adicional para esa mudanza: la pobreza apretaba. Un par de años después del regreso de Higinio de Houston, Ferrocarriles Nacionales de México se vino abajo y el Gobierno privatizó el servicio de trenes en todo el país. La región del Istmo de Tehuantepec lo sintió especialmente. Pueblos como Matías Romero, que vivían del tren, se vieron envueltos en una lacerante crisis económica. Matías Romero quedó prácticamente en la quiebra. No había nada. Fue entonces cuando Higinio y su esposa decidieron mudarse a San Juan Guichicovi. Por un lado, la bebida, por otro, la economía. No había otra opción que salir.

Entonces apareció la ventana a otra vida: el Ejército. Fue en San Juan Guichicovi donde Higinio conoció a su reclutador. No fue un asunto patriótico: fueron el presente y el pasado empujando a Higinio a hacer algo con su futuro.

—Yo le dije a mi doña, "la mera verdad está muy bajo el negocio, me voy a tirar al Ejército".

Y así, tal cual, se fue.

—¿Por qué no regresaste a la obra o te fuiste de nuevo a Estados Unidos? —le decimos— Mucha gente opta por eso, la obra o el exilio.

—En ese momento no se me vino la idea. Dije, "me voy al Ejército". Pensé que era una mejor opción, pero en realidad, pues no.

Radio Ayuuk

Alejada de los parques eólicos que brotan como setas en la parte baja del Istmo, la gente en San Juan comercia y viaja. A Matías Romero, a Tehuantepec, a comunidades cercanas como Chocolate, Mogoñé…

Desde temprano, a diario, dos docenas de camionetas de redilas ocupan cada rincón de la plaza del centro. Son enormes y llevan la caja de carga cubierta con una lona y rótulos en los parabrisas: "Chango", "Iguana". La autoridad del motor en el centro del pueblo es indiscutible.

Durante el auge cafetalero y el programa de castellanización que emprendió la Secretaría de Educación a mediados de los ochenta, los jóvenes de la zona trabajaban en las plantaciones o estudiaban para ser maestros. Tras la firma del Tratado de Libre Comercio en 1994, la industria del café cayó en una larga depresión. La producción se desplomó y con ello la necesidad de mano de obra. La carrera de maestro seguía siendo una opción y lo es todavía, pero el sistema hereditario de plazas perjudica a los foráneos. Para ser maestro, o eres hijo de maestro o debes comprar tu plaza.

De manera que no había ni hay muchas más opciones en el pueblo. Si los papás se dedican a la ganadería, un hijo puede estudiar veterinaria. Si tienen una tienda de abarrotes, puedes heredarla. Pero sin trabajo en el campo, poco más queda en esta zona del Istmo. Poco más que mirar hacia un futuro como soldado: la mayoría de las opciones pasan por las Fuerzas Armadas.

Es una tarde lluviosa en San Juan, aunque la gente camina alegremente, cubriéndose la cabeza con un papel, con un trozo de bolsa y no cubriéndose para nada. Freddy Landa es un hombre macizo de talla mediana con las facciones pronunciadas y los brazos robustos como ramas de higuera. Mira la lluvia desde la terraza de un hotel, el único del centro. En un rato tiene una fiesta, aunque no parece que la lluvia le inquiete en lo más mínimo. Freddy es el director, productor y principal conductor de Radio Ayuuk, la estación del pueblo. Ayuuk significa la voz del monte, el habla de la montaña, la voluntad, en fin, de la tierra.

—Te lo pongo así, el que no se iba al café o estudiaba para maestro se metía al Ejército —dice—. Les atrae el uniforme.

2. CAUSAR ALTA

El día anterior, se sincera, un amigo suyo le llamó, un militar.

—Les escuchó por la radio.

Habíamos ido a Radio Ayuuk a contar quiénes éramos, qué hacíamos allí, cuántos días nos quedábamos. También fuimos con el perifonero, aunque el mensaje allí fue más escueto. En la radio explicamos que veníamos desde Ciudad de México, que sabíamos que allí en San Juan Guichicovi vivían muchos militares retirados, que nos gustaría entrevistar a todo el que quisiera. Queríamos saber por qué entraron a las Fuerzas Armadas, cuándo, por qué no hicieron otra cosa.

—Ah, ¿y qué dijo?

—Que de qué se trataba.

Freddy piensa que su amigo igual quería comunicarse con la Zona, es decir, llamar por teléfono al cuartel general del Ejército en Oaxaca, la Vigesimoctava Zona Militar, y decirles "oigan, hay unos muchachos por aquí que andan buscando militares para entrevistar". Para nosotros era divertido que Freddy piense así, porque en el fondo no es raro: lo extraño provoca desconfianza y nosotros somos extraños.

Desconfianza pero también curiosidad. La tarde anterior, de hecho, después de ir con el perifonero, se acercó un señor mientras esperábamos en la plaza a que algún soldado o ex soldado aceptara platicar. El hombre preguntó si éramos los que andábamos buscando militares. Le dijimos que sí, que por qué, pero no quiso decirlo. En cambio, siguió haciendo preguntas: dónde nos quedábamos, qué queríamos saber, para qué necesitábamos saber todo eso—, y con cada una, desnudándose. Usted fue militar, le dijimos. El hombre rio.

El hombre que reía se llama Nacho. En ese momento, explicó, no podía hablar, porque tenía un servicio unos minutos después —Nacho conducía una de las camionetas aparcadas en la plaza— rumbo a Matías Romero, donde debía esperar unas horas antes de regresar con otro pasaje. Pero aceptaba hablar al día siguiente.

Al día siguiente le buscamos, pero no apareció. Y lo mismo hicimos un par de días después, hasta que lo encontramos, una mañana, junto al Palacio Municipal. Aunque la charla no fue como esperábamos.

Limpiar de jefazos la tribu

En 1926, el Ejército mexicano contaba con 62,373 soldados. Habían transcurrido casi diez años desde la firma de la Constitución. Las insurrecciones y los intentos de golpes de Estado de generales descontentos que habían querido tomar el poder por la fuerza estaban prácticamente superados. El Gobierno se mantenía. Era momento de una transición en el Ejército, de sacar a las Fuerzas Armadas de la lógica combativa de sus primeros tiempos.

Había una doble necesidad para ese cambio. Por un lado, el Gobierno quería jubilar a los mandos revolucionarios. Sus salarios generaban un enorme gasto y el nuevo Ejecutivo, liderado por el general Plutarco Elías Calles, trataba de reducir el presupuesto de Defensa, que entonces se llevaba un tercio del total de los recursos del Estado. Su intención era invertir en obra pública y proyectos productivos. Además, los viejos mandos constituían un contrapeso inquietante. Mantenían un ascendente que con las décadas conformaría un mito; si se organizaban, podían poner en peligro la gobernabilidad.

Por otro lado, Elías Calles y su hombre fuerte en el Ejército, el general Joaquín Amaro, estaban convencidos de que las Fuerzas Armadas necesitaban mutar del grupo de caudillos regionales que eran a un ejército profesional, debidamente educado.

Al interior de las Fuerzas Armadas, el desastre era mayúsculo. No hacía ni tres años del último levantamiento militar, sofocado a duras penas por el régimen. La educación en los colegios castrenses era pésima y las escuelas de tropa estaban todavía peor. Aún entonces, los soldados pasaban casi todo su tiempo en filas

2. CAUSAR ALTA

de la misma guarnición, a las órdenes de los mismos mandos. Siguiendo la lógica de los contingentes que habían peleado en la Revolución, la movilidad era extraña. El jefe era jefe de por vida, como en un sistema tribal. Aburridos, sin nada que hacer más que esperar el levantamiento de turno, algunos soldados empezaban a convertirse en un problema. En 1925, según registró la historiadora Martha Beatriz Loyo en *Reformas militares en el periodo de Plutarco Elías Calles 1924-1928*, había una buena cantidad de denuncias públicas por los abusos cometidos por La Tropa: robos, golpes, soldados mariguanos, abuso de autoridad, estafas y más.

No sin resistencias, el Gobierno logró dar licencia en poco tiempo a casi 1,000 oficiales y jefes. Luego cerró el Colegio Militar de Ciudad de México y lo remodeló. Mandaron a oficiales jóvenes al extranjero a formarse. El general Amaro enfocó al Ejército hacia tareas de seguridad interna, así que los soldados empezaron a escoltar estaciones de ferrocarril y a formar patrullas de caballería y guarniciones en poblados lejanos. Parecía que todo marchaba, pero el dinero no llegaba igual para todos.

Por ejemplo, no llegaba para La Tropa. Los únicos que se quedaban al margen de la voluntad reformista del Gobierno eran los soldados. Las mejoras en las escuelas de la soldadesca no llegaron a efectuarse. "Se continuó con el mismo reglamento de 1923 (...) cuyo objetivo era alfabetizar a los reclutas", escribió Loyo en el ensayo. Es decir, enseñarles a leer o escribir, nada más. Ni se remodelaron las viejas escuelas ni se hicieron nuevas allá donde no existían. La mayoría de los estados del sur carecían de centros de formación para La Tropa. Y donde había, las condiciones eran malas. Las clases se impartían en cuadras o espacios poco adecuados.

Aún así, parece que algo del ímpetu renovador de la época permeó hasta La Tropa. El agregado militar en la embajada de Estados Unidos dejó dicho entonces que los soldados recibían por lo menos sus pagos con regularidad y prontitud. Y que además estaban mejor vestidos que en cualquier otro tiempo.

No lo puedo decir (monosílabos)

Nacho, el militar que quería platicar tanto como parecía querer esquivarnos, hablaba con monosílabos. Sus ojos escondían un dolor viejo, enterrado. El cadáver del trauma. Parecía que cargaba en sus hombros todos los muertos del mundo. Nos habíamos imaginado una conversación distinta. Dos días atrás se había acercado a nosotros medio juguetón, quizá algo impertinente, con hilaridad, pero ahora aquel hombre había desaparecido y en su lugar había un puñado de balbuceos y respuestas rápidas.

—Cuéntanos un poco de tu infancia ¿tú viviste siempre aquí?
—Eh… yo soy, soy originario de aquí, de San Juan Guichicovi.
—Ok.
—Eh… mis padres, mis papás igual son de aquí, originarios.
—Ajá.
—Y… yo me voy de aquí a los 26 años, eh…
—¿Y ellos a qué se dedicaban, tus papás?
—Eh… mis papás son campesinos.
—¿Y son de aquí, de la cabecera municipal, o de otro lugar?
—No, de aquí, de la cabecera, de aquí de San Juan.
—Ok. ¿Estudiaste aquí en San Juan?
—Yo, yo me, me, me dio por ser, me, me, me. Todo acá la primaria, secundaria, eh… Culmino mi secundaria y me voy pues, me enfilo a las, a las Fuerzas Armadas.
—¿En aquella época no se estilaba estudiar Bachillerato, prepa?
—Era… más que nada, aparte de la población o los, los jóvenes de acá, cuando cumple uno cierta edad, por lo mismo, se van. Yo a mi, mi edad, en mi caso, pues, veía yo que había mucha gente enfilada y yo, pos, opté en irme, ¿no?, en buscar la manera ¿no?, de sobresalir, de salir. ¿Por qué? Porque pues realmente aquí pues realmente no hay otra fuente de trabajo que uno puede dedicarse, nomás por la Secundaria que uno tiene.

2. CAUSAR ALTA

—Pero podrías haber ido al campo con tu papá, por ejemplo.
—Sí, sí, de hecho sí, era, en mi infancia, pues era todo el campo, de allá pa' acá.
—¿No te gustaba mucho?
—Pues [pensando] sí, sí, sí, a veces sí, me gustaba ir con él, todo eso.
—¿Y por qué te fuiste al Ejército? ¿Tenías algún pariente? ¿Cómo fue que dijiste "ah, esto puede ser una buena opción?"
—No, un pariente no. Más que nada, eh, me fui porque pos a buscarle, ¿no? A buscarle yo solo, pues, porque no, y sí.

"Orden, había mucho orden", dijo Nacho cuando le preguntamos cómo se imaginaba que era ser militar antes de causar alta. El orden.

En aquel entonces no se le ocurrió irse a la Armada porque pensaba que exigían estudios de preparatoria y él solo había acabado la secundaria. La Policía Federal no le atraía. El campo familiar no daba para todos. Sin embargo, Nacho dice que no se enlistó en el Ejército por necesidad sino porque le atraía su marcialidad. Quería el Ejército, el orden del Ejército, el uniforme del Ejército.

—Era eso pues, respeto, orden, todo, disciplina más que nada. Porque es una de las cosas que no tienen las policías.

Nacho tiene seis hermanos. Dos seguían en el Ejército cuando conversamos. Él fue el primero que causó alta. Se fue al CACIR de Ciudad de México, el Centro de Adiestramiento de Combate Individual Regional.[54] Hizo su instrucción y se incorporó a un regimiento de artillería. Luego, dice, le mandaron a Guerrero, a la sierra. A "erradicar".

---

[54] Como el CABIR, Centro de Adiestramiento Básico Individual Regional de la I Región Militar, el CACIR es un centro de capacitación para reclutas y elementos del Ejército. Depende del lugar, todos los futuros soldados pasan una o varias veces por allí, primero para recibir el adiestramiento básico y luego para promocionar de grado.

La conversación duró una hora y encalló en la arena de sus recuerdos bloqueados, los años de Tamaulipas.

—¿Te tocó algún enfrentamiento ahí en Reynosa?

Nacho baja la voz, su gesto se vuelve esquivo, algo más distante.

—Muchos, muchos.

—¿Te acuerdas de alguno en concreto?

Vuelve a bajar la voz, que se vuelve casi inaudible.

—No, no, no lo puedo decir.

Miramos a Nacho esperando que se suelte, no presionamos.

Los monosílabos acaban; el silencio deja suspendidas en el aire mil incógnitas. Qué vio, qué vivió. Qué le ordenaron. Qué hizo.

Qué oculta un hombre de La Tropa. O de modo más amplio: qué oculta La Tropa, como grupo, como cultura.

Fracasos con el bisturí

A lo largo de nuestro reporteo queríamos saber *qué es* el Ejército mexicano, *quiénes son* el Ejército. Quién ha causado alta en los últimos quince a treinta años. Saber a qué se dedican sus papás, hasta qué año estudiaron. De qué municipio vienen, cuántas personas viven en sus pueblos, cuáles son las fuentes de trabajo principales, secundarias. Queríamos, en fin, meterle el bisturí a la frase de frases en el cruce de caminos entre la política y las Fuerzas Armadas: el Ejército es el pueblo en uniforme.

Meterle el bisturí significaba, por ejemplo, aprender si esa información ha variado desde que el presidente Felipe Calderón sacó al Ejército a la calle, es decir, si dejaron de llegar de un lado y empezaron a llegar de otro. Queríamos saber a qué edad ingresan al Ejército, cuántos causan alta cada año con 18 años recién cumplidos, cuántos son algo mayores, más experimentados.

2. CAUSAR ALTA

La información sobre la composición etaria, socioeconómica y catastral de las fuerzas armadas, género, etnia u orientación religiosa es pública en países como Estados Unidos o Gran Bretaña. En el Reino Unido, la ciudadanía puede saber que 0.8% de los 142,000 integrantes de las Fuerzas Armadas profesan el hinduismo. En Estados Unidos, que el estado que más militares manda al US Army en proporción a su población es Georgia. Sin dar tantos datos, también España elabora un informe anual estadístico sobre las Fuerzas Armadas y es fácil saber que la edad media de los 23,000 integrantes del Ejército de Tierra es de 43 años y seis meses. Esa información puede ser conocida por la sociedad porque los ministerios de Defensa aportan datos básicos para la construcción de estadística. Porque incluso la elaboran y distribuyen.

En México no es así. La existencia del Instituto Nacional de Acceso a la Información, de una ley sobre transparencia y acceso a datos públicos no impulsa a las instituciones a que elaboren estadística básica y mucho menos a que la difundan abiertamente. La Secretaría de la Defensa no solo evita ordenar, distribuir y publicitar datos básicos sobre su composición y actividad, sino que a veces se esfuerza en ocultarlos. Incluso datos aparentemente inocuos como los que rastreábamos y que son públicos hasta en países con fuerzas armadas involucradas en operaciones geopolíticas globales de alto riesgo.

Esa búsqueda debía arrojar alguna respuesta a nuestra hipótesis: que el Ejército mexicano, como durante el Porfiriato —y como siempre desde entonces y como muchas otras fuerzas armadas del mundo— es una bolsa de subempleo para jovencitos pobres, apenas educados, que no tienen demasiadas oportunidades laborales. Y que esa búsqueda —mayoritariamente por necesidad, minoritariamente por convicción ideológica— produce una tropa maleable, más obediente. Una tropa que es enviada a realizar tareas de seguridad interior para las que no fue entrenada y reacciona con el ADN de su entrenamiento para la guerra:

quien está enfrente es un enemigo al que se debe matar. Disparan primero y preguntan después, si acaso preguntan.

¿Este Ejército es esa clase de Ejército: un reservorio de chicos mal entrenados, relativamente mal pagados que dependen de ese ingreso para no caer más bajo? ¿Obedecen porque no tienen otra?

Según el Reglamento de Reclutamiento de Personal, que señala qué documentos, estudios y certificados necesita un recluta para causar alta, la documentación que entregan los aspirantes permite al Ejército crear una hoja de datos personales. Un registro de cada recluta nuevo donde aparecen el año de nacimiento, el lugar (municipio y estado), su sexo, el motivo de alta y el nivel de estudios, entre otra información. Con el apoyo del equipo del Programa de Políticas de Drogas del CIDE —y por la vía del Instituto Nacional de Acceso a la Información, INAI— pedimos a la Secretaría de la Defensa que nos proveyera copias de las hojas de datos de todos los militares en activo.

Anticipando que la Secretaría se negaría alegando que la información es confidencial por tratarse de datos personales, sólo solicitamos datos genéricos, no detalles que pudieran identificar a las personas. Es decir, que nos entregaran los documentos con la sección de los datos personales tachada. No nos interesaba la dirección de la casa o el domicilio de los padres de un recluta, sino el pueblo del que procedía.

Fracasamos.

El mismo Reglamento dice que con la información de las hojas de datos el Ejército elabora una base estadística sobre el perfil de los miembros de las Fuerzas Armadas. Solicitamos entonces esa documentación. La respuesta fue la misma. Fracasamos.

La Secretaría insistía en que las hojas de vida eran confidenciales. Contraargumentamos que nuestro requerimiento no demandaba información confidencial o personal, sino insumos para elaborar estadísticas genéricas. Argumentamos que era material de interés ciudadano porque los militares son servidores públicos, que se encargan de tareas de seguridad pública, están en contacto con la ciudadanía y su sueldo se paga con los impuestos de todos. Volvimos a fracasar.

Esta última vez el INAI dio la razón a la Secretaría argumentando que, efectivamente, la hoja de datos personales es un documento confidencial. Pero aunque de acuerdo a la Ley de Transparencia mexicana los organismos públicos están obligados a elaborar versiones públicas de documentos que contengan información confidencial, en este caso, el Instituto coincidió con la Secretaría: todo el documento es confidencial. Fracasamos.

Decidimos entonces cambiar de estrategia. Si la Defensa no quería darnos acceso a las hojas de datos personales, pediríamos la información rubro por rubro. En noviembre de 2017, solicitamos copia de los certificados de estudios de todos los integrantes del Ejército. Queríamos saber cuántos llegaban con secundaria concluida, cuántos con preparatoria, cuántos con estudios universitarios, etcétera. Dijimos lo mismo: no buscamos datos personales, nada más información estadística. Para nuestra sorpresa, la Secretaría de la Defensa contestó que sí, que con mucho gusto nos daban copia de los certificados. El problema era que no habían digitalizado los documentos y que si queríamos copia de las 261,923 páginas archivadas tendríamos que pagarlas. El costo: 130,961 pesos, alrededor de 7,000 dólares.

Nos negamos. Dijimos a la Secretaría que debía poner a nuestra disposición las copias de manera gratuita y en esta ocasión el INAI nos dio la razón. Pero cuando pensábamos que estaba hecho, la Secretaría seguía negándose a digitalizar los documentos. A cambio, nos ofreció una ventana entreabierta —o mejor, semicerrada: informó que nos daría diez días consecutivos para revisar toda la información. Diez días para revisar 261,923 hojas repartidas en instalaciones militares de todo el país. Si tres personas nos hubiéramos dedicado a revisar esos documentos en el tiempo concedido, cada uno de nosotros hubiera analizado 2,619 hojas por hora, un folio cada cuatro segundos.⁵⁵ Y en esos cuatro segundos cada uno debía pensar qué información podía ser útil de un documento que veía por primera vez, cómo se podían relacionar los datos con otra información, tomar nota y hacer relaciones. Sin descansar, sin contar el tiempo para comer o ir al lavabo. En cuatro segundos por página.

Lo que planteaba la Secretaría de la Defensa era poco menos que una broma. Y sin embargo nos lo tomamos en serio. El equipo del CIDE, con quienes trabajamos para idear fórmulas y peticiones de información al INAI, diseñó un recorrido por varias instalaciones, que empezaría el 20 de junio de 2018, con el objetivo de, al menos, entender cómo eran los documentos, tomar muestras de distintas regiones y obtener cuanta información fuera posible.

Nos comunicamos por escrito con la Secretaría de la Defensa para informarles de nuestros planes, pero entonces la entidad retiró su oferta. Esta vez argumentaron que existía el riesgo de que se filtrara información confidencial.

Resulta más que evidente que las Fuerzas Armadas no tienen interés en desvelar información alguna, sea del tipo que sea. Alejandro Madrazo, Catalina Pérez Correa, Marcos Pablo Moloeznik y otros académicos han señalado en estos años que la Sedena es una especie de "caja negra" que sistemáticamente niega información con el pretexto del secreto y la seguridad nacional.

---

⁵⁵ Pongamos por caso que esas hojas estuvieran repartidas en cinco oficinas de la secretaría, de cinco estados distintos, uno en el norte, tres en el centro y uno en el sur. Asumamos que estaban repartidas equitativamente entre las cinco oficinas, a razón de 52,384 hojas en cada una. Repartamos los diez días a razón de dos por oficina. Dos días para revisar 52,384 papeles. Digamos que las oficinas abren de media a las 9 de la mañana y cierran a las 7 de la tarde. Dando por buenos los preceptos anteriores, el equipo encargado de revisar las hojas, compuesto digamos que por tres personas, tres personas que no podían separarse por indicativo de la secretaría, debía revisar 2,619 hojas por hora, esto es 873 hojas cada uno, cada hora. Es decir, 15 hojas cada minuto. Es decir, una hoja cada cuatro segundos.

Para nosotros, la negativa a proporcionar información estadística genérica sobre los militares en servicio no era un fracaso reiterado. Era sistemático. A lo largo de esta investigación pedimos información oficial a la Secretaría sobre el número de enfrentamientos entre militares y personas no uniformadas, el número de muertos, el número de militares investigados por delitos militares, el número de militares con padecimientos psiquiátricos, el número de militares que se han dado de baja por esos padecimientos, entre otros requerimientos. Han habido casos incluso en que Sedena entregaba cifras que no coincidían con otras respuestas dadas anteriormente por la misma Secretaría.[56]

Proteger a la nación

Superadas las tensiones en el seno de las Fuerzas Armadas, apaciguadas las antiguas rencillas y las ansias de poder de los viejos generales, el Estado revolucionario creció apaciblemente.[57] Llegada la década de 1930, La Tropa —aquellos que ponen el cuerpo por la nación— necesitaba un marco teórico nuevo. La Revolución era el pasado, así que era preciso definir el futuro.

El historiador Aaron W. Navarro, que ha estudiado la Revolución mexicana y las décadas posteriores, escribió al respecto: "Si alguien va a dar la vida en un proyecto, ha de ser un proyecto importante, aún esencial. Para los militares de la época moderna de naciones, esa razón de ser ha de ser la existencia del estado (...) [El general Joaquín]

---

[56] En los capítulos 3 y 6 contaremos otros problemas que enfrentamos para acceder a información pública de las fuerzas armadas.

[57] Apaciguadas en comparación a las décadas de 1910 y 1920. En los 30 y más aún en los 40, el estado mexicano engordaba a buen ritmo, apenas *molestado* por pequeñas insurrecciones y protestas campesinas que el Gobierno, a través del Ejército, reprimía sin contemplaciones.

Amaro trató de dar forma positiva al sentido pretoriano inherente en todo militar serio: el deseo de proteger a la nación."

He ahí el futuro: proteger a la nación, una idea que calaba en el cerebro del miliciano mientras el resto del mundo se preparaba para la guerra de las guerras. Aunque de manera simbólica, México acabó envuelto en la Segunda Guerra Mundial con un escuadrón. Era apenas el principio de una lógica que ha funcionado hasta hoy, la defensa de la patria. Lo único que ha variado es la identidad del adversario.

Prácticamente la totalidad de historiadores que han estudiado este tramo del siglo XX coinciden en que, a diferencia de otras naciones de América Latina, México nunca vio peligrar su gobernabilidad por culpa de un golpe militar, ni siquiera un intento de levantamiento. Desde Brasil a Guatemala, pasando por Argentina o Colombia, la historia de América Latina en el siglo XX estuvo marcada por la inestabilidad política y los gobiernos militares surgidos de golpes de Estado. En México esto no sucedió ni sucede, pues el poder militar y el político son el mismo. El poder político nace, de hecho, del militar.

Con Miguel Alemán, el primer presidente civil desde la Revolución, el Ejército no cambió demasiado. El historiador José Luis Piñeyro destaca la compra de armamento de la Segunda Guerra Mundial que fue distribuido en unidades de élite de la capital. Piñeyro menciona también que el presidente Alemán promovió a una nueva generación de jefes militares para sustituir a los últimos irreductibles recuerdos de la Revolución.

En la elección para suceder a Alemán, cuenta Piñeyro en *Ejército y sociedad en México: pasado y presente*, "el ejército tuvo un papel relevante, sobre todo entre los campesinos: vigilando, amenazando y reprimiendo con los más variados pretextos (...) La secretaría de la Defensa concedió medias jornadas para que desde la tropa hasta generales amenazaran de diversas maneras a burócratas, maestros y trabajadores".

2. CAUSAR ALTA

Aquel era solo el principio de ese nuevo Ejército. Durante el sexenio de Adolfo Ruíz Cortines (1952-1958), el Ejército apenas salió de los cuarteles, pero con su sucesor, López Mateos (1958-1964), todo cambió. En plena Guerra Fría, las protestas ya no eran solo de los campesinos. La lucha de clases arreciaba y López Mateos mandó al Ejército a acabar con ella. Los soldados fueron primero a *controlar* las huelgas ferrocarrileras de 1958 y 1959; luego, en 1960, las de los empleados de la Compañía Mexicana de Aviación, los telegrafistas, telefonistas y empleados de Correos. En 1961 La Tropa participó en la disolución del movimiento estudiantil de la capital y, entre otras acciones a nivel nacional, reprimió levantamientos en las zonas rurales de Guerrero y San Luis Potosí. Era sólo el preludio de la Guerra Sucia.

López Mateos elevó los salarios y quintuplicó el seguro de vida de La Tropa. Además, amplió las residencias militares e igualó sus beneficios sociales con los de otros trabajadores del Estado. Lejos de la imagen desarrapada del soldado porfirista o del pobre miliciano revolucionario, ser soldado en el último cuarto del siglo XX parecía una opción muy digna.

Una imagen surreal

A finales del 2018 vimos *Causar alta*, un documental dirigido por Sara Escobar y su colectivo, Dospasosabajo. *Causar alta* cuenta la historia de algunos militares retirados de San Juan Guichicovi que explican por qué decidieron convertirse en soldados en lugar de trabajar el campo, cuidar a los animales de la familia o dedicarse al comercio.

Las voces de los vecinos se mezclan con el sonido de un cuartel en movimiento horas antes de una ceremonia castrense en Ciudad de México. A la mitad del documental habla el general de división retirado Roberto Badillo: "Los estados que más soldados dan al Ejército son Oaxaca, Guerrero, Veracruz y Puebla. Los que menos son los estados del norte. Esto es muy lógico, porque en el norte (...) el traslado a Estados Unidos es muy fácil."

Esos estados del sur que menciona el general Badillo son, con Chiapas, las entidades que presentan los niveles de pobreza más altos del país. En estos estados, siete de cada diez personas nacen, viven y morirán pobres.[58]

Una de las razones por las que el documental sucede en San Juan Guichicovi es porque Samuel Lara Villa, otro de los generales entrevistados y fundador de la Federación de Militares Retirados General Francisco J. Múgica, Femirac, le dijo a la cineasta que si quería saber por qué la gente se hacía soldado, debía viajar allí. De ese pueblo, le explicó, venían muchos.

La Femirac tiene algo que decir.[59] Durante años cabildearon en el Congreso para conseguir mejoras en las pensiones del personal de tropa, desde soldados a cabos y sargentos. En 2012, Femirac logró que la Cámara de Diputados incrementase las pensiones hasta en 59%, reforma que entraría en vigor cinco años más tarde.

Una mañana de noviembre de 2018, fuimos a la sede de Femirac en una enorme casona del centro de Ciudad de México. Era un sitio extraño. La fachada del inmueble parece una enorme y colorida alfombra, efecto de las decenas de ponchos de lana, chamarras, chalecos y gorros que cuelgan de la pared principal

---

[58] Según el Consejo Nacional de Evaluación de la Política Social, los estados de Chiapas, Oaxaca, Guerrero, Veracruz y Puebla, son los que tienen mayores índices de pobreza y pobreza extrema en el país. Los datos actualizados al 2016 indican lo siguiente: en Chiapas, 77% de la población vive en pobreza; en Oaxaca 70% vive en pobreza; en Guerrero 64% está en pobreza; en Veracruz 62.2% en pobreza y Puebla 59% en pobreza.

[59] La organización alcanza los 1,500 miembros pero su número de simpatizantes asciende a 6,000, según el cálculo de sus responsables a partir de censos informales elaborados en marchas y otros eventos.

a modo de escaparate de tapetes. La razón es simple: la casa es gestionada por un grupo de indígenas triqui, quienes ceden a los militares un espacio para sus reuniones.

La estancia de Femirac está en un cuarto de la planta baja, en los fondos de la casa. Es oscuro, húmedo y fresco. Cuando aparecimos por la puerta aquella mañana, seis o siete militares retirados esperaban sentados alrededor de una mesa alargada. Una mujer, el resto hombres. Las paredes lucían decenas de dibujos de guerrilleros zapatistas con los rostros cubiertos por sus pasamontañas, caracoles con paliacates rojos cubriéndoles la mitad del rostro, carteles de apoyo al Congreso Nacional Indígena y de otras luchas de resistencia al Estado mexicano.

Una imagen surreal: el primer día de 1994 los indígenas zapatistas se levantaron en armas y fueron combatidos por militares como esos sentados allí. Desde entonces, organizaciones de derechos humanos han denunciado la militarización de los territorios indígenas.[60] Hicimos ver nuestra sorpresa a nuestros anfitriones de Femirac. ¿Cómo es que una organización indígena de resistencia presta su espacio a un grupo de militares retirados para reunirse cada semana?

—Nos lo prestan porque somos pueblo —respondió uno de los soldados retirados—. Yo mismo soy de Oaxaca, de donde son mis hermanos triquis.

Hablamos durante un par de horas. Eran un grupo variopinto. Alguno fue paracaidista, otro recorrió las montañas del sureste mexicano destruyendo plantíos de mariguana y amapola, otro había pertenecido al Estado Mayor Presidencial y debió cuidar a

---

[60] Por ejemplo, el Centro de Derechos Humanos Fray Bartolomé de las Casas publicó en el 2013 el informe *Entre la política sistémica y las alternativas de vida* https://frayba.org.mx/entre-la-politica-sistemica-y-las-alternativas-de-vida-2/ en el que denuncia la militarización de las comunidades en Chiapas a través de sobrevuelos, incursiones militares, retenes, allanamientos y detenciones.

los hijos de un ex presidente, incluso darles clases de equitación. Eran todos muy amables y estaban entusiasmados con la idea de contar sus historias, como haría un abuelo con sus nietos.

Pero el asunto interesante era la lucha política de Femirac desde la entraña del Ejército. Una vez conseguido el aumento de las pensiones, los militares retirados querían que el Congreso aumentase las pensiones de los retirados antes de cumplir veinte años en el Ejército. Las prestaciones eran otra batalla —muy apropiada— a dar: una vez retirados, los soldados dejan de tener aguinaldo, seguro sanitario y otros derechos que poseían cuando eran miembros activos de las fuerzas armadas.

Antes de despedirnos, se acercó un subteniente. Era un hombre en sus cincuenta, mediano, robusto, ansioso como los demás por dejarnos claro que todo lo que hacía y decía era justo. El subteniente quería explicarnos por qué, a su juicio, la Federación no presionaba más a la Secretaría de la Defensa o al Gobierno; por qué no había crecido su influencia y aumentado su poder. Fue sorpresivo: no le habíamos preguntado al respecto y, sin embargo, el subteniente había asumido que nosotros pensábamos que la Federación debía tener más poder.

—A la mayoría de nosotros se nos enseñó a ser cuadrados, disciplina, obediencia ciega.

Y era cierto. Bien pensado, resulta extraordinario que un grupo de militares se haya organizado para exigir mejoras al alto mando del Ejército, por muy retirados que estén.

—Pero se les olvidó que la disciplina no es para ser cobardes —siguió—. Mientras estamos en activo, la disciplina sirve para cumplir las órdenes sin violentar los derechos humanos. Porque nosotros, militares, nos preparamos para la guerra, no nos preparan para ser policías, sino para cumplir órdenes.

Como si nada, el subteniente cambió de inmediato el tema y volvió a las pensiones. Sin embargo, aquellas frases eran reveladoras. El oficial sugería que muchos compañeros asumen su propia

2. CAUSAR ALTA

desgracia antes siquiera de desobedecer una orden, aun cuando esa orden tal vez ni exista o incluso pueda ser ilegal.

No discutir las órdenes del mando y hacer lo que un superior demanda no es privativo del Ejército mexicano. Tras regresar en 1983 a la democracia luego de siete años de dictadura militar, Argentina inició los más prolongados y abarcadores juicios de América Latina contra militares violadores de los derechos humanos. Más de mil oficiales fueron procesados, muchos detenidos y cientos condenados en un proceso judicial a cargo de jueces civiles. Las acciones iniciadas en los ochenta tuvieron un interregno de una década —en la que los militares fueron indultados por un gobierno democrático— y se retomaron a inicios de este siglo después de que otra gestión revocase los perdones. En los comienzos de esos juicios, tal como lo enarboló el subteniente de Femirac, surgió la discusión sobre la obediencia militar. Bajo presión de las fuerzas armadas, que no querían ver un desfile de miles de militares ante la justicia civil, el Congreso argentino aprobó la Ley de Obediencia Debida, que limitó la cantidad de oficiales y soldados a ser llevados a tribunales. Básicamente, la ley remitía a la lógica militar: si un soldado torturaba o mataba cumpliendo la orden de un superior, era el jefe quien debía responder a la justicia y no La Tropa, que quedaba excluida de los procesos judiciales. Esto es, la obediencia debida al jefe exculpaba legalmente a los soldados por violaciones a los derechos humanos que tal vez cometieron durante la milicia.

¿Está dándose el mismo proceso en México, pero sin intervención judicial? Esto es, ¿están los soldados cumpliendo órdenes inmorales bajo el amparo de sus jefaturas?

Pese a la aparente disposición inicial, no volvimos a ver a los militares que nos recibieron aquel día en Femirac. Llamamos varias veces al más joven del grupo, un soldado que se había retirado apenas hacía un año o año y medio. Le escribimos mensajes, pero nunca podía quedar con nosotros. Tampoco nos avisó de ninguna otra reunión de la Federación, como le habíamos pedido. Con ellos sentimos la frustración que nos invadía a ratos en San Juan Guichicovi, la sensación de que era fácil hablar con ellos cuando ya estaban sentados, pero mucho más difícil conseguir que se sentaran a hacerlo. La sensación de desconfianza ajena, parecida a la que llegaba a cada revés en el proceso de conseguir datos demográficos de La Tropa. El carácter escurridizo, opaco, de la Secretaría de la Defensa encarnado en aquellos militares que parecían tan dispuestos a hablar como a no hacerlo nunca.

Examen escolar

Una mañana en San Juan Guichicovi fuimos a visitar a Heberto Luis Zacarías, doctor y maestro de escuela en el municipio. Nos recibió en un salón de clases del centro de estudios en las afueras del pueblo, sobre una colina a unos cinco minutos en taxi desde el centro. Encima de la mesa del profesor Heberto había una montaña de cuadernos apilados de cualquier manera. Delante, sobre una cubeta volteada, otros tantos cuadernos ensayaban otro precario equilibrio mezclados con un puñado de libros de biología. Detrás de la mesa, en la pared, un pizarrón.

El profesor Heberto quiso enrolarse cuando acabó la educación preparatoria. Fue al colegio militar, pero su altura, 1.65 metros lo dejó fuera. Así que estudió medicina. Sin ser rica, su familia tuvo los recursos suficientes para mandarlo a estudiar a Matías Romero. Ya egresado, tomó un trabajo en el hospital militar de Tuxtla, en Chiapas, justo cuando estallaba el escándalo por la masacre de Acteal. En diciembre de 1997, un grupo paramilitar atacó a indígenas de una comunidad del municipio de Chenalhó. Murieron 45 personas, la tercera parte niños y adolescentes. En las investigaciones de la CNDH y la PGR hay pruebas de la cercanía del Ejército con los atacantes, que eran parte de una red de grupos alimentados desde la administración local para acosar a las bases de apoyo del zapatismo. El profesor Heberto solo recuerda que al trabajar en el hospital militar, los tuvieron tres meses acuartelados. No le gustó, afirma.

El profesor Heberto dice que en los pueblos de la zona la gente siempre ha sido muy "sumisa".

—Los caciques controlaban todo antes, acaparaban la producción y el transporte de café y así fue durante años hasta la caída de los precios.

Pero ya no es como antes.

—Los chavos no lo ven solo como una fuente de empleo, sino como una oportunidad de seguir estudiando. Estudiar una carrera dentro del Ejército o la Marina.

De hecho, aún hoy, el sueldo de un soldado es casi el doble de lo que gana un maestro de primaria y es superior a lo que gana 42% de la población en México.[61]

Al día siguiente de ver al profesor Heberto volvimos a su escuela para conversar con los estudiantes. Queríamos comprobar si lo que Heberto decía se validaba —esto es, que el Ejército o la Marina servían como escuelas de formación profesional para jóvenes a cambio de su obediencia a las jefaturas.

El calor era insoportable. La entrada del Colegio de Bachilleres de Oaxaca Número 29 es un camino de tierra que conduce a una pista cubierta. De ahí, el sendero continúa colina arriba, dejando las aulas a los costados. En ese lugar tórrido y aislado, las niñas visten falda azul, blusa blanca y calcetines hasta la rodilla. los niños, el mismo color en camisa y pantalones. Como si estuvieran en una ciudad templada.

---

[61] Un maestro de primaria gana casi 6 mil pesos mensuales. Según el Consejo Nacional de Evaluación de la Política Social, Coneval, 42% de la población laboralmente activa gana entre 1 y 3 salarios mínimos, esto es entre 3,000 y 9,000 pesos mensuales.

En una de las aulas de la parte alta, un salón de estudiantes de último semestre de físico-matemática, estudiaban 43 chicos y dos chicas. Había más chicas en las especialidades de humanidades y químico-biología, pero aquí dominaban los varones. Los cuarenta y cinco se sentaban en hileras, uno detrás de otro, en sillas con la mesa —una tabla— incorporada. El espacio era tan pequeño que, por muy juntos, los estudiantes parecían moverse a la vez, una extraña coreografía de sonrisas huidizas y pataditas nerviosas.

Preguntamos: ¿Cuántos de ustedes tienen papás en el Ejército? Unos 10 levantaron la mano. Preguntamos: ¿Cuántos de ustedes tienen un familiar en el Ejército? Entre 25 y 30 levantaron la mano. Preguntamos: ¿A cuántos de ustedes les gustaría ingresar al Ejército o a la Marina cuando acaben la preparatoria? Entre 20 y 25 levantaron la mano. O mejor: entre 25 y 30, porque algunos levantaron la mano pero la bajaron después de mirar qué hacían los demás, descubriendo repentinamente una vergüenza callada.

¿Has visto a una oruga?

No sabemos si lo volvería a hacer. Si volvería a ingresar al Ejército.

Cuando Higinio habla del sargento que siempre lo arrestaba por *oaxaco*, cualquiera diría que no. Pero cuando habla de sus años en la sierra, quizá…

Lo normal es que un recluta que causa alta, pase el adiestramiento, se convierta en soldado y sea arrestado de vez en cuando. Si llega tarde a una guardia, si vuelve tarde de un permiso. Pero a Higinio su sargento lo arrestaba todo el rato. Y era un problema, porque apenas dormía y se estaba volviendo loco. Para evitarlo, Higinio se ofreció de voluntario a la primera que preguntaron quién quería irse a erradicar plantíos de marihuana a la sierra.

—¡Me fui con una felicidad —dice—, en la sierra no existen los arrestos!

2. CAUSAR ALTA

Allí arriba, cuenta, las formas se relajan.

—Vas a media oruga. ¿Has visto una oruga? Pues como si no trajeras alas. No traes camisola, solo playera y pantalón.

En la primera temporada de erradicación, Higinio pasó dos meses en la sierra. Patrullaba junto a un grupo de soldados a cargo de un subteniente, un teniente y un capitán. Recibían las coordenadas de los plantíos que debían destruir, llegaban y cortaban. Poco más. El resto del tiempo descansaban. Los fines de semana mataban iguanas con un rifle calibre 22 que le quitaron una vez al vigilante de un plantío.

Cuando volvió al batallón, Higinio pidió regresar enseguida a la sierra. Se lo concedieron. Ir a la sierra no es una de las actividades preferidas de los soldados. Es incómodo y peligroso, pero para Higinio aquello era la gloria. Solo, dice, debía tener cuidado con dos cosas. Una, no tomar prisioneros. Los campos se destruyen, pero detenidos, los justos.

—Si detienes a una persona en un plantío —explica—, tú la cuidas hasta que lleguen por ella. Tienes que cuidar de que no se maltrate. No se le vaya a marcar la mano. No lo puedes tener amarrado. Si tiene ganas de ir al baño, llévalo, si quiere comer, dale, ¡pero dale de tu ración! Y si la ración va completa, ¿de dónde le voy a dar de comer? Entonces la idea de nosotros es que no hay detenidos. Que se vaya.

La segunda cuestión es que no te maten a un compañero.

—Usted no se imagina qué papeleo.

Higinio se acostumbró bien a la sierra, tanto que casi ya no bajó hasta que dejó el Ejército. Debía regresar al batallón de vez en cuando, pero apenas podía solicitaba subir otra vez. Con el tiempo conoció los pueblos y comunidades de la zona. Sabía quiénes plantaban marihuana y quiénes andaban en el negocio. Saludaba a los vecinos. Hasta se echó una novia —amante, en realidad. Pero al final, al cabo de tres años, decidió que ya era hora de irse. Estaba aburrido.

De su despedida recuerda la pluma del batallón, la barrera que suben y bajan cuando llega o se va alguien. Condenado a ser lacra el tiempo que le quedaba de militar, sus compañeros de la guardia en la puerta no quisieron subir la pluma a su partida. Higinio tuvo que pasar por debajo. Una última humillación.

—¿Qué piensas ahora de los soldados? —quisimos saber en nuestra despedida.

—Pues, que esta vida es su trabajo. Porque aquí afuera no hay nada. Que le echen ganas.

3

Construir al soldado

"Cadetes: desde este momento su vida no les pertenece a sus padres, ni a sus hermanos, ni a sus esposas, ni a sus hijos. Su vida no les pertenece a ustedes mismos. Le pertenece a la patria. Solo la patria sabrá disponer de sus vidas."
Los pelotones de la muerte, Manolo E. Vega Castañeda

La biblioteca pública de este pueblo del sureste mexicano no es más que una sala pequeña con estantes vacíos y un cuadro de Benito Juárez decolorado en la pared. Pero allí está Ulises, un sargento retirado que trabaja como secretario del juez en la oficina adyacente. Ulises atiende las audiencias, elabora acuerdos, media en los pleitos entre vecinos, los choques viales, los reclamos de deudas y los divorcios. Es de mañana y hoy ha decidido robar un par de horas a los expedientes para contarnos sus andanzas como militar hace poco más de dos décadas.

Ulises es un tipo amable con una vida común: trabaja de lunes a viernes y pasa los fines de semana con su familia. Tiene algunos achaques en la espalda, resultado de sus años en el Ejército cargando mochilas de 20 kilos y durmiendo en literas de tabla. Habla quedito, se mueve con lentitud.

En la biblioteca hace mucho calor y la humedad es agobiante. Entra y sale gente que pide a Ulises en un murmullo que firme varios formularios; Ulises los firma sin prestar atención mientras se limpia el sudor de la frente con un pañuelo de algodón.

LA TROPA

Con esa parsimonia arquetípica de burócrata, tan inmune al clima del trópico como a su propio relato, Ulises cuenta el ejercicio final de adiestramiento de un grupo de élite al que perteneció: él, con otros treinta soldados, mataron a una perra a palos, desgarraron su carne con manos y dientes, la cocinaron en una fogata y la devoraron. No era por hambre: era un ejercicio de capacitación para la soldadesca. Tenían prohibido dejar caer una sola gota de sangre al suelo; si lo hacían, un oficial les daba un tablazo en las piernas. La perra estaba recién parida y ellos, La Tropa, libraban la prueba final de su curso de sobrevivencia y cacería.

Era una perra recién parida, nos hicieron cargarla a la sierra ocho días, viva, y dos pollos. Era de color café, estaba grande, la estuvimos cargando, la amarrábamos para que no se escapara, ella también sin comer porque nadie llevaba comida. Cuando nos fuimos, uno no sabe cómo íbamos a pasar las cosas. Era el fin del curso. Nos dijeron que teníamos que descuartizar sin utilizar cuchillo y prender la lumbre sin utilizar cerillo. Me acuerdo cómo descuartizamos el pollo con los dientes en el pescuezo, tenías que jalarlo y ya después soplar, hasta que se infle todo y ya después quitarle el cuero y como puede descuartiza uno, con las manos, abrir todo lo que tiene por dentro y sacarlo. Igual la perra, descuartizarla. A la perra la matamos con una vara, haz de cuenta que una vara es un cuchillo, se tenía que atravesar por el pecho. Lo descuartizamos y lo asamos y sí olía bonito, pero a la hora de comer era amarga la carne, pero como teníamos hambre, ocho días sin comer, y nos daban dos minutos para terminar la pieza, uno lo tenía que tragar. Los pollos lo comieron los instructores, ¡qué van a comer ellos el perro! Se acabó todo. Éramos una sección de 33 elementos. Entre cuatro la agarramos y uno se la inserta a la vara, una varita que tenga filo, puntiagudo para que entrara. Yo la agarré, se defendió,

3. CONSTRUIR AL SOLDADO

¿pues quién va a querer morir?, pero era parte del adiestramiento y teníamos que completar el curso.

("¿Quién va a querer morir?", pregunta Ulises hablando de la perra y nosotros pensamos que también habla de él y sus compañeros soldados y de nosotros incluso. Nadie quiere morir.)

La asamos completa, ya fuimos quitando por pedazos, con la vara, con las uñas, con la mano le quitamos cuero. Lo que no teníamos que dejar caer ni una gota era la sangre del pollo, teníamos que rolarlo para que no callera ni una gota y chupar la sangre, era orden del instructor. Con los dientes le arrancamos el cuello vivo al pollo y luego a chupar la sangre. Era parte del curso y teníamos que dominar la mente, mentalmente, no pensar en lo que estás haciendo, en lo que estás tomando, simplemente hacerlo, sin imaginar, sin pensar que es sangre de pollo, sino hacerlo y ya. No pensaba en nada, no sentía, lo que quería era terminar el curso. Después me tocó ser instructor, ahí en la sierra llegaron más de cien oficiales recién salidos del Colegio al curso de cazador. Me tocó hacerle de instructor, uno tiene que desquitarse con otro. De los cien que llegaron nomás se graduaron como 55, la mitad desertaron. Fueron a dejar su pistola de 9mm porque el curso es pesado. Y ora sí ya me tocó disfrutar lo que es ser instructor, me tocó comerme el pollo. Namás veía yo cómo sufrían ellos porque ellos apenas lo estaban viviendo, pero lo que aprende uno se le queda mentalmente, psicológicamente, uno ya está preparado.

(Dominar la mente, anular lo que se siente, lo que se piensa, aprender a hacerlo. Cuando Laura Rita Segato, una antropóloga y feminista argentina, estudió a los hombres violadores en una cárcel de Brasil reflexionó sobre la pedagogía de la crueldad: una persona no transita de la calma a la violencia de un momento a otro, de un día a otro. Ejercer la violencia y la crueldad contra otros se aprende y, casi siempre, este aprendizaje comienza en el cuerpo de uno).

> Cuando acabamos el curso llegó el secretario de la Defensa, nos felicitó. Hicieron vasitos con carrizo y nos hicieron brindar. Fue la ceremonia de cazador y nos sentimos muy orgullosos porque el uniforme ya era diferente a los demás militares, ya teníamos boina negra.

Ya eran otros. Ulises ya era otro.

Ulises ingresó al Ejército a los diecisiete años, en la década de los noventa, apenas concluida la secundaria. Sus papás eran campesinos y aunque él trabajaba en el campo desde los ocho, quitando hierba o arando el surco, en casa ya no había dinero para mantener y alimentar a los hijos. Un domingo cualquiera un reclutador visitó su pueblo, tal como lo hacen en la actualidad. Ulises vio en el Ejército una posibilidad para salir de esa pobreza sempiterna.

El Ejército lo acogió. Le dijo: aquí puedes comer, dormir, ganar un sueldo. Ser alguien. Ulises fue uno de los primeros miembros del Grupo Aeromóvil de Fuerzas Especiales (GAFE), una unidad de élite del Ejército mexicano que se fundó en 1986 y fue encargada de hacer operaciones especiales o encubiertas. Se convirtió en francotirador. Disparaba un fusil de francotirador de 7.62 mm. Antes Ulises participó en combates en Chiapas, durante el conflicto zapatista; en Michoacán sufrió emboscadas; en Guerrero y Oaxaca destruyó plantíos.

Los aprendizajes de Ulises en el curso de supervivencia y cacería en la sierra chiapaneca son conocimientos útiles para un soldado si debe enfrentar un par de semanas extraviado en la selva. Pero más que eso, son ejercicios para extender los límites de lo aceptable en la conducta humana. Ulises aprendió a obedecer, a usar su cuerpo como un arma para sobrevivir, aprendió a dejar de pensar o sentir para actuar como otro le ordena. Ulises aprendió a matar a un ser vivo y a combatir el asco y la repulsión de comérselo. Y ese acto fue, en realidad, una demostración de que podía ser capaz de actuar contra sus propias creencias, porque no comemos perras y menos perras recién paridas.

En la selva, Ulises aprendió a dejar de ser quien era. Como el Ulises de Ítaca en Troya, este Ulises ya no fue el mismo tras esa experiencia liminar.

Fue construido como un soldado.

Cuando chico, curiosamente, Ulises quería ser maestro.

El fin de lo que eras

En la novela *Tropa vieja*, el escritor y general Francisco L. Urquizo cuenta la historia de un peón que llegó al Ejército como castigo por haber arrojado una piedra a un juez durante una borrachera. Su pena fue pasar cinco años en servicio forzado en las fuerzas militares, que entonces combatían a los rebeldes de la Revolución. Espiridión Sifuentes era un hombre común, tenía una vida poco menos que miserable, vivía con su madre y laboraba para un hacendado español. Era un tipo al que no le gustaba meterse en problemas, con una existencia simple: trabajar, comer, ayudar a su mamá, emborracharse de vez en cuando.

Cuando Espiridión ingresó al cuartel lo raparon y le quitaron la ropa que llevaba puesta; a cambio le dieron una camisa, calzones y huaraches usados. La ropa del recluta. Espiridión pidió al sargento permiso para quedarse con un morral, el único recuerdo de su padre. "Aquí se acabaron los recuerdos", le contestó el sargento. Espiridión no dijo palabra y obedeció. Siguió el paso del sargento vestido con la ropa vieja de un soldado. Es cierto que Espiridión es un personaje imaginario y *Tropa vieja* una novela. Pero los eventos que narra Urquizo, los años de la Revolución, son historia viva de México. Y sus personajes están basados en su experiencia de 40 años como militar.

¿Qué implica para un recluta escuchar esa frase, apenas cruza la puerta del cuartel militar? ¿Qué hay detrás de "aquí se acabaron los recuerdos"? De alguna forma es una advertencia de que debes olvidar tu vida precedente. El hombre que eras, los sueños que tenías, tus valores, la familia. Porque por sobre todas esas cosas está ahora la institución castrense, la patria, la bandera. La familia ahora son los compañeros del cuartel. Los valores son la obediencia y el honor. "El paso de la vida civil a la militar", como nos dijeron algunos soldados. Lo que dejas atrás y lo que te espera.

Conocimos a Hiram en un cuartel en la frontera norte de México. Cuando decidió causar alta en las fuerzas armadas eligió Tamaulipas porque escuchó que había mucha violencia y supuso que allí necesitaban hombres. Hombres como él, claro. Pero no tenía idea de qué encontraría. No conocía la geografía del estado ni los nombres de las ciudades y conforme cruzaba las carreteras de Tamaulipas rumbo al norte, veía los pueblos, las gasolinerías, las casas abandonadas, los carros baleados o incendiados a mitad del camino y fruncía el ceño.

—Se veían muy feo, era mucha mala vibra lo que sentía. Ya me estaba arrepintiendo de haberme venido hasta acá.

Una noche, después de cenar en el cuartel, Hiram contó cómo convertirse en soldado modificó su personalidad:

Cambia mucho el carácter... Te vuelves muy frío. Aquí si tienes a alguien enfermo te dicen "pero tú no eres doctor ¿para qué vas?". O si se te murió un familiar, "¿para qué vas? no lo vas a revivir". Te vuelves así, como muy rudo, te vuelves muy muy frío, aquí. Allá afuera todo mundo te ve de enojón, de amargado. Las veces que he ido (a mi casa) pues tampoco te da por convivir mucho. Voy y no quiero hacer nada, nada más tirado, ir a dormir, me quedo descargado y ya.

Otros soldados cuentan experiencias igualmente desoladoras. Ernesto, un destacado en la misma frontera del país, habló con tristeza de su nueva soledad:

—Ya no pasas mucho tiempo con la familia. Te desconectas de lo que es la familia porque no estás mucho tiempo con ellos. Siento que afecta la relación y si no estás bien con la familia, te sientes un poco más presionado, no sé.

Guiado por las dudas sobre cómo se construyen los perpetradores de genocidios, el sociólogo Manolo Vega investigó las vidas de soldados que entre los años 1981 y 1983 mataron a casi 25 mil personas en Guatemala. Con esas experiencias, Vega publicó el libro *Los Pelotones de la muerte*, donde explica que las identidades de los soldados eran borradas al integrarse a un pelotón. Se eliminaba su origen étnico, territorial. Así como a Espiridión se le prohibieron los recuerdos o a los soldados entrevistados en la frontera se les redujo la relación con sus familias, a los indígenas de Guatemala les prohibían hablar su lengua. "Una vez ingresado en el pelotón, esta institución total termina de encuadrar al soldado: no queda espacio alguno para la reflexión ni el criterio propio para meditar lo apropiado o inapropiado de una acción; como en cualquier ejército, el imperativo es obedecer." [62]

A principios de 2019 conocimos al teniente coronel Carlos Guajardo en Guanajuato, en pleno operativo contra los ladrones de combustible, la primera misión militar a gran escala del

---

[62] El libro, publicado en el año 2014 por El Colegio de México, es un exhaustivo estudio de la formación de los soldados guatemalteco que participaron durante el genocidio de los años ochenta.

gobierno de López Obrador. Guajardo recordaba cómo se hizo soldado. Había terminado la preparatoria y pensó en la universidad militar como una opción para tener estudios, quería ser ingeniero. Por azares del destino conoció al comandante de la zona militar en una reunión. En la convivencia, el comandante supo que a Guajardo le interesaba el Ejército. "Ven a visitarme", le dijo. Guajardo fue y le contó su interés de estudiar ingeniería. "En el cuartel, así hablando, me dijo «¿quieres ser médico, ingeniero o soldado, hombre de verdad, de bien?» Y yo, que era chamaco, dije, «quiero ser hombre de verdad»". Entrar al Ejército para convertirte en un hombre de verdad.

Aquí, en los cuarteles, los hombres se hacen otros hombres —o dejan de ser hombres, como le advierten a Espiridión en *Tropa vieja*— a partir de la aplicación permanente de la jerarquía. La obediencia al superior es un valor absoluto; no puede ser discutida. Como tal, construye la aspiración de ocupar un día el lugar del mando para sentir la posibilidad del poder sobre otro, de la ventaja. "Aquí no hay hombres; de la puerta del cuartel para adentro se acabaron los hombres, todos somos borregos atemorizados delante de las cintas coloradas de las clases", le dice un soldado a Espiridión en la novela. "A punta de trancazos lo hacen a uno soldado."

En *Tropa vieja* —y en los cuarteles—, el recluta tiene la obligación de limpiar los trastes sucios y hundir las manos en los retretes sucios para dejar los baños brillando. Su deber es obedecer.

Armando estuvo en el Ejército a fines de la primera década del 2000. Llegó a ser cabo de infantería. Después de su baja consiguió empleo como guardia de seguridad de una empresa turística. Un día en Ciudad de México nos contó sus primeros meses como recluta:

> Cuando llegué a mi unidad éramos aspirantes, no éramos soldados todavía. Nos uniformaban con uniformes de reciclaje,

de los viejitos; nos enseñaban disciplina. En la mañana, pasábamos lista, ayudábamos en las labores de la cocina, en la limpieza del batallón de nuestra compañía: baños, todo eso; esa era nuestra labor de aspirantes.

Ulises, el sargento en retiro que descuartizó a una perra recién parida y a dos pollos, recuerda sus tiempos de aspirante:

> Teníamos hambre, nos daban tres veces para comer, pero había ganas de refresquito y de jabón para lavar la ropa. Nos quedaba solo aguantar el dolor porque ese era nuestro trabajo. En la noche uno quería llorar porque era muy cansado y solo llegar a dormir. Muy cansados y solo llegar a dormir.

Además de autor de novelas, Urquizo fue integrante de las fuerzas armadas revolucionarias con Francisco I. Madero y luego con Venustiano Carranza; fue dos veces secretario de la Defensa Nacional y fundó la Academia del Estado Mayor. Después de la derrota de Carranza, Urquizo acabó preso. Ya libre se exilió en Europa, donde escribió *Tropa vieja*, que se publicó en 1937.

La novela dio a Urquizo el sobrenombre de "novelista de los soldados". Es un relato sombrío de la vida miserable y famélica del soldado en los cuarteles. Es también un cruel testimonio de la guerra como posibilidad extraña de justicia personal. En sus páginas aparecen soldados llevándose la comida de los ranchos durante su avanzada militar o cortejando a la mujer del compañero de cuartel.

Como los soldados de Urquizo, La Tropa que patrulla las calles de México también entra en las casas de las familias, hace cateos ilegales, incluso, ha ocurrido que soldados se llevan comida del refrigerador o pertenencias de las familias. Como le sucedió a Rubén Sánchez, un hombre de Ciudad Juárez cuya casa fue cateada por militares en 2010 y se llevaron las gorras y tenis de sus hijos adolescentes. A su hijo lo acusaron de tráfico de drogas. O como le sucedió a Rosaura López, una mujer de Monterrey. Igual que con Rubén, militares entraron en su casa en 2011 por un cateo y le quitaron el Xbox de sus hijos.

Y también como en la novela de Urquizo, algunos soldados que entrevistamos se formaron a golpes y humillación. Julio César, uno de ellos, entró al Colegio Militar cuando tenía dieciséis años:

> [La formación] a puro chingadazo. Antes, no sé si se siga utilizando: *la tabla* o *la valla*, te pegan con el machete sable para usar los acicates, cabrón… Pero ahí te dan a chingadazos que te tardan como un mes en cerrar porque te dan en las piernas y te abren con el machete sable. Te pegan con la palma del machete. Es una tradición. Muchos dicen que es salvajismo, pero es formación todo, ¿no? Te van formando una ideología… Es bonito el Colegio Militar, un amor por tu patria muy arraigado.

Hiram, el soldado que patrulla en la frontera entre Tamaulipas y Texas, ingresó a las fuerzas armadas por tradición familiar: su abuelo, su papá y su hermano egresaron del Colegio Militar. Él los miraba con orgullo y con ganas de seguir sus pasos. Sin embargo, no fue de ellos, sino en el cuartel que aprendió su lección más pragmática:

—Hay un lema: aquí el soldado se hace a putazos. Nada más.

También aprendió una frase que data de la época del general Lázaro Cárdenas,[63] el lema que reza: "Para mandar aún mejor, quien sepa mejor obedecer."

---

[63] Esta frase que nos dijo el soldado proviene del *Reglamento General de Deberes Militares* que publicó el presidente Lázaro Cárdenas en 1943, que aún se reparte entre la tropa.

3. CONSTRUIR AL SOLDADO

Vas aprendiendo con el ejemplo que te dan los mandos. Por lo regular a nadie golpean por golpear. O sea, es como tú con tu hijo, ¿no? "A ver hijo, no debes de hacer esto" y si lo hace mal, "ah bueno, mijo, ahora no vas a tener tele". "¿No entiendes?" Pues así va creciendo hasta que llega el momento que le das un chanclazo. Ahora sí que, como los animalitos. Hay gente que solamente entiende como los animalitos: a puros chingadazos.

La violencia como formadora

Pilar Calveiro es una académica argentina radicada en México que se ha dedicado a estudiar las violencias de Estado —la guerra contra las drogas, la guerra antiterrorista—. En su libro *Política y/o violencia* plantea que la disciplina del soldado se basa en un largo proceso de violencia sobre los cuerpos de militares a través del entrenamiento castrense, que controla el cuerpo en sus tiempos y movimientos hasta extender sus límites de lo que es posible.

Pero esta violencia no comienza en los cuarteles, sino desde que el niño —futuro soldado— empieza a vivir en sociedad; cuando empieza a aceptar como válido el principio de autoridad que lleva a la "obediencia debida". Calveiro hace referencia concreta a la sociedad argentina de la dictadura y a la obligación que todos los hombres tenían de hacer el servicio militar, pero el fenómeno tiene espejo en México.

En estos años de investigación observamos que el futuro soldado aprende a ser violento en la precariedad, la exclusión y la exigencia de la vida en sociedad. Como hombres deben mostrarse fuertes, valientes, poderosos, controladores, sin temores y sin derrota. Esa demanda los ha condicionado a asumir como naturales las ventajas o violencias sobre ellos, el poder que se ejerce sobre ellos. Al cabo, lo aceptan casi como un hecho natural y convierten la dureza recibida en un incentivo: quizás guardan la esperanza de que un día puedan ser ellos quienes manden y ejerzan esa violencia con sus subordinados. O tal vez, en un plano más humano, puede que conserven el anhelo de que, obedeciendo sin discutir, tendrán un trabajo por mucho tiempo que les permita dar un futuro a sus familias. Sus familias, eso que, dijeron todos los soldados, es importante para ellos.

En su tesis sobre pedagogía de la violencia, Laura Rita Segato también aporta un elemento central a la construcción de la psique del soldado: en el contexto económico y social actual, donde impera la posibilidad de exprimir a cualquier persona, cosa o territorio, con tal de obtener una ganancia, se ha ido borrando la empatía con las personas, el vínculo con los demás. Estamos en una sociedad que nos acostumbra a convivir con el sufrimiento del otro, con la devastación y la crueldad. La pedagogía de la crueldad, dice Segato, es la manera de crear nuevas formas de ser persona. Formas violentas de ser personas.

Aprender a matar: no hay guerra sin muertos

Asumir el golpe, asumir la humillación, asumir que, de una u otra forma, se desdibuja la persona que uno es. Porque se acabaron los recuerdos, porque se es sólo un borrego, un animal. Porque se es un instrumento de homicidio. ¿En qué momento asume un hombre convertido en soldado que su tarea es matar?

Israel es un soldado que está bajo proceso por asesinato. Entró al Ejército para tener un futuro, no porque le atrajeran las armas y los combates. Aún así, aquí aprendió lo que es una guerra:

> Si esto es una guerra, desgraciadamente va a haber muertos. Nunca he visto una guerra donde no haya muertos. Y pues eso era, tener mucho cuidado porque no disparas a un enemigo,

3. CONSTRUIR AL SOLDADO

disparas a tu paisano. Para mí no es un enemigo, aunque esté armado. Yo no veo a nadie como un enemigo, jamás.

El soldado Hiram reflexiona que mientras un policía está entrenado para prevenir y detener, "el soldado está adiestrado para matar".

Pero, ¿cómo se aprende a matar?

El teniente coronel retirado del ejército de Estados Unidos, Dave Grossman, ha pasado las últimas décadas procurando entender qué sucede con los soldados en el campo de batalla. Grossman, quien escribió sus reflexiones en dos libros sobre el combate y sobre el acto de matar, propone que las personas —con excepciones— no nacemos preparados para matar a otras personas; debemos preparar nuestra psique —formarla— para hacerlo. El Ejército estadounidense, relata en su libro *On Killing*, sometió a sus soldados a un entrenamiento fuerte para superar la renuencia natural que los reclutas tienen a disparar para matar a otro ser humano. ¿La estrategia para mermar cualquier resistencia a disparar a un enemigo? Técnicas de acondicionamiento y desensibilización. Grossman narra que el Ejército norteamericano adoptó la técnica de condicionamiento clásico de Ivan Pavlov después de la Segunda Guerra Mundial. Así como el perro del experimento de Pavlov aprendió a asociar el sonido de la campana con la comida, el soldado aprendió que si veía salir una silueta humana de un matorral tenía que disparar. El Ejército entendió que el estímulo debía ser lo más apegado a la realidad, por eso se sustituyeron las dianas de "tiro al blanco" por siluetas humanas cada vez más realistas, pues los enemigos no corren con un círculo blanco y números en su cabeza. Grossman cuenta que ese afán por el realismo llevó al entrenador Chuck Cramer, de las fuerzas armadas de Israel, a vestirlas con ropa, cortar un repollo y rellenarlo de salsa cátsup. "Cuando mires a través de ese visor quiero que veas la cabeza de un hombre explotar", solía decir a sus soldados.

Honor militar

La disciplina es el pilar fundamental de la formación militar. El cabo Armando recuerda una conversación que tuvo con su padre cuando le informó que se convertiría en recluta del Ejército:

> Mi papá me decía: "No vas aguantar, ahí son muy rígidos, respetan las reglas y tú no estás acostumbrado a eso." Y sí, la verdad es que, en los transcursos de mi capacitación, se me hizo demasiado difícil. De hecho, estuve a punto de abandonar el barco.

Según la información que publica la Sedena en su página de internet, la capacitación de los soldados consta de tres etapas. La primera fase, el adiestramiento individual, tiene una duración de dos meses.[64] Su propósito es capacitar al personal recién ingresado impartiéndole los conocimientos básicos de doctrina y leyes militares; los reclutas trabajan en resistencia y fuerza física y aprenden habilidades básicas como usar un arma y disparar a figuras estáticas. Esta capacitación se imparte en el Centro de Adiestramiento Básico Individual, una especie de campamento acondicionado con instrumentos para el entrenamiento físico y de obstáculos, ubicado en cada una de las doce regiones militares de México. Más allá de las lecciones técnicas, a los soldados se les inculca el sentido de identidad, la comprensión de que existe algo llamado honor militar, un estímulo que les hace cumplir su deber de respeto y entrega a la patria y a sí mismos. Con este

---

[64] Los soldados que entrevistamos y que causaron alta en la década de los ochenta o noventa nos contaron que esta primera fase de adiestramiento tenía 3 meses de duración. Esto es, a partir de los últimos años la urgencia de sacar a hombres a la calle a combatir, habría reducido el tiempo de esa primera fase de entrenamiento.

adiestramiento de dos meses, la Sedena considera que sus soldados están listos para salir a patrullar a las calles.

La segunda fase, o adiestramiento por función orgánica, dura un mes y medio, en ella se practica la capacidad de reacción y defensa para responder a situaciones de peligro reales en las calles. La tercera fase, o adiestramiento de unidad, dura un mes, durante el cual los soldados aprenden conceptos de defensa nacional y seguridad interior.

Sin embargo, de acuerdo a los testimonios de decenas de soldados, la realidad dista de ser como proclama la Sedena. En la primera fase de capacitación, el entrenamiento para el uso de arma, según los soldados, dura apenas cuatro días. El primer día los reclutas aprenden a reconocer su arma y reciben cinco cartuchos; el segundo día reciben treinta y al tercero aprenden a disparar de noche y a siluetas. El quinto día reciben diez cartuchos más y hacen un concurso entre ellos para ver quién tira mejor. En total, disparan apenas cincuenta veces.

En la segunda fase de entrenamiento llega el tiro en movimiento. Aprenden a disparar a siluetas que se mueven o a accionar su arma desde vehículos en marcha. También les enseñan a subir y bajarse de esos mismos vehículos y a repeler la agresión mientras el rodado sigue en movimiento.

Israel es un soldado que conocimos en prisión mientras esperaba sentencia por homicidio. La primera vez que Israel disparó en movimiento fue durante un patrullaje en Nuevo León, al que había salido apenas terminada la primera fase de adiestramiento de dos meses. Él insiste en que en ese primer entrenamiento no les enseñaron el tiro a objetos (personas, automóviles) en movimiento.

—Nos enseñaron a visualizar, analizar, reaccionar, pero ya cuando estás ahí lo único que piensas es disparar para salvar tu vida. La primera vez que disparé a algo en movimiento fue cuando salí a patrullar, le disparé a un automóvil.

Además de Israel, otros siete soldados que entrevistamos salieron a patrullar las calles después de la primera fase de entrenamiento, esto es, después de dos meses de entrenamiento y de disparar apenas cincuenta veces sobre una silueta fija. Ese tipo de —falta de— entrenamiento puede estar detrás de actos fatales.

Una noche durante el patrullaje en las calles de una ciudad de Nuevo León, por ejemplo, el convoy del que formaba parte Israel, asesinó a un hombre que volvía a su casa del trabajo.[65]

Como Israel, el soldado Felipe también está en prisión esperando sentencia. Felipe participó en un tiroteo en la sierra de Guerrero durante el sexenio de Felipe Calderón. Seis civiles murieron. El soldado Felipe dice que fue una emboscada, pero las autoridades los acusan de homicidio. Él recuerda que en su adiestramiento recibió entrenamiento físico y aprendió a manejar ametralladoras, pero poco sirvió esa capacitación al momento de estar por primera vez en un tiroteo en la vida real:

—No me sentía preparado, uno nunca está preparado para una emboscada, por mucho entrenamiento que recibas —dice Felipe, dando a entender que los muertos eran criminales que los atacaron primero.

La Tropa fue formada para matar, para vencer al enemigo, no para cumplir funciones de policías. Lo han dicho los soldados y lo han afirmado organizaciones internacionales de derechos humanos. Naciones Unidas, Amnistía Internacional, la Oficina en Washington para asuntos Latinoamericanos (Wola), Human Rights Watch (HRW) y Open Society Justicie Initiative coinciden en señalar que tener a soldados patrullando las calles de México favorece que se produzcan violaciones a derechos humanos como

---

[65] Por ese crimen, cinco militares fueron condenados a 22 años de prisión en el año 2016. La sentencia fue apelada y se encuentra en proceso de resolución.

3. CONSTRUIR AL SOLDADO

homicidio, desaparición forzada, tortura, detención arbitraria. Sacar al Ejército a las calles es como soltar a un tiburón en una piscina un domingo de verano.

No es un detalle menor. Aunque ejercen en el campo de la seguridad, la capacitación y funciones de soldados y policías no pueden ser más distintas. El soldado es instruido para proteger la seguridad del Estado de las amenazas de naciones enemigas, mientras que el policía debe garantizar la seguridad de las personas en la vida cotidiana ante el posible ataque de individuos peligrosos. El policía utiliza el arma una vez que agotó otros recursos, mientras que el soldado se caracteriza por el uso de armas de alto poder de fuego y letalidad en primera instancia.

Esto significa, de acuerdo con Marcos Pablo Moloeznik, académico de la Universidad de Guadalajara, que "al militar se le prepara para hacer la guerra contra los enemigos externos e internos, con el objeto de preservar el Estado-nación frente a amenazas a la seguridad nacional que pongan en entredicho la integridad, estabilidad y permanencia del Estado mexicano".[66]

Según los relatos de algunos soldados entrevistados, en algún momento del sexenio de Felipe Calderón, su capacitación en los cuarteles incluyó entrenamientos que simulaban combates callejeros con maquetas puestas sobre una mesa con la intención de que los soldados, viendo esas maquetas, pudieran crear un mapa mental y adquirieran alguna noción sobre cómo escapar de una emboscada o cómo reaccionar en una persecución o en un tiroteo donde hay criminales y personas no armadas. Los

---

[66] En el estudio *El proceso de la militarización de la seguridad pública en México 2006-2010*, Moloeznik cita al filósofo de la guerra de occidente, Von Clausewitz, que ve a la guerra como "un acto de fuerza que se lleva a cabo para obligar al adversario a acatar nuestra voluntad. La fuerza, es decir, la fuerza física (porque no existe una fuerza moral fuera de los conceptos de ley y de Estado) constituye así el medio; imponer nuestra voluntad al enemigo es el objetivo".

instructores también daban clases para aprender a distinguir un blanco con siluetas que simulaban criminales de siluetas que simulaban señoras y niños. Casi siempre, no siempre, la división se mantenía así: los criminales eran hombres, los inocentes, mujeres y niños.

El grueso de la capacitación tiene que ver con el combate al otro. Uno de esos soldados es Israel, quien aprendió supervivencia, camuflaje y defensa personal. "Nos enseñaron técnicas de interrogatorio, que cuando eres prisionero de guerra, te enseñan psicológicamente a no hablar la verdad, a decir que eres del cerro, no dar información del Ejército. «Algún día te van a agarrar y te van a torturar y no tienes que decir nada», nos decían. [...] Eso de los derechos humanos es de apenas, a mí no me lo adiestraron", dijo.

En otros casos, aunque recibieron capacitación de tácticas urbanas o derechos humanos, también fueron adiestrados para combatir a grupos subversivos, incluyendo prácticas como la tortura. Es el caso de Alberto, quien enfrenta un proceso penal por la muerte de cuatro hombres durante un tiroteo ocurrido en una avenida de Monterrey. Alberto nos dijo, por ejemplo, que recibió la materia "Guerra de guerrillas" donde le instruían a "capturar prisioneros de guerra, inmovilizarlos con putazos, ponerles playera en la cabeza y echarles agüita". Cuando dice "agüita" Alberto ríe. Se refiere a la técnica de tortura conocida entre militares y policías como "submarino húmedo": el torturador lanza agua sobre la boca y las fosas nasales de una persona maniatada y con la cabeza cubierta por una tela e inclinada hacia atrás para provocarle una náusea y sensación de ahogo.

Además de entrenarlos en combate urbano los mandos militares comenzaron a dar pláticas motivadoras a la tropa. Las pláticas consistían en fortalecer el espíritu de cuerpo y al Ejército.

Cuenta el cabo Armando:

3. CONSTRUIR AL SOLDADO

Nos decían "ustedes son mejores que ellos [los enemigos] tienen mejor entrenamiento, tienen preparación". O "en sus casas los esperan, los quieren. Échenle ganas. El tiempo que estemos aquí, todos para adelante, todos nos venimos y todos nos vamos", nos decían.

En abril del 2016 circuló en redes sociales un video en el que una mujer militar y un policía estatal torturan a una mujer. La golpean y la asfixian con una bolsa de plástico en su cabeza —el llamado "submarino seco", otra técnica de tortura— para obligarla a dar información sobre grupos criminales. El daño a la imagen del Ejército fue tal que el secretario de la Defensa, Salvador Cienfuegos, reunió en el Campo Marte a decenas de miles de soldados para darles un mensaje: "Malos integrantes de nuestra institución empañan la actuación honorable de miles de mujeres y hombres en uniforme militar. Son estos sucesos repugnantes que, aunque aislados, dañan nuestra imagen y prestigio que dignamente hemos ganado en más de cien años de lealtad."

Después, para reforzar la idea del combate al enemigo, Cienfuegos puso al centro a los soldados caídos en combate: "Lamentamos la pérdida de vidas de jóvenes militares, mexicanos con sueños y aspiraciones que fueron truncados, y de sus familias destruidas moralmente, también ellas son víctimas de la delincuencia."

El *Reglamento General de Deberes Militares* insta a los mandos a proteger la moral de su tropa. Por su alta investidura, los generales pueden ser árbitros y jueces para castigar la conducta de los soldados. Pero también están obligados a proteger la moral y la integridad física de sus subordinados. El Reglamento sugiere hacerlo premiando las cualidades positivas y la buena conducta de los individuos, sea influyendo en favor de ellos o dándoles merecimientos, como proponerlos para condecoraciones al mérito o sacarlos del frente y enviarlos a la retaguardia. Textual del

Reglamento: "No perderán de vista que este modo de proceder es la base del afecto y estimación que debe unir a los hombres de armas y que en una unidad es factor de éxito y de triunfo."

En *Los pelotones de la muerte*, el sociólogo Manolo de la Vega publica el testimonio de un oficial que dice: "Mi misión principal era que ese joven que a mí me lo entregaban vivo, yo lo entregue, al final de sus 30 meses, vivo." Otro oficial le cuenta: "Un subteniente tiene la responsabilidad de mantener la moral de sus soldados; un capitán de su compañía. Cada comandante tiene la responsabilidad de mantener en un nivel apropiado la moral de su gente."

Pero la motivación no ha sido igual en estos años de militarización del país. Dice el cabo Armando:

> En el sexenio de Fox era prepararte físicamente y mentalmente en que nunca deberías de desistir a algo, que nunca debías decir "no podemos hacerlo, podemos correr veinte kilómetros todos juntos y todos llegamos". Algo motivacional. En el sexenio de Calderón, era algo de que "aquí nadie se queda, si tenemos que matar a alguien, lo tenemos que matar y créanme que nadie los va a ayudar a esas personas. A ustedes sí, a ustedes los esperan en sus casas". Cambiaba mucho el sentir que tenían los oficiales de un sexenio a otro.

Internet es un supermercado de videos motivacionales para los soldados. Uno de ellos, subido en el año 2010 por la cuenta Arathorn II que incluye grabaciones y entrevistas dentro de un penal militar, dice que el Ejército no es solo el trabajo del soldado, sino que es su familia, y alerta sobre cómo el crimen organizado quiere apoderarse del honor y la capacitación de los soldados a cambio de un falso porvenir. "En el crimen organizado no hay honor, todos son piezas reemplazables", dice la voz en off. El video termina con la imagen de un hombre sometido por criminales que dice ante la cámara: "Estuve en el Ejército Mexicano." Después de eso, un individuo le apunta a la cabeza y, ya con la pantalla en negros, se escucha un disparo.

En su página oficial, la Sedena informa que los soldados mexicanos son instruidos en el respeto a los derechos humanos. Sobre el papel,[67] los gobiernos de Felipe Calderón y Enrique Peña Nieto han insistido en que se capacita a La Tropa para que no abusen de la fuerza; en que a los soldados se les enseña el *Manual del Uso de la Fuerza* para que sepan reaccionar en situaciones de conflicto sin cometer abusos que terminen en violaciones a los derechos de las personas. En el Manual aparecen las leyes internacionales sobre derechos humanos y técnicas para detectar si una persona sufrió tortura o tuvo una "muerte sospechosa". Uno y otro gobierno presumían que dentro de las escuelas militares se dan conferencias magistrales con ponentes de la Comisión Nacional de Derechos Humanos, sus pares en los estados y la Cruz Roja Internacional.

Raúl Benítez-Manaut es un investigador de la Universidad Nacional Autónoma de México que da clases a jefes militares en los cursos de maestría en la Marina y el Ejército. En su oficina, en un edificio de la UNAM con amplia vista a los jardines, Benítez-Manaut explica que los cursos de derechos humanos están previstos, sobre todo, para los oficiales superiores y, en mucho menor cantidad, para los oficiales de rango inferior.

—La formación en derechos humanos en el Ejército —cuenta— va de arriba a abajo: de académicos y expertos a jefes y oficiales de mayor grado. Ellos tratan de trasladar lo que han aprendido a los oficiales de menor grado y así sucesivamente. De ahí que puede ser difícil en ocasiones, por su nivel de estudios,

---

[67] El gobierno de Felipe Calderón publicó el *Programa Nacional de Derechos Humanos* y el de Enrique Peña Nieto publicó el *Programa Sectorial de la Defensa Nacional*.

que en La Tropa y oficiales inferiores se pueda comprender qué significa respetar los derechos humanos.

Pero estas enseñanzas, explica Benítez-Manaut, pueden generar "desequilibrios" en la vida cotidiana de los cuarteles.

—Los oficiales inferiores [tenientes, subtenientes], que son los que comandan operativos, reciben órdenes ambiguas. Por ejemplo, tienes que acabar con Los Zetas, pero tienes que respetar los derechos humanos.

La ambigüedad, dice, se completa con la "independencia relativa del mando que controla el patrullaje" y el "factor de adrenalina de combate: si un narco tiene un AK-47 y se te para enfrente, tú le disparas".

Algo así experimentó Israel, un soldado acusado del asesinato de una persona en Monterrey: "Nos enseñaban mucho lo que eran derechos humanos, pero ya no los llevas a cabo, no vas a tratar bien a un *cabrón* que sale a robar a la calle, o que tortura, o viola."

El mismo conflicto entre teoría y realidad experimentó Ramiro, un soldado en proceso judicial por homicidio: "Igual nos decían de eso de los derechos humanos y que respetáramos, pero si uno no empleaba golpes para obtener información, no había nada. El delincuente hasta se reía de que lo ponías a disposición y al mes lo liberaban."

Impunidad como salvaguarda

Hannah Arendt creó el concepto de "la banalidad del mal" para explicar la actuación de Adolf Eichmann durante el nazismo. Eichmann era un burócrata encargado de transportar a los judíos a los campos de concentración donde serían asesinados. Arendt presenció el juicio contra el alemán en Jerusalén en 1961. A partir de lo que ahí escuchó, rechazó que se tratara de una persona que realizó los actos por monstruosidad. La filósofa incluso pidió combatir cualquier impulso de "mitologizar" lo horrible, es decir, que Eichmann había actuado como lo había hecho por ser una persona abominable. Para Arendt, el jerarca nazi era un hombre "normal" que aspiraba a complacer a sus superiores, ascender en su carrera profesional y demostrar que podía hacer el trabajo de forma eficiente. Un hombre apegado al cumplimiento del deber, incapaz de pensar en el otro, cuyas acciones y decisiones quedaron enmarcadas en la maquinaria administrativa del Estado alemán. Una maquinaria que lo convirtió en un engranaje más y lo alejó de las consecuencias finales de sus actos.

El problema no son los monstruos, sino las personas normales, razonó Arendt, y rompió así con la tradición filosófica que plantea que quienes cometen crímenes abominables tienen intenciones abominables. No. Para Arendt estos individuos no son pervertidos, ni sádicos, ni fanáticos, sino personas terriblemente normales que quieren complacer, cumplir con las normas y obtener beneficios de su comportamiento apegado a la regla. En ese proceso pueden cometer crímenes horrendos. En los gobiernos totalitarios, en especial, ese tipo de hombre se convierte en una parte de la maquinaria administrativa y, en consecuencia, es deshumanizado.

Hay un par de puntos de la teoría de Arendt sobre la banalidad del mal en los que conviene detenerse. Primero, entender al burócrata o al soldado como parte de una maquinaria de matar no es exculparlo de los crímenes que cometió. Richard Bernstein, filósofo estadounidense, lo interpreta así en su libro *El mal radical*: "No quiere decir que Eichmann no se dio cuenta de que enviaba millones de personas a la muerte, era inteligente y eficiente, pero esto no significa que sus motivos en sí fueran malvados o demoniacos."

Segundo, el argumento de recibir "órdenes superiores" muestra la incapacidad de las leyes para hacer justicia "a las matanzas administrativas organizadas por la burocracia estatal". Los tribunales israelíes —donde fue juzgado Eichmann— no aceptaban la alegación de "órdenes superiores" para exonerar a los acusados, pero sí la aceptaban como atenuante en la comisión de crímenes, incluso cuando su ilegalidad era evidente, pues esas órdenes "afectan gravemente al normal funcionamiento de la conciencia humana". En el caso de Eichmann este argumento, incluso como atenuante, no fue aceptado porque su crimen no constituyó un caso aislado, sino de crímenes desarrollados en el curso de varios años. "Era indudable que Eichmann había actuado siempre en el cumplimiento de órdenes superiores, y si hubiera sido juzgado aplicándole las normas del derecho israelita común, hubiese sido muy difícil condenarle a la pena capital", escribió Arendt.

Según escribió la filósofa, Eichmann carecía de habilidad para hablar y pensar desde el lugar de otra persona. "No era posible comunicarse con él, no porque mintiera, sino porque estaba protegido por la más confiable salvaguardia contra las palabras y la presencia de los demás y, por ende, contra la realidad misma", es decir, por su incapacidad empática, escribió Arendt en *Eichmann en Jerusalem*.

¿Qué salvaguardias encontramos en los soldados mexicanos? A partir de sus relatos, podemos deducir que son la obediencia, el orden, la idea de que se combate a un enemigo mientras se libra una guerra por el bien de la patria. ¿Podríamos decir que la impunidad es también una excusa?

La tesis de Arendt sobre Eichmann lleva a cuestionar nuestra postura moral o jurídica sobre el bien y el mal. Resultaría más sencillo aceptar que un criminal como Eichmann —o un soldado mexicano que asesinó sin miramientos— actuó porque era un ser intrínsecamente abominable antes que entender que era una persona normal. La primera opción nos sitúa lejos, si no a salvo, de esa posibilidad pues se trataría de una aberración humana; mientras que la segunda nos sitúa en el lugar del burócrata, del sujeto común y corriente. De un vecino. Dice Bernstein, "el totalitarismo

3. CONSTRUIR AL SOLDADO

muestra que la gente común, movida por las consideraciones más mundanas y banales, puede cometer crímenes atroces."

Por supuesto, México no es el estado totalitario alemán que posibilitó el Holocausto, ni el Ejército mexicano es la estructura totalitaria de la Alemania nazi. Tampoco ninguno de estos soldados mexicanos es *el nazi Eichmann*, pero cada uno de ellos puede ser *el burócrata Eichmann*. Esto es, un soldado condicionado por la cadena de mando que define su existencia como parte de la institución.

En 1961, apenas tres meses después del juicio contra Eichmann, Stanley Milgram, un psicólogo de la Universidad de Yale, realizó uno de los experimentos más conocidos y socorridos de la segunda mitad del siglo XX para entender el poder de la obediencia en la creación de perpetradores. El experimento, que tomó como punto de partida las conclusiones de Arendt, buscó entender la obediencia de un individuo a una autoridad incluso cuando las órdenes se contraponen con sus propios valores.

Los resultados del experimento se publicaron en 1963 y con ellos Milgram puso sobre la mesa las frases "yo sólo cumplía órdenes", que fueron la constante en los juicios de Nuremberg contra los responsables del Holocausto —y que es la constante en los testimonios de los soldados y ha sido la constante en otros juicios de crímenes cometidos por militares.

En el experimento, Milgram y sus asistentes seleccionaron a personas que debían entrevistar a otras personas. Los entrevistadores eran voluntarios mientras que las personas entrevistadas eran actores contratados. Cada vez que las personas entrevistadas daban mal las respuestas, los voluntarios apretaban un botón con descargas eléctricas que iban desde bajo hasta alto voltaje, descargas extremadamente dolorosas, pero que no provocarían daños irreversibles, explicaron los autores del experimento. Por supuesto, las descargas eran ficticias; los actores cumplían el rol de entrevistados torturados para ayudar a los investigadores a evaluar las conductas de los entrevistadores-torturadores.

En los resultados generales, 65 por ciento de las personas que participaron libremente castigaron con la dosis máxima de voltaje —y dolor— a la persona entrevistada, lo que sorprendió a los propios científicos, que no esperaban tal nivel de obediencia. Algo interesante que arrojó el experimento es que el porcentaje de voluntarios (victimarios) dispuestos a castigar con la dosis más alta al entrevistado (víctimas) disminuyó de 65 hasta un 30 por ciento cuando había más cercanía física entre ambos, cuando escuchaban sus gritos o miraban sus gestos de dolor.[68]

La obediencia, escribió Milgram en sus conclusiones, ocurre cuando la persona se ve a sí misma como un instrumento que ejecuta los deseos de otra persona, por lo tanto, no se asume como responsable de esas acciones y sus consecuencias. Milgram concluyó que la figura de autoridad se impuso sobre los valores morales de los participantes de lastimar a otra persona, porque la obediencia a las figuras de autoridad está enraizada con el modo en que somos educados desde la familia, la escuela o el lugar de trabajo. Las personas mostraron voluntad de obedecer a la autoridad, ya sea moral o legal, aun cuando las órdenes implicaban hacer daño a otras personas.

Milgram detectó lo que llamó "estado agéntico", esto es, cuando la persona se asume como *agente* o instrumento de una estructura, obedece y siente que no es ella quien actúa sino alguien más a través de él o ella, es decir, transfiere la responsabilidad de sus actos a quien le dio la orden. Así es como la obediencia debida funcionó en la Alemania nazi, en el genocidio camboyano, en las dictaduras latinoamericanas, en Guantánamo y Abu Ghraib. Como muy probablemente funcionó, también en Tlatlaya.

---

[68] Los resultados de Milgram dicen que 65% de los voluntarios aplicaban descargas altas cuando él y su víctima estaban en habitaciones distintas y el voluntario escuchaba apenas unos gritos de la víctima; 62% cuando los voluntarios escuchaban los gritos y su voz claramente; 40% cuando eran colocados en la misma habitación; y 30% cuando ambas partes tenían contacto físico. Los peligros de la obediencia.

El documental *S21: La máquina de matar de los Jemeres Rojos*, del cineasta camboyano Rithy Panh, presenta los testimonios de varios integrantes del régimen que participaron en la detención, tortura, asesinato y entierro de los opositores al líder comunista Pol Pot. Dice un entrevistado: "Si hubiéramos asesinado gente, si yo mismo hubiera asesinado por mi propia voluntad, eso sería el mal, pero ellos me dieron las órdenes, me aterrorizaron con sus armas y su poder. El mal son los jefes que dieron las órdenes." Y otro: "Trabajábamos. Aquí todo era obediencia, haya querido o no, obediencia absoluta."

El proceso de obediencia militar comienza con una orden que puede ser precisa o difusa. En el primer caso, se cumple. En el segundo, el soldado la interpreta a partir del conocimiento que tiene del mando o de la institución y la ejecuta. A veces con excesos que el soldado considera útiles para la estrategia de la institución. La responsabilidad se va difuminando según lo confuso de la orden o los niveles de cadena de mando.

Cada soldado, cada cabo u oficial en el paso por la vida militar aprendió en su propio cuerpo la prepotencia y la arbitrariedad del poder, escribe Pilar Calveiro. El entrenamiento militar controla el cuerpo en sus tiempos y movimientos —horarios, actividades físicas, cansancio— hasta llevarlo a un límite desconocido o más bien extendiendo esos límites cada vez más, violentando su propio ser. Después del control del cuerpo viene la vigilancia interna: "Las emociones se ocultan,[69] en lo posible desaparecen, y el hombre se prepara para el fin último de la instrucción militar: aprender sin resistencia la orden de matar y la posibilidad de morir."

La obediencia implica no cuestionar la orden, dice Calveiro. Ese es el objetivo de la instrucción militar —obedecer—, no lo

---

[69] Recordemos la frase que escucha Espiridión al entrar al cuartel en *Tropa vieja*: aquí se acabaron los recuerdos.

que haya después de ello, es decir, las consecuencias de seguir una orden que puede ser ilegal, inmoral, impráctica. No hay espacio ni oportunidad para cuestionar la legalidad de esa orden, porque la legalidad es obedecer. Y al obedecer se asume que la responsabilidad está en otro lugar, en el mando o en el grupo, de manera que el soldado se limita a cumplir con la orden recibida. Calveiro se atreve a plantear que la formación implica, precisamente, que La Tropa sea capaz de cumplir órdenes ilegales. "El soldado o el oficial como parte de una estructura de poder incuestionable, no conciben, sino eventualmente, que una orden pudiera ser ilegal; si lo hicieran existe un segundo condicionamiento, el temor al castigo, que los impulsa a no escuchar las voces interiores. Se consuma así la obediencia."

La disciplina militar necesita de dos condiciones entonces: la obediencia y el castigo. Si la primera no es suficiente, opera la segunda.

Dice Alberto, el soldado que aprendió en los cuarteles estrategias de "guerra de guerrillas", que espera la sentencia en su contra por la muerte de cuatro hombres en Monterrey:

> En el Ejército lo primero que nos enseñan es a obedecer. Las órdenes son claras para nosotros, empiezas con cosas simples. Nos dicen, por ejemplo, vayan a barrer, hay que barrer. Vayan a hacer equis cosa, lo tenemos que hacer y con todo el respeto. Si no las obedecemos, estamos insubordinados y eso amerita un castigo.

Un castigo. El *Código de Justicia Militar*, la ley que rige la vida de los soldados, dice que el delito de desobediencia es cometido por quien no ejecuta o respeta una orden de su superior, la modifica o se extralimita al cumplirla. Las penas por este delito van desde nueve meses hasta sesenta años. La única salvedad que tiene el Código para no castigar a un soldado que desobedece una orden es que, al cumplirla, se ponga en riesgo a La Tropa. Por ejemplo, si hay una instrucción de permanecer en el cuartel, pero hay un incendio o un sismo, es justificable desobedecer y abandonar las instalaciones. Además de la desobediencia, el código considera la insubordinación como un delito contra la jerarquía y la autoridad. Un soldado que le falte el respeto a un superior con palabras, gestos, ademanes, por ejemplo, aun cuando esté en su día de descanso, puede ser castigado con un año y medio de prisión, y con hasta sesenta años si esa insubordinación causa la muerte del mando.

El control de la persona dentro de la estructura militar es tal que, según el *Código de Justicia Militar*, la insubordinación se castiga incluso cuando la orden del mando es contraria a la ley o cuando el mando maltrata o comete abuso de autoridad o actos degradantes contra el soldado. En estos casos el soldado "insubordinado" recibe la mitad de la pena mínima.

El Código también considera el abuso de autoridad de los mandos como un delito. Un superior que da órdenes de interés personal a un subordinado (como hacer un mandado o ser guarura de su familia), lo insulta, lo humilla, lo maltrata, lo manda golpear o se extralimita en castigos, está cometiendo el delito de abuso de autoridad y puede recibir un castigo de cuatro meses de prisión, siempre y cuando el subordinado presente una denuncia. Pero, ojo, este abuso de autoridad no liberaría al soldado de castigo en caso de que haya cumplido la orden y esta orden fue ilegal.

La Secretaría de la Defensa Nacional registró que en el año 2016 se cometieron 1,140 delitos de orden militar. Las deserciones fueron mayoría (855), seguidas a muy larga distancia por desobediencia (116), el abandono de servicio (73) y, mucho más atrás aún, el abuso de autoridad, con 23 delitos.

84 por ciento de los delitos de desobediencia fueron cometidos por sargentos segundos, cabos y soldados. Esto es, La Tropa. En el caso del abuso de autoridad, los 73 delitos se encuentran repartidos en el escalafón que va de cabos a tenientes. En ese año

2016, 13 soldados fueron presos por desobediencia y 10 por abuso de autoridad.[70]

Las estadísticas públicas son escasas como para extrapolar conclusiones. Por ejemplo, no se sabe qué orden fue desobedecida y cuántos delitos denunciados en el sistema de justicia militar tuvieron sentencia. Pero es interesante saber que la desobediencia es el segundo delito más cometido dentro de las fuerzas armadas y que entre la oficialidad superior, o sea, desde los coroneles hasta los generales, casi no hay ningún delito registrado. Es decir, La Tropa y los rangos inferiores de la oficialidad son los más sancionados.

En el experimento de Milgram al parecer no había mayor incentivo para que las personas obedecieran las órdenes, es decir, no pasaba nada si el científico que pedía torturar a alguien era desobedecido. Pero en el Ejército sí hay consecuencias por desobedecer: el castigo. Por mucho que un soldado intuya que la orden no es legal, tiene consecuencias no seguir el camino marcado por un superior.

Los soldados también aprenden que la obediencia permite el control de la persona para actuar en los momentos difíciles y mantener el orden; sin ese orden, la institución militar no sobreviviría. El teniente Casas, que patrulla la frontera de Tamaulipas y Texas desde la década de los noventa, nos dijo:

> Es bueno estar bajo presión porque si no eres frío para pensar, lento para la ira, cuando debes de reaccionar con todo tu poder o tomar una decisión acertada, ¿qué decisión vas a tomar?

---

[70] La Sedena registró también, del año 2006 al 2017, 547 soldados presos en cárceles militares. De ese total, 71 acabaron presos por deserción, 36 por desobediencia y 22 por abuso de autoridad. Por desobediencia, 25 presos pertenecen a La Tropa, 10 son oficiales (capitanes, tenientes y subtenientes) y uno jefe, mayor.

3. CONSTRUIR AL SOLDADO

[…] El que se sale de esa línea del orden, se le… cómo dicen vulgarmente, se le corta la cabeza. O sea, tú debes ser recto, muchos dicen que somos cuadrados, pero por eso hemos perdurado.

Gaspar, un sargento segundo entrevistado en la frontera norte de México, lo entendía así: "Lo único que sé es que ahí en los cárteles todo mundo quiere ser jefe. En los pinches cárteles, me imagino, no hay disciplina, todo mundo se pelea la plaza porque quieren mandar, porque saben que aquí hay dinero."

Jalar parejo

Durante su investigación para el libro *Los pelotones de la muerte*, un oficial guatemalteco explicó al sociólogo Manolo Vela Castañeda que cuando un soldado forma parte de un pelotón, su personalidad se debe amoldar al grupo. Incluso si no está de acuerdo. Según Vela Castañeda, en el momento en que los soldados entraban a la institución, "el sistema los absorbía". Los reclutas estaban controlados "completamente, minuto tras minuto, hora tras hora, día tras día. No les quedaban muchas alternativas", escribe Vela Castañeda. "O se desertaban, o resistían, aguantaban, se quedaban dentro del sistema."

Esa pertenencia al grupo —que va desde el deseo de agradar a no ser un paria en el ámbito gregario único en que se convierte un cuartel— influye significativamente en las decisiones de un soldado. Pedimos al cabo Armando responder a un caso hipotético: un mando les da una orden que él piensa que está mal, ¿cómo opera la dinámica de grupo?

—Los mismos compañeros me hubieran obligado a cumplirla… Si el personal está de acuerdo te tienes que unir a ellos, tienes que estar de acuerdo con ellos. No puede existir uno y cincuenta en contra, o sea tienes que estar con ellos.

Una de esas órdenes problemáticas es la tortura, pues combina tanto un acto ilegal (México suscribe a la *Convención contra la tortura y otros tratos o penas crueles, inhumanos o degradantes, que prohíbe la tortura en prisioneros*) como una aproximación inmoral —abusar de una persona indefensa—. Pero Armando tenía clara la dinámica: un soldado no puede juzgar ni enemistarse con sus compañeros, dijo.

—La mayoría estaba de acuerdo. Si a uno, a lo mejor no le parecía, pues no se podía echar a sus compañeros de enemigos. Era un grupo y tenían que jalar parejo.

Hiram, el soldado que llegó por sus propios medios a Reynosa para causar alta, relata la historia de un compañero que desertó al año de ingresar al Ejército. Fue secuestrado en sus primeros días de operaciones. Su miedo fue tal que no quiso regresar al cuartel. "Se quedó ahí en su casa, en Reynosa." Sus compañeros fueron a convencerlo de volver a las armas, y él accedió, pero "todo el mundo lo empezó a ver como «ah, qué roña» y aquí lo roña es lo peor". Por esas faltas, el mando le agarró bronca, dice el soldado Hiram, y lo envió al "escuadrón orgánico", aquél que tiene como tarea hacer rondines en la calle. Apenas tenía un mes en ese escuadrón y ya había participado en cuatro "eventos", como los militares también llaman a los enfrentamientos o ataques.

—Como que quedó traumado el chavo porque tuvo enfrentamientos fuertes, cambió mucho... Lo veías como traumado. Se le trataba de soldado *roña* y eso también lo orilló, se fue para abajo y no se fue de la mejor manera. Se fue desgastando.

Cómplices, no testigos

Parecía una orden rutinaria: el mayor Alejandro Rodas Cobón mandó al sargento Andrés Becerra a subir a la camioneta Lobo dos garrafones de sesenta litros, uno de gasolina y otro de diésel.

3. CONSTRUIR AL SOLDADO

Como no hay choferes, el mayor Rodas Cobón ordenó a Becerra conducir el vehículo. Viajarían un grupo de soldados, dijo, y un *bulto*. Ese bulto, envuelto en una cobija, era una persona muerta, un hombre a quien acusaron de ser miembro del crimen organizado y torturaron hasta la muerte. El destino del viaje era un rancho en las afueras de Ojinaga, una pequeña ciudad al norte del país, a casi 300 kilómetros de distancia de Chihuahua. Allí, los soldados desaparecerían su cuerpo. Era la madrugada del 23 de junio del 2008. Para ese entonces, 2,000 soldados y policías llegaban a Chihuahua como parte del Operativo Conjunto Chihuahua, una de las estrategias de Felipe Calderón para hacer frente al crimen.

Estos hechos se narran en el expediente de juicio de amparo 15/2010, que contiene la acusación contra una treintena de militares, incluidos el mayor Rodas Cobón y el sargento Becerra, por los delitos de homicidio calificado, allanamiento, robo equiparado, encubrimiento, acopio de armas y delitos contra la salud. El expediente revela el *modus operandi* criminal de este escuadrón militar, la red de relaciones de orden y obediencia bajo la que decenas de soldados habrían cometido actos ilegales.[71]

Rodas Cobón y Becerra eran parte del "Pelotón de la muerte", el nombre con el que se conoció públicamente a este grupo de mandos y soldados pertenecientes a la Tercera Compañía de Infantería No Encuadrada (CINE),[72] con sede en Ojinaga, Chihuahua. Según

---

[71] Los hechos y testimonios reproducidos a continuación provienen del expediente 15/2010 y de testimonios publicados en la revista *Proceso* y el periódico *Reforma*, a partir del acceso al expediente de Amparo que llegó a la Suprema Corte de Justicia de la Nación. Los hechos sólo han sido ordenados para facilitar su exposición narrativa. Este equipo de investigación revisó el expediente de amparo con el objetivo de entender cómo pudieron funcionar esas dinámicas de obediencia, complicidad y burocratización de la muerte.

[72] Una CINE es una unidad del Ejército independiente que no depende de una unidad superior, por ejemplo, un batallón.

el expediente, el Pelotón de la Muerte habría asesinado al menos a seis personas en 2008.

El expediente también recoge órdenes de realizar cateos sin autorización judicial, robar dinero y autos y hasta decomisar refrigeradores en las casas invadidas por el Ejército. El documento muestra cómo los militares intercambiaban mensajes sobre cómo repartirse el botín y la manera de almacenar armas y droga que después serían "sembradas" a algún detenido.

El día en que el mayor Rodas Cobón ordenó al sargento Becerra conducir la camioneta Lobo con el combustible y con el cadáver para quemarlo, éste intentó negarse. Le dijo que el teniente coronel se molestaría si salía de la unidad, pero el mayor Rodas Cobón insistió en su orden. Le dijo que necesitaba el favor, que intervendría por él.

Según declaró el sargento Becerra, aquella madrugada del verano de 2008 condujo la camioneta Lobo a un paraje a cierta distancia de Ojinaga. Allí los soldados sacaron el cuerpo de la batea, le pusieron leña encima, lo rociaron con gasolina y lo incineraron. Cuando estuvo completamente calcinado y frío, recogieron las cenizas y las esparcieron a lo largo del camino de regreso. La camioneta Lobo había sido recuperada en un cateo a supuestos narcotraficantes, pintada de verde olivo y rotulada con el número 8013148, como si se tratara de un vehículo militar. En este primer crimen, el sargento Becerra solo cargó con gasolina y condujo la camioneta al lugar donde el cuerpo sería quemado. El principio de la complicidad.

En otra ocasión, también en 2008, el sargento Becerra dice que La Tropa del mayor Rodas Cobón detuvo a seis personas por, presuntamente, asesinar a un soldado. En lugar de presentarlos ante un agente del Ministerio Público, las llevaron al cuartel. Allí, los soldados vendaron los ojos y torturaron a los detenidos. Debieron hacerlo con total tranquilidad porque las torturas ocurrieron bajo una palapa al aire libre en el campo militar.

3. CONSTRUIR AL SOLDADO

Como uno de los detenidos murió por la tortura, el sargento Becerra recibió nuevamente una orden del mayor Rodas Cobón: esta vez debía abastecer la camioneta Lobo con una reserva de cuarenta litros y conducirla hasta las afueras de Ojinaga. El sargento Becerra contó que debían "trasladar" el cadáver y que el mayor Rodas Cobón "no quería pendejadas de que dejáramos huella alguna de la desaparición del civil". En el paraje se repitió la operación: los soldados quemaron el cuerpo y luego, ya sobre la camioneta, tiraron las cenizas al camino y a un arroyo. De nuevo, Becerra cargó con gasolina y condujo la camioneta al lugar donde el cuerpo sería desaparecido.

No solo el mayor Rodas Cobón daba órdenes ilegales al sargento Becerra. También el teniente coronel José Julián Juárez Ramírez le llamó para que recibiese los reportes de los informantes del Ejército en la zona. Según el sargento Becerra, el teniente coronel Juárez Ramírez le dio esa encomienda porque había hecho bien su tarea de cuidar el combustible.

"Me mandó a llamar y me dijo que no les tenía confianza a los oficiales porque no le reportaban dinero o joyas o armas que aseguraban en los cateos, y por lo tanto no podía encomendarles los reportes de los informantes."

Los *informantes*, según explicó Becerra, eran integrantes del crimen organizado que aportaban datos a los militares sobre bandas adversarias. La idea era que los soldados fueran a detenerlos, registrar sus propiedades y decomisarles drogas y armas. Todos ganaban con el acuerdo: los criminales se libraban de competencia y los militares tenían resultados para mostrar. El teniente coronel Juárez Ramírez también ordenó al sargento Becerra convertirse en el enlace entre su batallón y los criminales. El sargento Becerra dijo que intentó negarse, pero el otro le recordó que era una orden y que no se preocupara. Solo recibiría información.

Poco tiempo después el teniente coronel Juárez Ramírez ampliaría la orden al sargento Becerra: ya no sólo se trataba de recibir información de los criminales sobre sus adversarios, sino darles información a esos criminales sobre personas que debían matar. Nuevamente, el teniente coronel Juárez Ramírez le dijo al sargento Becerra que no se preocupara, que los informantes ya habían hecho esta tarea antes.

"A lo que yo le dije que no me prestaba para verme involucrado en ese tipo de actividades, ya que él me había dicho que solo era recibir información de informantes de casas para catear."

Como antes, las órdenes del teniente coronel Juárez Ramírez subieron un nuevo peldaño en la escalera de la complicidad. La siguiente instrucción que recibió el sargento Becerra fue entregar a los *informantes* las armas que deberían emplear en las ejecuciones ordenadas por su jefe. También debía entregarles una carga de marihuana como pago por los asesinatos.

> Desde la primera ejecución en la que se me ordenó ir como conductor yo me opuse y le quise hacer entender al mayor que no quería tener ninguna participación en nada. Sin embargo, me empezó a agarrar mucho odio, pretendía involucrarme con la gente que detenía mostrándole mi foto y los golpeaba para que dijeran que yo les daba información.

El sargento Becerra dijo a los ministerios públicos militares que también intentó resistir a la nueva orden, pero al final, como en las ocasiones anteriores, accedió.

> Diciéndome el teniente coronel Juárez Ramírez que yo ya había valido verga, que yo —como muchos— ya sabía de las actividades que llevaban a cabo el mayor Rodas Cobón, amenazándome en ese instante de muerte a mí, diciéndome que también a mi familia se la iba a cargar la chingada y que, si no colaboraba en esas actividades, los primeros en ser ejecutados iban a ser mi familia.

3. CONSTRUIR AL SOLDADO

Esta declaración del sargento Becerra es sintomática, pues muestra cómo el mando acaba deslindándose de las órdenes ilegales y deposita en su subordinado la responsabilidad sobre las consecuencias tanto de sus acciones como las del comando. Hasta ese momento, según dijo el sargento Becerra a la Justicia, él había intentado negarse a realizar tareas que podrían ser ilícitas: llevar dos cuerpos a las afueras de Ojinaga para desaparecerlos, reunirse con criminales para recibir información, darles los nombres de víctimas futuras que ellos deberían asesinar, proporcionarles las armas para los asesinatos y darles el pago por el crimen.

El sargento Becerra dijo que, ante cada nueva orden, intentó negarse a cumplirla: primero aludió que no tenía el permiso de un mando superior y luego que no quería estar involucrado en actividades ilícitas. Pero su jefe le recordó que, como tropa, su tarea es obedecer; que él era cómplice de las actividades ilícitas por haber obedecido. Según consta en el expediente, el mando del sargento Becerra también intentó implicarlo en los crímenes presionando a los detenidos para que lo señalaran como su aliado. Finalmente, intentaría quebrar su voluntad con una amenaza mayor: le recordó al sargento Becerra que, si no seguía colaborando, él o su familia serían asesinados.

Es decir, un superior habría convertido la obediencia de un soldado en complicidad criminal. La cadena de mando desaparecería por un instante para colocarlos a ambos en la horizontalidad que tienen los cómplices para enfrentar a un poder superior, en este caso, el legal. El teniente coronel Juárez Ramírez, que en la lógica militar tiene voz de mando sobre el sargento Becerra, pretendía que la Justicia obvie su escalafón e iguale a un subordinado con su jefe, una situación imposible en la cadena de mando de las fuerzas armadas.

Además del sargento Becerra, otros tres soldados relataron dinámicas por las cuales acabaron convertidos en cómplices de crímenes dentro de los cuarteles. En algunos casos, los mandos les repartían parte del dinero decomisado; en otras, para incriminarlos, les permitían llevarse objetos valiosos o mundanos —robar— de las casas que cateaban. En otros, los llamaban a la *solidaridad* con el grupo para no motivar denuncias. Y en otras, cuando todo lo anterior parecía ser inútil, los amenazaban de muerte, como al sargento Becerra.

Recuerda el cabo Adalberto Petlacalco Vázquez:

> El jefe Rodas Cobón me mandó llamar y me entregó diez dólares, un anillo de oro y una esclava para que yo no dijera nada de lo que había pasado. De lo contrario me iba a matar o desaparecer, que al fin y al cabo ya estaba dentro de las cosas que él hacía y cometía. Yo por ese temor no dije nada y recibí el dinero y las alhajas que me estaba dando.

Recuerda el sargento segundo Alberto Alvarado Vázquez:

"Tenía temor de que, si me negaba a cumplir las órdenes del mayor de infantería Alejandro Rodas Cobón, tuviera represalias en mi contra o contra mi familia."

Recuerda el cabo de infantería Fernando Nandez García:

> Él [mayor Rodas Cobón] me dijo "ustedes aguanten la verga, yo ya le di parte a mi general Moreno Aviña y él ordenó que fuéramos nosotros". Pero yo le dije que yo no quería hacer eso porque después yo podía tener problemas, pero como él me ordenó, yo cumplí la orden.

Recuerda el cabo conductor Dolores de la Cruz Pérez:

"El mayor Rodas Cobón le decía al personal que agarraran lo que quisiera, que él quería cómplices, no testigos."

Cómplices, no testigos. El cómplice participa, el testigo ve. El cómplice es acogido por el grupo, el testigo expulsado.

Los jefes: escupir hacia arriba

¿Qué tenían para decir el mayor Rodas Cobón y el teniente coronel Juárez Ramírez? ¿Cómo interpretaban los mandos las órdenes que daban? ¿Nadie supervisaba sus decisiones? ¿Por qué creían que los soldados debían obedecer, incluso, las órdenes ilegales o inmorales? ¿Por qué coptaban y amenazaban a sus soldados con prácticas mafiosas?

En el proceso penal del caso Ojinaga también hablaron los mandos. Sus relatos están contenidos en el expediente 15/2010 y en dos notas publicadas por la revista *Proceso*.[73]

El mayor Rodas Cobón dijo a la Justicia que sus superiores le ordenaron obtener resultados "a toda costa". Para él, toda responsabilidad es ascendente: alguien le ordenó que haga y él ordenó a otros que ejecuten. En la lógica ascendente de la cadena de mando del mayor Rodas Cobón no resulta extraño que todo acabe en Los Pinos, ya que el presidente es el comandante en jefe de las fuerzas armadas. De hecho, eso fue lo que declaró el mayor Rodas Cobón: en un intento por explicar la cadena de mando al Ministerio Público, acusó al presidente Felipe Calderón, "quien declaró la guerra contra el narcotráfico".

> Todas las órdenes que se recibían deberían ser cumplidas [pues] venían directamente del Comandante Supremo de las Fuerzas Armadas [...] Cuando se me da una orden y estoy consciente y tengo conocimiento de que es ilegal, no estoy obligado a cumplirla; sin embargo, cuando las órdenes vienen desde el Mando Supremo en ninguno de los casos es cuestionada.

---

[73] Notas publicadas por los reporteros Jorge Carrasco y Juan Veledíaz.

Según dijo Rodas Cobón "los mandos que ejecutan las órdenes de los comandantes no pueden tomar decisiones con base en su propia evaluación de situaciones", tienen que obedecer la orden, aun cuando sea visiblemente ilegal.

El mayor Rodas Cobón tenía a qué acogerse. En 2007, un año antes de los crímenes narrados en estas páginas, la Secretaría de la Defensa Nacional emitió la *Directiva Integral de Combate al Narcotráfico 2007-2012*, el marco de actuación del Ejército para el mandato de Calderón. La directiva plantea cuatro conceptos estratégicos, cuatro directrices. El primero dice así:

> El combate eficiente al narcotráfico demanda de los comandantes amplia iniciativa en todos los niveles, mayor dinamismo, entusiasmo, empeño y dedicación, para dejar inercias perniciosas y conductas apáticas, que ponen en entredicho el profesionalismo que debe caracterizar a quienes tienen el honor de ejercer el mando.

Dinamismo, entusiasmo y dedicación. ¿Acaso el mayor Rodas Cobón no podría decir que a eso se había dedicado en Ojinaga?

Una estrategia similar asumió el teniente coronel Juárez Ramírez, otro de los acusados por los soldados de dar órdenes ilegales. Según él, los comandantes de la guarnición, de la zona y de la región militar tenían conocimiento de las cosas que pasaban en Ojinaga bajo su mando:

"Así se me ordenó por parte del comandante de la Guarnición, procedimiento con el cual no estuve de acuerdo con esas formas de operar y cuando así lo manifestaba, el general respondía diciéndome «no tengas miedo, que así se está haciendo en todas partes»."

El teniente coronel Juárez Ramírez insistió que él estaba sometido a una cadena de mando que debía obedecer, como sus subordinados bajo su dominio.[74] Sus frases son determinantes para explicar cómo interpreta un militar qué debe y no hacer:

"Sé que es un delito, pero por otra parte estaban las órdenes de un superior [...] Entonces en esa situación como militar subalterno a quien ordena otra cosa me vi obligado a obedecer la orden del superior para no incurrir en delitos del fuero militar."

En la verticalidad del Ejército siempre hay un mando al que obedecer, no importa qué tan arriba estés de la cadena de mando.

El río de la cadena de mando

Durante esta investigación hablamos con un coronel destacado en el norte del país. El coronel se había unido al Ejército como soldado a los quince años de edad y sumaba ya 45 años de servicio. En su sala de trabajo exhibía fotografías de su juventud en medio de campos de amapola vestido de uniforme y portando su arma con orgullo.

Un día, el coronel explicó con una metáfora la vida en los cuarteles:

—Es como una casa. Hay veces que les permites a tus hijos hacer algo malo y lo toleras. En mi caso así era. No puedes estar regañando a tus hijos todo el tiempo.

El coronel dijo que, como comandante de unidad, tenía 600 soldados a cargo y que, con ese número, él no tenía tiempo de cuidarlos a todos todo el tiempo.

---

[74] La nota publicada por el periodista Jorge Carrasco en la revista *Proceso* también detalla que los inculpados alegaron haber sido detenidos de manera arbitraria y torturados para obligarlos a declarar. Este punto implica un dilema. ¿Cómo trabajar con un documento en donde el relato desvirtúa al mismo relato? Donde el soldado acusa y luego dice que fue torturado para acusar. ¿Qué es verdad? Los hechos aquí narrados existen como relato, pero es imposible determinar su veracidad judicial al menos mientras no haya sentencias firmes. Aun con el dilema latente, este libro no se propone dar con el o los responsables de los crímenes; su interés son las dinámicas cotidianas de un cuartel que pueden llevar a esos crímenes. La forma en que operan obediencia, complicidad o amenaza.

—Luego [nos] atribuyen a nosotros como autor intelectual actos indebidos que cometen los subordinados. Nosotros no somos absolutos.

Las justificaciones del mayor Rodas Cobón y el teniente coronel Juárez Ramírez en Ojinaga, así como las del coronel, recuerdan a las palabras del general Efraín Ríos Montt durante el juicio en su contra como responsable del genocidio indígena en Guatemala. O a las de Adolf Eichmann en los juicios de Jerusalén y las de los militares argentinos durante los juicios a la dictadura militar en los años ochenta. Al igual que el general guatemalteco, el burócrata alemán y los soldados argentinos, los mandos mexicanos apelan a la cadena de mando y a la obediencia que exige esta correa de transmisión para justificar sus acciones. Es un ejercicio de ley física: los mandos superiores mexicanos lanzan la responsabilidad hacia abajo, a sus subordinados, como si fuera un acto natural producto de la fuerza de gravedad; mientras, los soldados elevan las culpas a sus superiores, es decir, deslindando todo juicio crítico en la toma de decisiones pues, como demanda el código militar, el subordinado se sabe sometido a cumplir órdenes. Pero aun con ese juego gravitacional, la cadena de mando parece operar más como un río: cuando más recorre, más se diluyen las responsabilidades.

En septiembre del 2009, 31 jefes militares y soldados de la Tercera CINE en Ojinaga fueron encarcelados por delitos contra la salud, robo, tortura, asesinato y violación a las leyes de inhumación de México. En 2017, sin embargo, trece de los 31 soldados del "Pelotón de la muerte" habían sido liberados por la justicia federal tras distintos recursos de amparo. Casi todos eran soldados rasos, elementos de tropa. Los jueces declararon que esos soldados eran inocentes de matar y torturar personas. La mayoría de los restantes dieciocho que seguían presos hacia inicios de 2019 continúan su proceso por haber matado y desaparecido a las víctimas. Entre ellos, los mandos superiores, incluidos el mayor Rodas Cobón y el teniente coronel Juárez Ramírez.

3. CONSTRUIR AL SOLDADO

Entre los liberados está el sargento Becerra. La acusación no pudo hallar pruebas contra él por los delitos de homicidio calificado y tortura, pero sí lo halló responsable del delito de encubrimiento (al igual que a otros diez soldados) y de violar la ley de inhumación con la destrucción del cadáver que llevaron al rancho en las afueras de Ojinaga.

La complicidad entre La Tropa y sus mandos —tipificada penalmente como encubrimiento— fue castigada por la justicia, que determinó que los soldados tenían la obligación de denunciar los actos de tortura y los homicidios que conocieron en su momento. Según el juez, no podían alegar en su favor que recibieron órdenes.

El fallo es significativo, pero no acaba el debate pues la discusión sobre la obediencia debida a la cadena de mando no está resuelta en México.

La obediencia debida llegó de manera tangencial a la Suprema Corte de Justicia de la Nación con el "caso News Divine", como se le conoce al operativo en una discoteca de la Ciudad de México donde, por la actuación de la policía, murieron tres agentes y nueve jóvenes. Doce policías sentenciados por el ejercicio ilegal del servicio público argumentaron, entre otras cosas, que actuaron por órdenes de sus mandos, pero el ministro de la Corte, José Ramón Cossío, consideró que los uniformados eran culpables porque "optaron por acatar la orden y detener a los jóvenes, frente al deber de proteger la vida e integridad física de estos".

Cossío argumentó que los policías debieron privilegiar, ante cualquier orden, la vida e integridad de las personas. Sin embargo, en el pleno de la Corte prevaleció el respaldo a los policías. Los otros ministros concluyeron que la acción de las policías no fue la que mató a los jóvenes, sino una serie de factores sumados —las malas condiciones de seguridad de la discoteca, la falta de ventilación del lugar, las órdenes contradictorias de los mandos que instaban a sacar a los jóvenes del lugar y, por otro lado, pedían cerrar las puertas para que no se salieran. Por lo tanto, los policías fueron absueltos.[75]

Hay al menos dos niveles distintos en los que sucede y se analiza el concepto de obediencia debida. El juez que sentenció a los soldados por encubrimiento y el ministro que consideró que los policías debieron desobedecer la orden, frente a los soldados y policías que fueron cómplices y obedientes. El juez y el ministro operan en el *deber ser* de la ley, el del pacto social, mientras que los soldados y los policías viven cotidianamente un estado de excepción de ese pacto social. Ambas realidades coexisten, una en el escritorio y otra en las calles. Vale recordar a Hannah Arendt, quien desde Eichmann planteaba la dificultad que la misma ley enfrenta para hacer justicia cuando se trata de crímenes cometidos por la burocracia del Estado: la duda sobre el lugar que la orden y la obediencia ocupan en la comisión y responsabilidad de un crimen.

Durante el año 2015 varios soldados presos hicieron circular un escrito para tomar posición en el contexto de la discusión sobre qué institución debería liderar las tareas de seguridad pública, si la policía o el Ejército. El documento tenía dos argumentos principales: primero, que los soldados fueron enviados a patrullar las calles sin un marco legal; segundo, que la gran mayoría de los presos soldados acabó entre rejas por obedecer órdenes que tuvieron consecuencias ilegales.

El documento tenía una cita del jurista Octavio Vejar Vázquez que acusaba a la ley de limitar la capacidad pensante del soldado, por lo que su única opción es obedecer. El jurista reflexionaba que la vida militar —por la obediencia debida— reduce el libre arbitrio de los soldados y que esa limitación de la

---

[75] La decisión de la Corte no sentó jurisprudencia, pues en México se requieren cinco sentencias sobre el mismo tema resueltas en el mismo sentido de manera ininterrumpida.

autonomía personal se incrementaba cuando la ley considera a la desobediencia como un delito. En la vida civil esa condición es distinta: al delincuente que obedece al jefe de una pandilla, la ley lo considera cómplice, no autor. "Por eso aconsejan los tratadistas norteamericanos que la conducta más segura y sabia a seguir por el subordinado es la de obedecer la orden y examinar su legalidad después", escribió Vejar Vázquez.

La obediencia debida se discutió de manera profunda en Argentina durante los juicios a los militares que torturaron, mataron y desaparecieron personas en la dictadura que sufrió el país entre 1976 y 1983. En 1986, el Congreso sancionó la *Ley de Punto Final*, que prescribía los procesos judiciales contra los acusados de haber cometido el delito de desaparición forzada durante la dictadura militar. Un año después, en 1987, los legisladores aprobaron la *Ley de Obediencia Debida*, que eximía de toda punibilidad a soldados que hubieran participado en los crímenes y cuyo grado estuviera por debajo de coronel, con el argumento de que se limitaron a obedecer órdenes de sus mandos. Ambas normas quedaron enmarcadas en las llamadas "leyes de impunidad". En el año 2005 fueron anuladas por el gobierno del presidente Carlos Menem y los militares que cometieron crímenes de lesa humanidad —que incluyen tortura y desaparición forzada de personas y son imprescriptibles— fueron procesados.

Paula Litvachky, directora del Área de Justicia y Seguridad del Centro de Estudios Legales y Sociales (CELS) de Argentina nos explicó que las leyes fueron declaradas inconstitucionales y eliminadas por la Corte Suprema porque en crímenes de lesa humanidad el Estado no podía dar para sí mismo leyes que implicaran el *no castigo*.

"Definieron que la ley era inconstitucional porque presumía que las personas de más bajo rango no habían podido actuar diferente de la forma como actuaron y eso era una presunción que no admitía prueba en contrario", explica.

Los jueces que procesaron a un cabo o soldado durante la vigencia de la ley de obediencia debida estaban obligados a exculparlos de responsabilidad porque de antemano la regulación presumía que no pudieron haber actuado de modo distinto al estar comprendidos por la norma militar de la obediencia debida a la cadena de mando.

En el contexto de crímenes de lesa humanidad como los ocurridos durante la dictadura argentina, la ley de obediencia debida frenaba el proceso de verdad y de justicia.

"Se sobreentiende que el soldado sabe que esa orden era ilegítima, entonces la discusión pasaba a una siguiente discusión —dijo Litvachky—: se sobreentiende que el soldado no podía actuar de otra manera porque su vida estaba en riesgo por coacción del mando."

En Argentina, eliminar la *Ley de Obediencia Debida* no quitó el derecho de cada soldado a probar que actuó bajo coacción o que si desobedecía la orden (aunque ilegal) estaba en riesgo su vida o integridad física. Aunque, hasta ahora, no hay precedente de nadie que haya podido probar ese argumento en su defensa porque los militares están juzgados por múltiples delitos, no por uno solo.

En México, los juicios contra soldados por cometer ejecuciones extrajudiciales, desapariciones o tortura, no se han inscrito en el contexto de violencia de Estado o de graves violaciones a los derechos humanos por parte de miembros del aparato público coordinados institucionalmente. Al contrario, son considerados de manera individual, como casos aislados. El soldado es sentado en el banquillo como absoluto responsable de sus actos, sin considerar que ese soldado fue formado como tal por una institución militar a la que servía.[76]

---

[76] La perspectiva de derechos humanos plantea mirar no la responsabilidad individual del soldado, sino institucional del Ejército -y seguir la cadena de mando- y ofrece también un respaldo a las víctimas al considerar que los delitos no prescriben, si son considerados como graves violaciones a los derechos humanos.

3. CONSTRUIR AL SOLDADO

El deber es el deber

En la biblioteca de Ulises hay ruido y el sonido que se cuela nos sirve de excusa para aparentar que no ponemos mucha atención. No queremos que nuestra cara de asombro detenga su relato brutal: como parte de un curso de supervivencia, él y sus compañeros han matado a una perra en medio de la sierra, la desmembraron con las manos y la asaron en un fuego de leños para devorarla entre todos. Unos instantes después, todavía revueltos por el relato de la perra, Ulises abre otra puerta: una misión como francotirador en la selva de Chiapas.

—Te dan una foto, no te dan nombres —dice, como si hablase de piedras, un metal o un objeto inerte y no de un ser humano—. Un francotirador debe estar a un kilómetro, dos de distancia. Con la fotografía uno identifica el objetivo. Y se cumplió la misión, bien. Estábamos dos. Los dos disparamos al mismo tiempo, uno no debe fallar, para eso eres.

(*El objetivo*, no una persona.)

—¿Te preguntaste quién era esa persona, por qué ordenaron matarla?

—Pues ahí no le interesa a uno tanto, sino simplemente cumplir tu obligación. Si preguntas no te lo dicen… Como dije hace rato, el deber es el deber.

—¿Te preguntaste si esa orden estaba bien o mal?

—No, uno simplemente sigue la orden. Uno no pregunta si quieres, si puedes, si debes.

Unos instantes después, Ulises cuenta cuando entraban a las comunidades rurales en Chiapas. Recuerda haber visto a su alrededor mujeres y niños descalzos, en harapos; recuerda haber visto gente muerta, desarmada. "Mucha gente inocente murió ahí."

—Murió mucha gente desarmada. Pero como era pareja la situación, no puedes identificar quiénes son inocentes, quiénes no. A lo que íbamos era a defendernos porque en medio de ellos estaban disparando.

—Pero, ¿defenderte de qué?

—De ellos. De su Ejército.

—Pero también mataron mujeres, niños...

—Mmm...

—Muchos eran tus paisanos.

—Duele un poquito porque al matar un ser humano es grave, pero uno también obedece órdenes, ser empleado del gobierno es muy diferente de realizar un trabajo propio.

—¿Alguna vez pensaste no cumplir una orden?

—Ahí no puedes desobedecer porque también es un delito de orden militar.

—¿Dónde quedaba Ulises cuando había una orden de ese tipo, dónde quedaban sus ideas, sus valores?

—Pues uno se tiene que aguantar, más que nada, no te queda de otra. Hay momentos de que sí te sientes presionado, pero tenías que hacerlo. Ahorita tengo tiempo para pensar, pero en aquel entonces, aunque pase por tu mente, uno no puede desobedecer órdenes.

—¿Qué pasaba por tu mente?

—Que estábamos arriesgando nuestra vida y que estábamos matando un ser humano igual que nosotros. Namás defendiendo cada quien sus propios intereses, lo podemos decir así. Ahorita ya piensa uno diferente, pero en ese entonces lo único que te quedaba era obedecer órdenes, defender tu vida.

La plática con Ulises sigue varios minutos más. Por un lado, intentamos reflexionar con él sobre la urgencia humana de desobedecer una orden que dicta *matar*; por otro, él va y viene en un camino sin salida: "El deber es el deber." Apelamos a que los años fuera del Ejército le hubieran dado el tiempo y el silencio para reflexionar, apelamos al hecho de haber visto morir a inocentes. Pero su respuesta se hace rancia en la obediencia, en el dilema de

3. CONSTRUIR AL SOLDADO

"los derechos humanos ayudan a los criminales" y "los militares también son seres humanos". Para Ulises todo, la vida misma, se reduce al deber.

El hombre reconoce momentos bonitos dentro del Ejército. Por ejemplo, la oportunidad de estudiar y de ascender. El Ejército le dio la posibilidad de ser *alguien*. Ulises, un campesino que trabajó desde los ocho años de edad porque en casa no alcanzaba para alimentarlos a todos, vio en el Ejército la posibilidad de salir de la pobreza. Ulises habría querido ser maestro.

Un día de franco en que bajó al pueblo, Ulises conoció a su esposa. A los seis años formó una familia, se casó y dejó el Ejército. Volvió a ayudar a su papá en el campo. "Obedecer al papá porque no sabemos cuánto tiempo Dios nos lo va a prestar y la familia merece también esa felicidad", dijo. En el pueblo, a diferencia de otros soldados retirados de este paraje del sureste mexicano que iniciaron negocios propios: una peluquería, la compraventa de ganado, un taxi colectivo, Ulises se empleó como burócrata. Esto es, siguió en una institución vertical, como si su sino estuviera marcado.

—Al principio, tenía pesadillas —dice ahora—. Cuando me di de baja sí me costó trabajo olvidar. De repente uno se despierta a medianoche buscando su arma, haciendo lo que uno hacía. En verdad uno nunca se olvida de lo que vive.

4
Construir al enemigo

Al día siguiente del alzamiento zapatista en Chiapas, el Ejército movilizó a cientos de soldados hacia el sur de México. Muchos viajaron desde Tabasco y otros estados del sur; buena parte de ellos llegaron a Ocosingo, en las puertas de la selva Lacandona. Era el 1 de enero de 1994. Ocosingo era uno de los pueblos tomados por el Ejército Zapatista de Liberación Nacional, el EZLN, que llamaba a los ciudadanos a marchar hacia la capital, derribar al Gobierno y acabar así con el saqueo de recursos naturales que sufría el país.

Ernesto, hoy un sargento retirado, recuerda que en la víspera de Año Nuevo le tocaba hacer guardia en su batallón. En las primeras horas del 1 de enero, sus mandos levantaron a todo el personal y lo pusieron en marcha. Llegó el comandante de la Zona Militar, el máximo responsable del Ejército en Tabasco, y dijo que habían atacado el cuartel de Rancho Nuevo. Ernesto no conocía ese lugar. "Pero, ¿cómo?", recuerda que preguntaron al comandante, "¿quién había atacado?".

Hasta entonces, el enemigo para Ernesto era una abstracción, una figura genérica, maniquea. Cualquiera que anduviera en "malos pasos" podía serlo. Por las situaciones que contó después, enemigos habían sido los pistoleros que los emboscaron una vez en su propio campamento en la sierra de Michoacán. O aquellos que les dispararon desde un cerro cuando Ernesto y su grupo viajaban a bordo de varias camionetas en una carretera en Guerrero. En ambas situaciones había muerto gente, propia y ajena. Pero para Ernesto aquello era lo normal. O al menos el tipo de evento que puede darse cuando los militares suben a la sierra a quemar plantíos de marihuana y amapola. Los atacaban, ellos se defendían. Pero aquella vez que les hablaron del ataque en Rancho Nuevo, recuerda, nadie entendía nada.

—Cuando entramos a Ocosingo nos empezaron a disparar, pero de lejos. Veíamos a la gente, miles de gentes, todos uniformados de verde olivo, sus maletas, sus sombreritos. "Oye", decía uno, "¿qué clase de ejército son esos?"

La confusión de Ernesto era total. Primero, su comandante les había informado del ataque al cuartel de Rancho Nuevo, la sede más importante del Ejército en Chiapas, pero nada más. Luego escuchó que otro Ejército había sido el autor del ataque. Pero, ¿qué ejército? ¿Qué significaba "otro ejército"? Ernesto ignoraba cualquier precisión: iba porque debía. Obedecía. De camino a Ocosingo, un compañero del batallón dijo que los rebeldes —¿pronunció aquella palabra, "rebeldes"?— venían de Nicaragua, queriendo decir, quizá, que eran una pandilla de sandinistas que llegaban a propagar su revolución a México. Y luego, ya entrando a Ocosingo, otro alguien dijo que el comandante de ese otro Ejército era un tal Marcos. Pero Ernesto no sabía si era un coronel, un general, un mayor... ¿Quiénes eran, pues, los otros?

En ese tiempo, continúa Ernesto, el Ejército era "tan jodido". Solo tenían una docena de Hummers, pero ningún transporte grande, así que el Gobierno del estado de Tabasco les proporcionó microbuses para moverse del batallón en Tabasco a Chiapas.

4. CONSTRUIR AL ENEMIGO

Ernesto no recuerda si llegaron allá el día 2 de enero o el mismo 1 por la tarde, pero sí tiene presente que, según se acercaban al centro de Ocosingo, los disparos empezaron a caer cada vez más cerca. Y que también entonces empezaron los granadazos.

—Íbamos avanzando y el primer madrazo cayó cerca de nosotros. Llegó un general de allí en helicóptero, Juan López Ortíz. Bajó y dijo "¿Saben qué? Tenemos órdenes de matar gente. Ahorita ya no vamos a un campo de adiestramiento, ya no vamos a jugar guerrita, esto es realidad, de ustedes depende. No tengan miedo que yo voy con ustedes." Y nada más dijo eso, se trepó a un Hummer. "Vamos, hay luz verde", dijo.

Gente inocente murió aquellos primeros días de enero de 1994 en Ocosingo. Entre ocho y once personas inocentes, sin vinculación con el combate, acabaron asesinadas a manos de militares en la clínica del seguro popular de la localidad, el IMSS. Otras tantas aparecieron muertas, maniatadas y con un tiro de gracia, en el mercado del pueblo. Solo hasta el 24 de enero, la Comisión Nacional de Derechos Humanos recibió 138 quejas por tortura, asesinato y desaparición forzada.[77] Otras tantas denuncias por abusos cometidos por militares afloraron en las semanas y meses posteriores.

Ante las protestas dentro y fuera del país, la Secretaría de la Defensa aceptó que Human Rights Watch accediera a sus investigaciones sobre los sucesos de Ocosingo, una decisión extraordinaria que ilustra al menos la presión que sentía el Ejército, reacio a abrir sus puertas a civiles, menos si son de organizaciones no gubernamentales.

---

[77] En su nota del 23 de enero, "Mexican Army is said to abuse rebel suspects", el corresponsal de *The New York Times*, Tim Golden, relata una visita a Ejido Morelia, cerca de Las Margaritas, donde los vecinos le contaron cómo el Ejército había llegado al poblado y sometido a los hombres en la plaza. A tres se los llevaron aparte y los torturaron. Luego se los llevaron junto a otros 36. Para el día en que Golden llegó allá, nadie los había vuelto a ver.

Pero todo eso fue después y Ernesto no guarda una imagen clara de aquello. Cuando le preguntamos por los supuestos abusos cometidos por el Ejército, dice que ellos —los otros, el otro ejército— mataron a unos policías en Ocosingo y los quemaron vivos y que incendiaron la comandancia de la Policía Judicial y otros edificios, pero no hay constancia de que eso haya sucedido. En todo caso, Ernesto no entra al fondo del asunto — los abusos—, dando a entender que ellos no hicieron nada que los otros no hicieran también.

Para él, lo que tenía enfrente era una confusión. Les dijeron que un batallón había sido atacado y que un soldado murió en el choque. Les decían que eran soldados nicaragüenses que habían invadido México por la selva chiapaneca. Ellos vieron a gente vestida — "güeros, morenitos, chaparros"— con ropa de combate verde olivo, armada. "Nos dimos cuenta que eran soldados, con uniforme como nosotros."

—También decían que había revoltosos —dice Ernesto.

Es decir, izquierdistas.

Es decir, enemigos.

Los enemigos del Ejército

Después de la Revolución, los primeros enemigos del Ejército mexicano fueron otros ejércitos mexicanos. Con la derrota de Porfirio Díaz y más tarde de Victoriano Huerta, la guerra de guerrillas debía llegar a su fin, pero aún tomaría tiempo en acabar por completo.

Consolidado el poder de los generales revolucionarios a finales de la década de 1910 y principios de los años veinte, México siguió siendo campo de batalla de las facciones disidentes por algún tiempo. Las batallas por el control del país habían unido a las distintas divisiones del Ejército Revolucionario frente al enemigo común, los gobiernos de Díaz y Huerta. Ante su ausencia emergieron las diferencias tribales, los intereses contrapuestos.

4. CONSTRUIR AL ENEMIGO

Las intenciones de los jefes de las facciones inconformes darían para varios libros, pero normalmente la batalla estallaba cuando se acercaba la sucesión presidencial, momento en que unos generales creían merecer el cargo más que otros. Así ocurrió, por ejemplo, al finalizar el mandato del general Álvaro Obregón. En 1923, dos hombres fuertes de su Gobierno iniciaron una pugna por el poder que acabó en una insurrección militar. Fracasó, pero la situación ilustra el estado de las cosas de aquellos años.[78]

En una ponencia leída en 2013, con motivo del primer centenario del Ejército, la doctora en historia Georgette José, experta en los gobiernos inmediatamente posteriores a la Revolución, dijo: "Ante la falta de instituciones económicas, políticas y sociales permanentes y estables [...] el llamado ejército revolucionario, integrado por civiles vueltos militares al calor de la lucha [...] se dividieron, enfrentaron y aniquilaron antes de que ese ejército se transformara en un verdadero ejército nacional [...] leal única y exclusivamente a las instituciones existentes."

A finales de los años veinte, el Ejército mexicano enfrentó a otro ejército mexicano; éste, homogéneo, organizado en torno a una idea, la defensa de su culto. Era el Ejército cristero. En buena parte del país la población estaba molesta por los ataques del Gobierno a la iglesia católica, desde la Revolución. En 1926, el presidente Plutarco Elías Calles decidió reglamentar varios artículos de la Constitución en materia de religión. La respuesta de la iglesia fue suspender el culto.

---

[78] Los intereses de las diferentes facciones no atañen exclusivamente a la presidencia. Para muchos de los militares levantados, lo importante eran "las canonjías económicas, las prebendas políticas y los cacicazgos regionales que habían logrado establecer" (G. José, 2013), puestos en peligro por la llegada de un presidente cercano o proveniente de un grupo distinto al suyo. La investigadora Martha Loyo indica que hasta 65% del Ejército se levantó contra Obregón y su grupo.

En varios estados, pero sobre todo en Jalisco y Michoacán, la ciudadanía se levantó en armas contra el Estado. La primera guerra cristera, la más importante, duró tres años, de 1926 a 1929. Decenas de miles de personas murieron, muchas de ellas inocentes, sin relación alguna con el levantamiento. Dice Jean Meyer, historiador de la guerra cristera: "La guerra civil es la más cruel de todas las guerras. Y la guerrilla provoca aún más la crueldad de los ejércitos represivos. El problema para el soldado del estado, uniformado, es que el adversario no lo es. No se puede reconocer. De tal manera que rápidamente se considera a todo el pueblo como el enemigo. Y se fusila sin discriminar a combatientes y civiles, a jóvenes y a viejos."[79]

Una figura clave en la guerra cristera fue el secretario de Guerra de Elías Calles, el general Amaro, que había peleado durante años contra generales disidentes, sobre todo en el norte. Hombre de hierro, Amaro fue quien sacó a las milicias de la informalidad posrevolucionaria y las convirtió en un ejército profesional.[80] La transición iniciada con la Constitución de 1917 y continuada en el gobierno del general Álvaro Obregón, culminó con la victoria en la guerra cristera y la renovación castrense liderada por Amaro.

Pero entonces, en 1946, un civil ganaría la presidencia por primera vez desde la Revolución —Miguel Alemán— y por primera vez también el enemigo del Ejército dejaría de ser otro ejército interno. Había nacido el Estado priista.

---

[79] Meyer, el más reconocido historiador de las guerras cristeras, conduce un documental, *La Cristiada,* que se puede ver en tres partes en Youtube: https://bit.ly/2C1fyMR.

[80] En *Parte de Guerra,* Julio Scherer recuerda al "fundador" del Ejército, en un pasaje de sus memorias sobre Marcelino García Barragán, secretario de la Defensa durante la masacre de Tlaltelolco el 2 de octubre de 1968: "Desde joven, Marcelino García Barragán era tenido por un jinete a la altura de Joaquín Amaro. No había un tercero. Amaro, látigo en mano, a la tropa incipiente. Una mañana, frente a jóvenes llegados del norte, de sombrero rústico, ordenó a los bisoños que se descubrieran. Algunos se hicieron sordos a la voz de flauta de Amaro, un pito, como se albureaba entonces. «¡Qué chingaos!», gritó la furia de Amaro. Dos reclutas se resistieron. El fuete, una llamarada, abrió sus rostros."

4. CONSTRUIR AL ENEMIGO

A principios de la década de 1950, la milicia empezó a destruir plantíos de marihuana y amapola en las sierras de Guerrero, Michoacán y Sinaloa. Medio siglo antes de que el presidente Felipe Calderón inaugurara la guerra al narcotráfico, el Ejército ya apuntaba al trasiego de drogas como una amenaza. También por entonces los militares se iniciaron en el combate contra todo lo que oliera a comunismo, tarea que perfeccionarían en los años siguientes.

Si la lucha entre generales había acaparado las primeras décadas de vida del Ejército, el consenso frente al enemigo comunista dominaría los esfuerzos de las décadas posteriores. Entre 1952 y 1958, la disidencia política se convirtió en el principal enemigo de las Fuerzas Armadas. En 1956, el Ejército tomó por primera vez las instalaciones de una universidad en el país. Fue en septiembre, cuando el Gobierno trató de controlar una huelga en el Instituto Politécnico Nacional enviando al Ejército a ocupar su plantel en Ciudad de México.

La situación se agravaría con el correr del tiempo. A partir de 1962, con Adolfo López Mateos en la presidencia, el Ejército se dedicaría casi exclusivamente a perseguir a grupos políticos disidentes.[81] El estado priista despreciaba los grises. La política era útil en tanto que fluía del aparato gubernamental. La disidencia existía mientras fuera controlable, predecible. Aunque algunos de los postulados comunistas habían coincidido con las demandas revolucionarias, para ese entonces el PRI mantenía una lejanía con la izquierda, cierto desprecio. A las reivindicaciones de los movimientos sociales que empezaban a brotar en el país, el Gobierno respondía con desdén, incluso a veces acusaba directamente a sus

---

[81] Aunque también es verdad que por entonces el Ejército organizó e institucionalizó el apoyo a la población en casos de desastres naturales, con el lanzamiento del plan DN-III, todavía en vigor.

líderes de conspiradores. Mejorar las condiciones de los campesinos o transparentar los procesos electorales al calor de las protestas habría sido motivo de sospecha, de simpatizar con los comunistas, más a los ojos de Estados Unidos, pendiente de los acercamientos de la Unión Soviética con sus vecinos del sur. México no tardó en *aceptar* el apoyo del país vecino —y de paso sus ideas— en la lucha contra el comunismo.[82]

La rebeldía política iba en ascenso hacia fines de los sesenta. Aunque fueron hasta treinta movimientos de protesta diferentes en todo el país, destacaron, primero, la Asociación Cívica Guerrerense, comandada por Genaro Vázquez, que empezó peleando por la selección justa de candidatos a las elecciones locales en Guerrero y, segundo, ya en el sexenio de Gustavo Díaz Ordaz (1964-1970), el Partido de los Pobres, de Lucio Cabañas, con las Brigadas Campesinas de Ajusticiamiento, también en Guerrero. Mientras Genaro Vázquez impulsaba cambios que hicieran justo el sistema electoral, Cabañas apoyaba a maestros y campesinos —y sobre todo a estos últimos— en disputa con las empresas madereras que saqueaban los bosques del estado. Ambos tomaron las armas después de liderar iniciativas pacíficas de cambio que acabaron con la represión del Estado, encabezada muchas veces por el Ejército.[83]

Cabañas moriría en 1974 a manos de militares en un enfrentamiento en la selva del Otatal, con las brigadas campesinas ya

---

[82] El historiador Aaron W. Navarro, de la Trinity University, señala que Alemán aceptó la exigencia del presidente Truman de espiar la embajada de la Unión Soviética en Ciudad de México, la mayor que tenía en todo el mundo a finales de la década de 1940. También por entonces se creó la temible Dirección Federal de Seguridad, herramienta de persecución contra todo lo que el Gobierno pensaba que podía ser comunista. Seis de los nueve directores que tuvo en sus años de vida, de 1947 a 1985, fueron militares.

[83] Por ejemplo, la matanza de 19 estudiantes en Chilpancingo el 30 de diciembre de 1960 fue el motivo que forzó al Gobierno Federal a desaparecer los poderes del estado. En esa época, el jefe del ejecutivo estatal era el general Raúl Caballero Aburto: http://www.diputados.gob.mx/sedia/biblio/virtual/dip/guerretrans/22_matanza.pdf

acorraladas. La fecha de su muerte se convertiría en la cúspide simbólica de la Guerra Sucia, el periodo de mayor represión en el país, enmarcado por la masacre de Tlatelolco del 2 de octubre de 1968 en Ciudad de México y la reforma política impulsada por el presidente López Portillo en 1977.

Cientos de personas murieron asesinadas en esos años y otras tantas resultaron desaparecidas, la mayoría en Guerrero, muchas a manos de militares. Pese a carecer de una cifra definitiva, la Comisión de la Verdad del Estado de Guerrero calcula que hubo alrededor de 1,500 personas desaparecidas o muertas durante el periodo.[84]

Con la caída del muro de Berlín y la descomposición del bloque soviético, el enemigo comunista desaparecía y se llevaba con él cualquier amenaza existente hasta entonces. Primero para Estados Unidos y luego necesariamente para sus aliados. La nueva amenaza se llamaría ahora narcotráfico. Ya en 1971, el presidente Richard Nixon apuntaba al tráfico de drogas: "El enemigo público número uno de América en suelo estadounidense es el abuso de drogas. Debemos financiar una nueva ofensiva para combatirlo y vencerlo", dijo en una conferencia de prensa en la Casa Blanca. Dos años más tarde, el gobierno de Estados Unidos creaba la DEA y lanzaba la *Operation Intercept*, con la que trataba de forzar al Gobierno mexicano a que persiguiera a los productores de marihuana de su lado de la frontera.

Ya en la década de 1990, la ofensiva contra el EZLN sería la última gran operación de carácter *político* en que participaría

---

[84] En su informe final sobre la *Guerra Sucia,* la Comisión de la Verdad incorpora el testimonio de Gustavo Tarín, que formó parte del grupo de información de inteligencia de la policía militar dirigido por el general Quiroz Hermosillo, uno de los principales responsables de la persecución de guerrilleros, condenado además por narcotráfico en 2002. Según Tarín, el grupo de información del que formaba parte, integrado por cien elementos de la Policía Militar y cuarenta civiles, participó en el asesinato o la desaparición de 1,500 personas, algunas arrojadas al mar en vuelos de la muerte: http://congresogro.gob.mx/files/InformeFinalCOMVERDAD.pdf

el Ejército. La última vez que los enemigos fueron insurgentes ideológicos y no grupos criminales, la última en que el enemigo del Ejército fue otro ejército. Desde entonces, el Estado señala como adversario al narcotráfico. Cárteles, bandas de traficantes, crimen organizado. Los señala y manda al Ejército a combatirlos.

Ellos

El enemigo actual: malandros, mañosos, sicarios. *Pinches* delincuentes.
Los que andan en malos pasos.
Ellos.
Pero, ¿quiénes son? ¿Cómo se sabe que son? En *Construir al enemigo*, Umberto Eco escribe: "Tener un enemigo es importante no solo para definir nuestra identidad, sino también para procurarnos un obstáculo respecto al cual medir nuestro sistema de valores y mostrar, al encararlo, nuestro valor. Por lo tanto, cuando el enemigo no existe, es preciso construirlo."

¿Qué tipo de enemigo era aquel de 2006, el enemigo que *obligó* al Gobierno a sacar al Ejército a la calle? ¿Qué tipo de enemigo es el actual, el que queda después de doce años de plomo? ¿Qué identidad ha tratado de construirse el Estado a costa de fijar un enemigo como el narcotráfico o el crimen organizado? ¿Qué queda de su sistema de valores, de su legitimidad como actor benévolo, bienintencionado?

Señalado por el Estado, el crimen organizado adquiere identidad: tamaño, volumen y fronteras. Hasta entonces un entramado heterogéneo de intereses diversos y actitudes delictivas más o menos predecibles, el crimen organizado aparece en 2006 como un enorme monstruo de tamaño similar al del propio Estado, un ente capaz de desbaratar el régimen democrático. No existía y ahora existe. Es el mismo Estado, por el hecho de señalarlo, el que confiere identidad, tamaño y volumen a su adversario.

4. CONSTRUIR AL ENEMIGO

Ese año, 2006, es el año de Felipe Calderón. Su victoria en las urnas ante Andrés Manuel López Obrador le alza a la presidencia por un margen exiguo, tanto que provoca la movilización de la oposición, que clama contra el instituto electoral —¡robo, fraude!— por varios meses.

Pero Calderón es ungido y una de sus primeras medidas, en diciembre de 2006, es enviar al Ejército a Michoacán, su estado natal donde, dice, la situación de violencia y criminalidad es insostenible. Meses atrás habían aparecido cinco cabezas humanas en un bar de Uruapan, un pueblo no muy distante de Morelia, la capital. Fue noticia de primera plana porque entonces esos hechos aún no sucedían. O no sucedían tanto. O nadie lo veía como una crisis. Es la consecuencia de dejar que el monstruo actúe a su antojo.

Ese mes de diciembre de 2006, recién asumido, Calderón se viste de militar y viaja a su Michoacán a supervisar la llegada de los miles de soldados enviados en plan de guerra. Era su primera ofensiva militar contra los grupos criminales y también la primera que activó las alarmas: ¿Era necesario el Ejército? Quizá. Quizá por un par de semanas: capturar a los objetivos señalados por el Gobierno, una operación rápida y, luego, de vuelta al cuartel.[85]

Pero los militares se quedaron. Y no solo eso: tras Michoacán, Calderón decide enviar al Ejército a otros estados y, de repente, México observa a decenas de miles de soldados patrullando las calles de pueblos y municipios y las carreteras entre esos pueblos y municipios. Los militares acaban ungidos como los salvadores de la patria, los que combaten al enemigo del país. Un enemigo interno y, según dice Calderón —enfundado en su uniforme de

---

[85] Esta opción nos la señaló el académico Marcos Pablo Moloeznik, de la Universidad de Guadalajara, en una entrevista que mantuvimos con él en 2016, previo al lanzamiento de la primera versión del site cadenademando.org.

militar, con su viaje a Michoacán, con sus declaraciones— muy peligroso.

Resultaría extraño que una amenaza menor hubiera provocado una respuesta de gran envergadura como la movilización de decenas de batallones militares por buena parte de la geografía de México. Es presumible, entonces, que la amenaza que advirtió el presidente Calderón fuera real y enorme. De lo contrario, sería como matar mosquitos a cañonazos y el Estado no gasta energía innecesariamente. ¿O sí? Porque, ¿para qué destacar al enemigo si en realidad apenas le alcanza para molestarte?[86]

Por otro lado, si el sistema de valores del Estado mexicano, la democracia, la división de poderes, la administración de justicia, es el correcto, el del enemigo resulta incorrecto. Una aberración al fin y al cabo, puesto que el fin último de ese Estado paralelo es prevalecer, suplantar al estado democrático, o al menos introducirse en él de tal manera que el original se convierta en un disfraz, una parodia, unos cuantos edificios antiguos y un puñado de apariencias. Por eso el Estado debe prevalecer. Asumida la amenaza como real, sus valores como los adecuados, el Gobierno ordena organizar la defensa. Y el Ejército se pone a trabajar.

¿Cómo aterriza el razonamiento anterior en la sinapsis castrense? ¿Cómo lo entienden los mandos y qué implicaciones tiene? ¿Y cómo llega a La Tropa? ¿Qué significa que hay un enemigo enorme, aunque carezca de país, peligrosísimo, aunque su objetivo no sea deponer al Gobierno? ¿Cómo la entienden soldados, cabos y sargentos, campesinos, plomeros, carpinteros, albañiles, que buscan un salario y una carrera en el uniforme?

---

[86] Los académicos Oswaldo Zavala y Dawn Paley han publicado trabajos en los últimos años que defienden que la amenaza no era tal, que fue, por un lado, el intento de legitimarse de un gobierno débil; y por otro, la forma de allanar el camino a empresas extractivistas en diferentes zonas del país.

Erradiquen, jóvenes, erradiquen

Andrés fue soldado entre 2003 y 2007. Luego cambió el uniforme verde olivo por el azul oscuro de la Policía Federal. Aunque han pasado varios años, aún recuerda las arengas de los mandos antes de salir a los patrullajes.

—Ellos nos decían "jóvenes, van a salir a patrullar, quiero chamba, quiero que metan resultados, la pinche delincuencia debe quedar erradicada, los sicarios, los traidores a la patria".

Andrés dice que la palabra "traidores" se usaba para nombrar a los ex militares que habían dejado las filas de las Fuerzas Armadas para sumarse al grupo de Los Zetas.[87] Les repetían, dice Andrés: "Todos esos pinches militares que ya no están con nosotros y que están en el otro bando deben ser erradicados. Ellos a ustedes no se la van a perdonar [...] Erradiquen jóvenes, erradiquen a todos los pinches traidores de la patria."

—Entonces tú salías con esa imagen: pinche sicario, pa' abajo.

Entre 2005 y 2006, durante un año y quince días, Andrés patrulló las calles de Nuevo Laredo, en Tamaulipas, en la frontera con Estados Unidos. Nuevo Laredo era entonces la ciudad más violenta del país con un récord de 250 asesinatos por año. En aquella época, los militares apoyaban a la Policía Federal y a las agencias estatales y locales en lugares de conflicto evidente. Muchas veces incluso lideraban las tareas de vigilancia.

Escuchamos testimonios parecidos al de Andrés, aunque pocos ilustran con tanta concisión y precisión la manera en que

---

[87] En *Los Zetas Inc*, la académica Guadalupe Correa-Cabrera explica que Los Zetas nacieron de la deserción de un grupo de militares de élite, el Grupo Aeromóvil de Fuerzas Especiales, GAFE. Fueron treinta o cuarenta efectivos, que llegaron a controlar el corredor de narcotráfico que va de Matamoros a Nuevo Laredo. Hoy, dice la autora, están todos muertos o detenidos.

los mandos aleccionan a La Tropa. Es difícil saber qué fue dicho en cada cuartel, cada día, en cada rincón del país; antes de salir a patrullar o después, charlas emotivas, iracundas, en recuerdo de algún compañero caído, charlas pausadas, discursos viscerales. Pero son esas frases —"pinche sicario pa' bajo", "erradiquen, jóvenes, erradiquen"— las que condensan el tipo de ideas que circulan en el Ejército respecto al enemigo. Un asesino, un traidor, un indeseable: el enemigo.

La cuestión es, siempre ha sido, cómo reconocer al enemigo. Y qué ocurre en el camino.

Ellos

Un convoy militar patrulla la orilla del río Bravo, en una ciudad de la frontera de Tamaulipas. Han llegado a la hora del mosquito, poco antes del anochecer. El teniente Casas dice que a *ellos*, a los narcos, les gusta traficar los viernes y sábados por la noche, como si hablara de un grupo de amigos que sale de fiesta. El teniente Casas lleva el mando. Si no fuera porque es un hombre experimentado, con más de veinte años en el Ejército, cualquiera diría, escuchándolo, que se trata de un muchacho excitado esperando secretamente que *ellos* se dejen ver. Que aparezcan, que se atrevan a desafiarlos para así contestarles.

Desde que el Ejército patrulla las calles de México, soldados y civiles han chocado en esta pequeña franja de tierra más que en ninguna otra parte del país. La frontera noreste se ha vuelto salvaje.[88] Se nota la tensión en las caras de los militares, todos

---

[88] Entre el 1 de enero de 2007 y el 1 de enero de 2017, militares y civiles se enfrentaron a balazos en todo el país en 3,922 ocasiones. Casi la mitad, 1,706, ocurrieron en Tamaulipas, un Estado cuya población, algo más de tres millones de personas, apenas supone un tercio de la que habita la Ciudad de México. Los datos son de la Secretaría de la Defensa.

4. CONSTRUIR AL ENEMIGO

con la mano pegada al fusil. Desde aquí se ve la ciudad al fondo, luces mortecinas que iluminan avenidas medio vacías. Solo unos campos de cultivo separan el río de Tamaulipas, terrones de tierra apelmazados por el sol, laminados por el viento ribereño. La rutina de los pasos, de los kilómetros andados, el olor a hierba seca, distrae a los militares, que a veces hasta se gastan bromas. Pero no el teniente Casas, que cada pocos metros se separa del grupo para tratar de escuchar en silencio qué puede esperarse del camino.

La noche cae y la ciudad evidencia su presencia fantasmagórica con ruidos lejanos. Es hermoso el atardecer, el rumor del río. El grupo de soldados parece a ratos una marcha de *boy scouts*.

De repente, un carro deja la última avenida de la ciudad y toma una brecha de terracería que conduce al camino del río, donde estamos nosotros. Están lejos todavía, pero se puede apreciar que es una camioneta. Viene despacio.

En esta pequeña franja de tierra, junto al río que hace de frontera, una camioneta circulando un viernes por la noche solo puede contener dos tipos de personas: traficantes de migrantes o traficantes de drogas. Al menos eso dicen los militares. En el primer caso no tendría por qué haber problemas. Probablemente son solo eso, un grupo de migrantes que quieren cruzar a Texas guiados por su *pollero*, buscando la protección de la oscuridad. En el segundo, la situación se complica. Durante varios días, el teniente Casas y sus hombres nos han explicado que las *estacas*[89] son peligrosas, porque vienen llenas de chavos muy jóvenes armados que siempre van drogados o borrachos o las dos cosas.

El carro se acerca y ya nadie se mueve. Todos esperan a ver qué dirección toma al final de la brecha, si hacia nuestro rumbo

---

[89] En la jerga fronteriza-castrense, una *estaca* es una célula de una organización criminal que se mueve a bordo de una camioneta, controlando un territorio. Los militares no nos explican con demasiado detalle si se mueven continuamente o solo para tareas específicas y si suelen atacarles o no, o qué tipo de relación se suele dar entre ellos.

o hacia el lado contrario. Si vienen hacia nosotros tendremos un par de minutos para hacer lo que haya que hacer en una situación así. Es decir, prepararse, aunque entonces aún no sabemos qué significa tal cosa. Si no, cada uno seguirá su camino y el teniente Casas llamará a la base para avisar que hay un carro sospechoso en el camino del río.

Pasan unos segundos —¿treinta, cuarenta?— y la camioneta llega al final de la brecha y gira a la derecha: hacia nosotros.

Los minutos siguientes son extraños porque se suceden muy rápido, embarrados en una mezcla de emociones puntiagudas, miedo, tensión. Los quince militares empiezan a moverse en una coreografía armoniosa envuelta en los chasquidos metálicos de las armas que se preparan para disparar. Un par de ellos dicen que nos preparemos: nos dan unos cascos y ordenan que nos tiremos al suelo y no levantemos la cara de la tierra bajo ningún pretexto. Ellos se reparten a ambos lados del camino, algunos pecho en tierra, otros parapetados detrás de árboles o escondidos tras los matorrales. El teniente Casas se ha colocado a la vanguardia del grupo. Lleva una linterna en una mano y el fusil en otra, sostenido por el antebrazo contrario formando una especie de tijera de luz, carne y acero.

En este preciso momento, con la camioneta acercándose y todo el grupo cortando cartucho, la identidad del conductor y los pasajeros parece más clara a ojos de los militares. Es decir, si hace tres minutos y medio la posibilidad de que fueran migrantes equivalía a la posibilidad de que fueran civiles armados, ahora, atendiendo a la cara de los soldados, el dedo en el gatillo, la adrenalina dibujándose en sus mejillas, en sus ojos, parece que allí adentro, en la camioneta, hay tipos de la peor calaña, psicópatas armados dispuestos a abrirles el cráneo a la mínima. Y esa tensión, pensaremos más tarde, esa preparación, la posibilidad de enfrentarte a tiros en minuto y medio, de disparar y ser disparado, la acumulación de ira, congoja y tensión entre ceja y ceja, no desaparece a medida que se desvanece la amenaza. Lo hace a un ritmo distinto.

Han pasado dos minutos, quizá cinco. El carro se acerca y ya nadie dice absolutamente nada.

Finalmente llegan a nuestra altura y el teniente Casas sale de detrás del árbol en dos saltos. Se coloca en mitad, apuntando a la camioneta con el fusil y la linterna, exigiendo al conductor que pare. La camioneta se detiene a trompicones, como si dudara. Luego comentaremos que quizá el conductor frenó pero, asustado, no puso el cambio de marchas en neutro y así frenaba y seguía, frenaba y seguía, aumentando la tensión.

El teniente Casas grita y La Tropa le secunda: "¡Ejército mexicano, detenga el vehículo!" Mientras el conductor duda, el copiloto abre la puerta y antes de que nadie se dé cuenta sale corriendo. Todos gritan: "¡Quieto, deténgase!" Enseguida, hundidos en una oscuridad total, temiendo quizá el ataque, ignorando que los de enfrente no son enemigos o no son al menos el tipo de enemigo que se han imaginado, desconociendo en realidad que dentro del carro van dos mujeres y una niña de cuatro o cinco años acompañadas de su *pollero*, uno de los militares aprieta el gatillo. Se escucha un estruendo, un silbido. Un cohete estallando en un lugar donde no se disparan cohetes, porque no hay espacio para celebrar nada.

Ya nos fuimos a la chingada

La bala sale de la ametralladora, el arma más potente que lleva el grupo. Surca la noche velocísima, todos la hemos escuchado. La definición del caos en el diccionario debería incorporar esta escena a modo de ejemplo.

El tiempo cambia después otra vez. Cambia sin convertirse en nada reconocible, minutos hechos de pánico, tierra y luces lejanas. Los soldados gritan palabras y frases sueltas: "¡Prende tu luz, tu luz!", en referencia a la lamparita interior del vehículo, para ver quién está adentro.

Más tarde supondremos que cuando gritaban "prende tu luz" los militares ya sabían que la camioneta no era una *estaca*, porque si no, no hubieran gritado nada. Un grupo de chavos armados, borrachos y drogados no hace caso cuando les pides que enciendan la luz. Es decir, que entre el carro dudando, el copiloto escapando y el soldado disparando, todos han descubierto de alguna manera que el conductor y los pasajeros no son una amenaza. No son el enemigo. O sea, que justo después de que el copiloto saliese corriendo —en realidad, justo *porque* el copiloto salió corriendo—, la gente que va en el carro deja de ser una amenaza; que justo antes del disparo y en el momento del disparo se intuye que sicarios no son. Pero vaya, es de nuevo una reflexión posterior que en ese momento no aparece por nuestro cerebro.

La luz interior se enciende mientras los militares se acercan al carro fusil en alto, preparados todavía para disparar. El teniente Casas se dirige a la puerta y nota que el cristal delantero está agrietado. Teme lo peor: "Les dimos." Transcurren los minutos —los militares rodeando el carro, examinando el cristal con sus linternas— y ya no se escuchan gritos, ni el pisar de decenas de botas sobre la tierra del camino, solo el agua del río, el viento silbando entre las hojas de los árboles.

Al rato, el teniente Casas se reúne con nosotros y ensaya una especie de sonrisa aliviada, aunque pensándolo bien, quizá sea solo una máscara encima de un manojo de nervios. En ese momento, Casas parece el Casas que ofrece café por la mañana y sin embargo no lo es, no puede serlo.

—Se me fue la sangre a las patas, hermano —dice—. Vi el vidrio agujereado y luego a las dos mujeres y a la niña, y digo "ya nos fuimos a la chingada".

A unos metros de allí, las dos mujeres y la niña que venían en la camioneta aguardan el momento de marchar, irse presas o quién sabe qué. Un soldado las presiona: "¿Quieres que te deporte? ¿De dónde vienes? ¿Cuánto te cobraron los *polleros*?" Son de El

4. CONSTRUIR AL ENEMIGO

Salvador y Guatemala, llevan semanas de viaje, buscan un futuro mejor, etcétera. No preguntamos por detalles: un par de soldados nos cortan el camino y no nos dejan acercar. En ese momento verlas vivas parece suficiente.

Nos damos cuenta, inconscientemente, de que La Tropa trata a las mujeres y a la niña como a un enemigo vencido. Más tarde nos diremos, para tratar de entender lo que ha pasado, que es una manera de encauzar la adrenalina acumulada. Una manera, porque, de lo contrario, ¿a qué vienen las amenazas de deportación? ¿Para qué? Las tratan mal. No les pegan, pero juegan con ellas. Las presionan para conseguir información. Las *aprietan*, como dice el teniente Casas. Pensamos que si hacen eso con ellas, dos mujeres desamparadas, solas, y una niña, qué no harán con quienes suponen como el enemigo real.

Pasan los minutos, quizá una hora. Algunos soldados fuman para contener los nervios. Otros solo dan vueltas, fusil siempre en mano. Otros registran la camioneta de las mujeres e interrogan al *pollero*. Un aura de irrealidad impregna el ambiente al punto en que resulta aventurado asegurar que hace cinco minutos quince militares apuntaban con sus fusiles a una camioneta, allí, en un camino de tierra junto al río; que la posibilidad de una balacera parecía muy real. Y sin embargo ahora todo eso resulta tan lejano.

El teniente Casas dice que no vale la pena detener al *pollero* y presentarlo ante el Ministerio Público. Sin los testimonios de ellas saldrá a la calle en pocas horas —a estas alturas, tan cerca de la frontera, no parece que las dos mujeres tengan ninguna intención de retrasar su viaje a Estados Unidos para retroceder hasta una ciudad de México a declarar contra su guía—, así que se suben todos al carro y se marchan, buscando una playa del río desde donde cruzar al otro lado.

La luna luce enorme esta noche a orillas del Bravo. Parece envuelta en una bruma escarlata, arcillosa. Dentro de un rato, los soldados se tumbarán en la tierra a descansar y le tomarán fotos con sus teléfonos móviles. Alguno pondrá marchas militares en YouTube, videos de otros soldados haciendo maniobras con el sonido de las cornetas de fondo. Otros encenderán más cigarrillos. Pero de momento ahí siguen, con el dedo índice derecho acariciando el gatillo de los FX 5.56, un arma que, dicen, no les saca ni las cosquillas a los sicarios. O como dirá más tarde uno de los sargentos: "Abre hueco, pero no te tumba."

El teniente Casas y el enemigo omnipresente

Antes de volver al cuartel, pasamos por una taquería cerca del centro de la ciudad. No hay nadie en la calle, apenas los tres vehículos militares en que nos movemos. El teniente Casas se baja y pide tacos para treinta. Al rato, ya en el cuartel, hablará de lo que ha pasado. A estas alturas ya todos sabemos quién ha disparado. Lo que no está tan claro es por qué. Cuando estábamos en el río, era evidente la tensión en los ojos de los militares, el pánico de no entender qué estaba ocurriendo o podría ocurrir. Según ha pasado el rato, todos se han relajado y han armado sus propias explicaciones racionalizando el evento, vistiéndolo de palabras, untándolo de lógica. Y el teniente Casas, el que lleva el mando del grupo, maneja su propia teoría.

Si hay algo que nos gusta del teniente Casas es que parece bastante sincero. O dicho de otra manera: no trata de quedar bien. Dice que un soldado bajo presión —"bajo una psicosis completa por largos periodos", en sus propias palabras— va a hacer mal las cosas. No es que esté loco, defiende, lo que pasa es que estos soldados han visto compañeros muertos porque otros compañeros, quizá ellos mismos, no han reaccionado. Mejor reaccionar que no hacerlo, aunque reaccionar signifique matar a una persona inocente.

—No sé cómo lo viste tú —dice—, pero una camioneta que se frena bruscamente, de la que se baja un tipo corriendo, a esas horas de la noche, en una ciudad donde ya nadie se mueve, en una brecha pegada al río Bravo, te da muchas cosas qué pensar.

Que es casi como dar por hecho que esto es una guerra y que en las guerras más vale prevenir que curar; que en la guerra uno espera que la gente que va en carro un viernes por la noche en una zona poco transitada pueda atacarlos. El enemigo está en todos lados.

El teniente Casas dice que los disparos pudieron haber ocurrido por dos cosas.

—O se le fue la ráfaga al soldado o disparó como advertencia.

El teniente Casas asume que no disparó a dar, porque a esa distancia, treinta o cuarenta metros, "es difícil que un soldado falle". Al final se inclina por la ráfaga: apretó el gatillo sin querer.

El enemigo está en todos lados, dice el teniente Casas. Igual pueden ser sicarios drogados, que *polinegros torcidos*.[90] Para él no existe un dilema moral respecto a cómo combatir al crimen organizado. Si los militares son o no el personal adecuado. Situaciones como la anterior no le fuerzan a preguntarse si hay algo que esté mal. No lo hay. En la guerra suceden estas cosas.

Como advertencia

Hiram es el soldado que disparó. Es el más joven del grupo y también el más fuerte. Para nadie es ningún misterio que ha sido él: todos han oído el ruido de la bala al salir del cañón y saben perfectamente que no es el ruido que hacen los proyectiles de sus fusiles. Ha

---

[90] Así les llaman los militares a los policías estatales de Tamaulipas. Muchos se crearon una mala imagen de ellos. Les acusan de corrupción, de dejar hacer a los grupos criminales. En la convivencia con Casas y su grupo, nos llamó la atención el estado de total desconfianza hacia el resto de corporaciones armadas, tanto militares como civiles. Aunque sobre todo hacia las civiles y concretamente hacia la policía estatal.

sido un proyectil de ametralladora, un arma colectiva, grupal, más potente. Cuando salen a patrullar a pie, uno de los soldados debe llevar la ametralladora además del propio fusil. Si hace falta, es el encargado de montarla y dispararla. Ese soldado hoy era Hiram.

A diferencia del teniente Casas, Hiram dice que los disparos fueron de advertencia. Según lo dice, aparecen en escena, bailando, las dudas que hemos visto antes junto al río, dudas sobre por qué ha disparado y a dónde ha apuntado, dudas que han puesto nerviosos a todos. Hiram insiste: fue advertencia.

—Tienes pensado lo peor, ¿no? Vienen armados, vienen en un carro muy rápido… Se frena cuando le enciendes las luces, entonces enseguida tienes que disparar… No precisamente disparar a la camioneta; o sea, son disparos como advertencia.

Y redondea sugiriendo que los disparos de advertencia son una buena idea porque fuerzan una respuesta de la otra parte: como no responden, sabes que no vienen armados y concluyes que no es el enemigo, porque el enemigo suele ir armado.

—Porque aquí —ensaya— siempre, siempre, siempre te van a responder a una agresión. Les disparas tantito y te comienzan a disparar. O te ven y directamente te empiezan a disparar.

Meses después de que esto ocurriera, cuando escuchábamos la grabación de la entrevista, nos sobresaltó la crudeza de las explicaciones de Hiram, ignorada al calor de la crisis. Es una inversión de la lógica. El *Manual del Uso de la Fuerza de las Fuerzas Armadas* prevé claramente cómo actuar en supuestos como el de aquella noche en el Río Bravo. Y no es precisamente como operó Hiram, un soldado novato y recién llegado al teatro de operaciones que cree que se hacen disparos de advertencia para ver quién hay del otro lado. Que no se espera a ver para disparar, sino que se dispara para ver. Aunque sea al aire. Aunque ahora diga Hiram que fue al aire. Se agrede para no ser agredido.

Hiram tiene su propia teoría sobre quién es el enemigo allá en la frontera y qué se hace y qué no se hace con él. Por ejemplo, dice que el teniente Casas es diferente de otros comandantes porque no permite los excesos con "los niños". Dice *los niños* donde otros soldados dirán "los halcones": los pequeños y adolescentes que desde los techos de las casas en las colonias populares vigilan los movimientos de los soldados para los traficantes de droga. *Los niños*. Antes, Hiram había dicho que esos niños se esconden bajo un árbol cuando llueve y se quedan ahí, dormidos.

Normalmente, dice, La Tropa le da "friegas" a los niños, esto es, los muelen a golpes antes de quitarles el radio y liberarlos. No sale a cuenta entregarlos a la autoridad. Dice Hiram que le da rabia, porque compañeros suyos han muerto a mano de *ellos*. Igual no de los niños, pero de *ellos*. Y cuando dice *ellos*, explica que en las persecuciones les tiran "ponchallantas", que son clavos soldados. Por los clavos, sus camionetas a veces sufren accidentes, quedan varados a expensas de una emboscada y los compañeros mueren. Entonces golpean a los niños.

—Tampoco me había dado cuenta, ahorita que me hiciste la pregunta de por qué los golpeamos —se ríe— ... Pero es como coraje que tienes hacia ellos. Rencor.

Y en la guerra, ¿es normal sentir rencor? ¿El rencor es una postura moral? ¿Por qué Hiram siente rencor hacia el enemigo? ¿Acaso este enemigo debería comportarse de otra forma, ser un mejor enemigo?

Edificar la mentira

No dejamos de pensar en condicional. ¿Qué habría pasado si las balas se hubieran estrellado contra el carro? ¿Qué habría pasado si hubiera muerto alguna de las pasajeras? ¿Qué habrían hecho ellos, los militares? El teniente Casas dice que "asumir la responsabilidad legal". Hiram a prisión por homicidio y él probablemente también, como comandante de la unidad.

Asumir la responsabilidad es uno de los caminos. El otro es no hacerlo. No es una especulación gratuita: situaciones en que los militares no asumieron su responsabilidad se han repetido desde que Calderón confiara la guerra al Ejército.

De los 36 informes por homicidio cometido por militares, que elaboró la Comisión Nacional de Derechos Humanos entre 2007 y 2016, los investigadores detectaron que los militares mintieron sobre lo ocurrido o alteraron la escena del crimen en 33.

Uno de los casos paradigmáticos es la masacre de Tlatlaya. El 30 de junio de 2014, militares y un grupo de civiles armados se enfrentaron a balazos en una comunidad de Tlatlaya, un municipio del Estado de México. Según relatos de testigos que recogió el ombudsman del Estado federal en su investigación, el convoy militar patrullaba una carretera rural cuando vieron gente armada en una bodega a la orilla del camino. No está claro quién empezó a disparar, pero intercambiaron balazos por varios minutos. Un militar resultó herido y algunos de los civiles murieron en el tiroteo. Finalmente, los civiles se rindieron, pero minutos más tarde los militares entraron en la bodega y mataron a todos los supervivientes. La CNDH estimó que los militares ajusticiaron a entre doce y quince personas. Los investigadores de la Procuraduría General de la República rebajaron ese número a ocho.

Tras los balazos, los militares movieron armas y cadáveres. Lo hicieron para que los enemigos parecieran más enemigos de lo que podría verse si los hubieran dejado en la posición en que murieron: junto a la pared de la bodega donde ocurrieron los hechos, boca abajo y con un tiro de gracia encima.

Otro caso paradigmático fue el de los hermanos Almanza. El 3 de abril de 2010, un grupo de militares asesinó a Brayan y Martín Almanza, de cinco y nueve años, mientras iban en una camioneta sobre la carretera de La Ribereña, en Tamaulipas. Los militares dijeron que acudieron a la carretera tras recibir información de enfrentamientos entre grupos armados. Una vez en el

4. CONSTRUIR AL ENEMIGO

punto indicado, entre Ciudad Mier y Nueva Ciudad Guerrero, se encontraron de frente con siete camionetas cargadas de hombres artillados. Sin mediar palabra, los civiles empezaron a disparar — "al detectar la presencia militar, [estos hombres] agredieron con armas de fuego a las tropas, quienes repelieron la agresión", según el reporte castrense.

Durante la balacera, cuatro de las camionetas huyeron y tres quedaron varadas en la carretera. Al acercarse a los vehículos, los militares vieron que había varios hombres heridos y un niño, Martín, muerto. A quinientos metros de allí, dieron con un grupo de heridos que, al parecer, había huido en las demás camionetas. Entre ellos estaba Brayan. Los militares dicen que los llevaron al hospital y que Brayan murió en el camino.

En su investigación, la CNDH dijo que la versión militar era falsa, que nunca hubo siete vehículos, ni tres, como quisieron hacer ver los militares. Solo uno. De los testimonios de los heridos, miembros de tres familias que viajaban en ese mismo coche, concluyeron que los militares los atacaron en la carretera cuando estos pasaban por un retén del Ejército. Que no hubo agresión por parte de ningún civil: los militares simplemente dispararon.

Quién sabe por qué dispararon. ¿Se sintieron amenazados? ¿Pensaron que una camioneta, viajando una tarde noche por la carretera La Ribereña, llena de gente, era casi seguro una *estaca*?

El hecho es que, acorralados, mintieron. Colocaron dos camionetas que poco tenían que ver con los Almanza en la escena del crimen. Dijeron que Brayan y Martín murieron por esquirlas de la explosión de una granada de fragmentación lanzada por el grupo criminal. Luego el informe médico demostraría que habían muerto por heridas de bala.

Fue, a todas luces, una historia falsa. Y debía tener responsables. Un soldado rara vez toma decisiones propias: su ADN es obedecer. De manera que un superior tuvo que ordenar la búsqueda de dos camionetas y un buen número de soldados debió colocarlas en la escena del crimen. Aquel día uno o varios militares pasaron un buen rato —minutos, horas— tratando de apuntalar una mentira. Tratando de construir al enemigo. De crear un enemigo que no existía.

Entre 2006 y 2017, el Consejo de la Judicatura Federal, órgano de gobierno de los jueces, contó 465 sentencias por delitos cometidos por militares y marinos. Aunque en la mayoría de los casos se condenan delitos de portación ilegal de armas, otras refieren a delitos graves como homicidios dolosos, tortura, desaparición forzada de personas, abuso de autoridad o inhumación clandestina.

A finales de 2018, revisamos los 36 expedientes con sentencia que implican violaciones a derechos humanos y elaboramos una base con los datos de cada uno. En al menos seis casos, los militares alteraron la escena de los hechos o mintieron sobre los sucesos. En un suceso de 2011, sentenciado en 2016, un convoy militar llegó a un taller mecánico en Camargo, Tamaulipas, de allí se llevó a uno de los trabajadores. Fueron en una camioneta militar a la presa El Azúcar, cerca de allí, lo torturaron para sacarle algún tipo de información y lo mataron. Abandonaron su cuerpo en la presa. Cuando volvían, recibieron la orden de regresar por el cadáver y llevarlo de nuevo al taller. Mientras tanto, la noticia del *levantón* corrió como la pólvora en el pueblo. Algunos vecinos habían visto que se lo habían llevado por el camino de la presa. Con estos datos, la familia del muerto fue a buscarlo, primero a la presa, donde no lo vieron, pero estando allá, vecinos del taller les avisaron que los militares habían vuelto, así que regresaron. Encontraron a los soldados en el taller custodiando la escena, como si el hombre hubiera muerto allí.

Las falsedades no son fenómenos exclusivamente mexicanos. Ha ocurrido en otros países, en otras guerras y en diversos momentos de la Historia. En 2013, por ejemplo, el periodista y académico Nick Turse publicó *Kill anything that moves. The real american*

4. CONSTRUIR AL ENEMIGO

war in Vietnam, un recorrido por las atrocidades cometidas por el ejército de Estados Unidos durante la guerra de Vietnam, en las décadas de 1960 y 1970. Casi al principio, Turse menciona un evento ocurrido en 1970 en una aldea al norte de Saigón. Un pequeño grupo de soldados norteamericanos ha tendido una emboscada a unos combatientes afectos al régimen de Vietnam del Norte. Están en mitad de la jungla. Esperan. Al rato escuchan voces entre la maleza, cuchillos cortando hierba, ramas. Se acercan. Aparece el primero de los vietnamitas y los soldados atacan con una mina y una ametralladora M-60, parecida a la que usa el soldado Hiram. Los otros ni siquiera responden. Los soldados estadounidenses matan al grupo, que consta de diez personas, y así lo reportan a sus superiores. Un éxito.

El problema es que los muertos no son combatientes, sino una familia de campesinos: cinco hombres, tres mujeres, dos niños. Sin embargo, los soldados reportan la muerte en combate de diez enemigos, uniformados como tal, debidamente armados, con herramientas para fabricar bombas. No tarda en saberse que los campesinos cargaban en realidad unos sacos con brotes de bambú y unas limas. Un error y un engaño. Descubierta la mentira, el oficial de comunicaciones del batallón, narra Turse, defiende la actuación de los militares: los civiles se habían adentrado en zona prohibida o fuego libre, esto es, "una de las muchas áreas del país donde se suponía que todo el mundo era enemigo".

En este caso, los soldados ni siquiera se molestan en modificar la escena. Quizá no les importó, quizá se sentían impunes. Dejan a los muertos en la jungla de tal manera que los investigadores que manda el Pentágono días después aún encuentran los cadáveres, el bambú, las limas, incluso algunos dibujitos que llevaban los niños asesinados.

Entre 2002 y 2008, militares colombianos asesinaron a cientos de civiles haciéndolos pasar por guerrilleros de las FARC, enemigos eternos del Estado, según un informe de 2015 de Human Rights

Watch.[91] "Presionados por superiores para que demostraran resultados 'positivos' e incrementaran el número de bajas en la guerra contra la guerrilla, se llevaban por la fuerza a sus víctimas o las citaban en parajes remotos con promesas falsas, como ofertas de empleo, para luego asesinarlas, colocar armas junto a los cuerpos e informar que se trataba de combatientes enemigos muertos en enfrentamientos".[92] Cientos de soldados y oficiales están presos por esas falsedades.

En las favelas de Rio de Janeiro, en Brasil, el Ejército viste el traje de la Policía Militar, una especie de guardia nacional al servicio de los gobiernos estatales. Popularizado por su papel en las películas de *Tropa de Elite*, el Batalhão de Operações Especiais, BOPE, es el triste protagonista de los informes de organizaciones internacionales que cada año denuncian la comisión de asesinatos en su lucha contra los clanes de narcotraficantes. En 2015, por ejemplo, Amnistía Internacional publicó un informe donde analizaba nueve de los diez homicidios cometidos por policías en la favela de Acari en 2014. "En cuatro de los casos, las víctimas estaban heridas o ya se habían rendido cuando los agentes les dispararon deliberadamente con armas de fuego para ejecutarlas. En otros cuatro casos, las víctimas murieron por disparos efectuados sin previo aviso. En el noveno caso, la víctima huía de la policía cuando le dispararon", concluyen los investigadores.

Confundir al enemigo y luego falsearlo, trasladar la confusión fuera del ámbito de la guerra, travestirla y presentar una mentira a la ciudadanía. Un engaño. ¿En qué posición queda el sistema

---

[91] El informe de Human Rights Watch analiza el rol de los altos mandos en la barbarie de los falsos positivos.

[92] HRW explica en el informe que la fiscalía investigaba al menos 3,000 casos de falsos positivos en 2015. 800 militares habían sido condenados hasta entonces por los asesinatos, la mayoría soldados y elementos de tropa.

de valores del Estado como protector de los ciudadanos frente a la maldad inequívoca del enemigo? ¿Qué se hace con la maldad propia, con una maldad que se supone que no existe?

En *Los pelotones de la Muerte,* Manuel E. Vela escribe: "Frente al adversario no cabía límite moral alguno. La imagen deshumanizada del adversario logró excluirlo de las normas morales de comportamiento. Había una razón para matar como se mató porque el adversario estaba más allá de lo humano."

Si la mera existencia del enemigo abre un espacio a la ambigüedad moral, el sistema de valores del Estado se derrumba. La maldad deja de ser maldad y se convierte en un postulado al servicio de la nueva realidad. Hiram puede golpear a unos niños porque es posible que sean halcones, puede realizar disparos de advertencia sin saber a quién tiene enfrente. Puede, en fin, hacer lo que quiera. Y nadie le dirá absolutamente nada. Toda moderación será una excepción, un gesto a los que de repente, miran.

Tenemos un plan

A veces hay errores y los militares eligen no asumir su responsabilidad. A veces no se trata de errores, sino de delitos premeditados, tortura, secuestros y asesinatos.

En julio de 2015, militares del 97° Batallón de Infantería secuestraron y asesinaron a siete personas en Calera, un pueblo cercano a su sede de Fresnillo, Zacatecas. No fue después de un enfrentamiento, la venganza tras la batalla. Tampoco fue de casualidad, se los cruzaron y los persiguieron. No: fueron a buscarlos a la casa donde dormían —o sea, los secuestraron— y los mataron.

Todo empezó la tarde del 6 de julio. Un capitán llegó con el comandante del batallón, el coronel Martín Reséndiz, y le entregó información sobre el supuesto jefe de un grupo de delincuentes que actuaba en Calera. Unas fotos, una dirección, el plano de una casa. Aunque Calera se salía del territorio adscrito a su batallón, el coronel Reséndiz decidió organizar un operativo para dar con los delincuentes.

Pero el problema no era sólo que Calera quedara fuera de su jurisdicción. La Orden General de Operaciones Fresnillo Seguro 2015, hoja de ruta del 97º Batallón, impedía registrar casas o realizar operativos similares, menos todavía sin orden de un juez o la petición expresa de alguna autoridad civil. A Reséndiz le dio igual. El capitán que le facilitó la información diría en el juicio que "se trataba de un blanco de oportunidad". Una forma de decir que el jefe de los delincuentes era un enemigo tan importante que la posibilidad de atraparle superaba toda formalidad.

Fueron cuatro oficiales con treinta soldados repartidos en seis vehículos. Se alistaron temprano y salieron del batallón antes de que amaneciera, a eso de las 5:30. Entre las 6:00 y las 7:00 llegaron a Calera.[93] Algunos se quedaron en la entrada del pueblo, atentos a cualquier movimiento. Otros llegaron a la casa, una construcción de dos pisos en la orilla de la carretera. La rodearon y entraron. Dentro había siete personas, cinco hombres y dos mujeres; cuatro de los hombres eran menores de edad. Los detuvieron y bajaron a las camionetas. Esperaron. Mientras tanto, parte del convoy buscó los vehículos de los detenidos en la casa y los alrededores. Finalmente encontraron uno, una camioneta, y se la llevaron.

Salieron del pueblo entre las 8:00 y las 9:00. Se encontraron con el otro grupo de soldados a la salida. Interrogaron a los detenidos y con la información que les dieron volvieron a Calera a buscar la otra camioneta. La encontraron, regresaron. A las

---

[93] La reconstrucción de lo ocurrido se hizo con base en los testimonios de los soldados, cabos y civiles recogidos durante el juicio. El juez dictó sentencia en octubre de 2018.

4. CONSTRUIR AL ENEMIGO

afueras de Calera, los oficiales a cargo del operativo se reunieron unos minutos con el coronel Reséndiz. Cuando acabaron de hablar, el convoy emprendió la marcha. Para entonces iban entre cuatro y cinco camionetas militares más las otras dos, las que supuestamente pertenecían a los detenidos. Algunos militares volvieron al cuartel mientras los restantes pararon minutos más tarde en otro punto de la carretera y ordenaron a La Tropa que abandonara las camionetas de los detenidos, que las ocultaran entre la maleza y las desvalijaran.

Poco después, más militares emprendieron el camino de vuelta a la base. De los cuatro oficiales quedaron dos, el teniente Víctor González y el subteniente Juan Ordóñez. Se repartieron a los siete detenidos en dos camionetas. Eran alrededor de las 10:00 de la mañana.

En el expediente queda claro que los cabos y soldados que componían el grueso de la expedición no tenían demasiada idea de lo que sucedía. Y si lo sabían poco importa: en los testimonios que rindieron en el juicio, casi todos dan a entender que no era problema suyo. Las órdenes que les daban —conduce, vigila la puerta, da seguridad al perímetro— marcaron casi siempre el principio y el fin de su interés. Obedecían, todo atisbo de conciencia crítica anulado.

Alguno dijo, por ejemplo, que varios de los detenidos parecían menores de edad; otro que una de las mujeres estaba con los otros porque se acostaba con ellos por dinero. Pero, si eran menores, ¿nadie levantó un dedo para llamar la atención? Y si la mujer se acostaba por dinero, ¿nadie quiso preguntarse si no era ella también una víctima de potenciales criminales? El interés por saber era mínimo. La mayoría de los soldados menciona los detalles de pasada, como si fueran sujetos intercambiables, personas con las que se relacionan en cualquier patrullaje. Son el enemigo, y eso basta.

Pero también es verdad que no todos mostraron la misma actitud. Cuando volvieron al batallón después de los asesinatos, cuenta uno de ellos, el sargento les ordenó que lavaran el carro con el que habían transportado a los jóvenes. En una extraordinaria demostración de humanidad —extraordinaria por contraste con la dejadez de los demás— un soldado preguntó al sargento por el destino que esperaba a los detenidos: "Le pregunté si se iban a poner a disposición o si se les iba a dar piso, lo cual significa ejecutar, matar, asesinar. A mí el sargento únicamente me dijo: «La verdad no sé qué pueda pasar con estas personas, si les vayan a dar piso o poner a disposición, la verdad no te puedo decir»." Ante este relato, el abogado de los acusados —esto es, el coronel y sus oficiales— le preguntó por qué no denunció estos hechos. Él respondió que no había a quién denunciar nada. "Incluso el coronel, que era el comandante, tenía conocimiento de los hechos", continúa. "¿A quién le vas a dar a conocer estos hechos?"

Entre las 10:00 y las 11:00, las camionetas a cargo del teniente González y el subteniente Ordóñez, a quien todos se refieren como El Puma, abordaron brechas sin asfaltar en dos puntos de la carretera. Primero fueron el teniente González y sus hombres con cuatro de los detenidos, dos menores de edad. Ordóñez esperó en la carretera.

Un soldado que iba con el teniente González narra cómo llegaron a una casa abandonada al final de la brecha. Fue él quien bajó a los civiles de la camioneta, tres hombres y una mujer. Primero ellos, luego ella. El teniente González, que se había puesto unos guantes de látex, los metió en la casa y los mató a balazos. Uno tras otro. Primero ellos, luego ella. De la mujer dijo: "Pues chingue su madre, de una vez la vieja." El teniente González volvió a la camioneta y acto seguido regresaron a la carretera. De vuelta en la pista asfaltada, el oficial mostró un video en el celular a sus hombres. En el video aparecía un hombre degollando a otra persona. Dijo que era el jefe de los siete que habían detenido. Ninguno de los testigos menciona si era alguno de los que acababan de matar. Después de ver el video, el teniente González repitió varias veces que los muertos no eran "blancas palomas".

4. CONSTRUIR AL ENEMIGO

El soldado añade que ya en la carretera se les emparejó la camioneta del subteniente Ordóñez. El teniente González ordenó al subteniente Ordóñez que buscara un lugar para "hacer lo suyo" y le dio un arma corta a un soldado, que se la pasó al otro militar. Era la misma arma usada para matar a los primeros cuatro.

La apatía de los soldados puede resumirse en la actitud del que recibe el arma de parte del teniente González y se la da al subteniente Ordóñez: "Era algo envuelto en una tela de color blanco, un paquete, se lo di al subteniente Ordóñez, desconozco qué tenía, el paquete era pequeño, 20 a 25 centímetros, medio pesado." ¿Qué podría ser?

La camioneta del subteniente se alejó ocho kilómetros y entró en otra brecha. En la batea iban tres detenidos, incluidos dos menores de edad. Un soldado recuerda que llegaron a un campo de cultivo donde había una loma; que él y un cabo bajaron a los dos hombres y se los entregaron al subteniente Ordóñez, tal como él ordenó. Que luego el subteniente Ordóñez les dijo que la chica también, y ellos le bajaron a la chica. Que los subió a la loma y que cuando no veían ya a nadie, oyeron unos disparos.

Es curioso: ninguno de los soldados y cabos que acompañan a los asesinos ve el momento del asesinato, el tiro a sangre fría contra personas desarmadas, posiblemente golpeadas, con seguridad maniatadas. ¿En verdad ningún soldado vio nada? ¿Es casualidad? ¿Quiénes asesinan buscan la soledad, último reducto de vergüenza, de humanidad? ¿O mienten los soldados porque en realidad sí atestiguan las ejecuciones? Y si mienten, ¿por qué lo hacen? ¿De haberlo visto habrían tratado de impedirlo, que el hecho de oírlo y no verlo les impide actuar? ¿Qué tipo de humanidad permanece en el cómplice?

Después de los asesinatos, los militares se reunieron en el centro de Fresnillo. El teniente González habló dos o tres minutos con el coronel Reséndiz, que había bajado del batallón. Para entonces, el coronel Reséndiz iba vestido de civil conduciendo una camioneta blanca. Le acompañaba su esposa. Mientras el coronel Reséndiz hablaba con el teniente González, la mujer esperaba en la banqueta conversando con civiles.

Minutos más tarde, los militares volvieron al cuartel. Allí, el teniente González reunió a los conductores de las camionetas y les dijo que modificaran los itinerarios y no dijeran que habían ido a Calera. Como si fuera cualquier otro día, un soldado narró los últimos minutos de la jornada antes de salir del batallón: "Llegamos al cuartel, nos bajamos de las camionetas. Nos desarmamos y nos vamos francos después de ese día, como a las dos y media o tres."

Ante la desaparición de los suyos, las familias hicieron tanto ruido que la Secretaría de la Defensa debió intervenir. La reacción de los mandos del Ejército fue distinta a la exhibida justo un año antes, cuando se hizo público el operativo en Tlatlaya; si en este caso nunca reconocieron lo ocurrido, en Calera apenas empezaba a aparecer en la prensa cuando anunciaron la detención del coronel Reséndiz y sus oficiales, quienes enfrentarían un proceso en el fuero civil. Tres años más tarde, en octubre de 2018, un juez condenó al coronel Reséndiz, al capitán responsable de informar sobre este grupo de civiles, al teniente González y al subteniente Ordóñez, a sesenta años de cárcel cada uno.

Tres muertes

En esta guerra que no es, en la cual el adversario es difícilmente reconocible, la premeditación abre una nueva dimensión. La muerte es triple. La primera es la que decide un coronel del Ejército, su condena, firmada la noche anterior; la segunda son los balazos de un arma no reglamentaria, propiciados por manos militares envueltas en látex, contra personas desarmadas, algunas menores de edad; la tercera, el abandono de los cuerpos en terrenos baldíos, fuera del alcance de sus familias.

4. CONSTRUIR AL ENEMIGO

Si aceptamos que hay guerras normales y muertos esperables, estos asesinatos trascienden lo previsible. Parten ya de un desequilibrio, de maldad hecha sistema. De una moral de la maldad. La venganza se convierte en unidad de medida. *Nosotros hacemos esto, porque ellos han hecho esto otro.*

Los militares sugieren que los delincuentes presentan un problema y ellos aportan una solución. El video del teniente González es la excusa, lo más parecido a una prueba en el juicio sumario informal en el cual unos militares juzgan y condenan a muerte a siete personas. Lo más parecido, porque no hay pruebas de que el protagonista del video sea uno de los asesinados. Y en todo caso, si un tribunal hubiera probado que son la misma persona, el asesinato no habría sido una opción. "No son blancas palomas", dice el teniente González. Y de repente tenemos un plural que el video no prueba. En el video, dice uno de los soldados, aparece el —supuesto— jefe del grupo enemigo, no el jefe acompañado de las otras seis personas asesinadas. Entonces, ¿por qué matar al resto?

Porque sienten que pueden. El coronel Reséndiz decide organizar esta matanza porque esa opción le parece mejor que dejarlos escapar. Decide *por si acaso*. Como el enemigo es infrahumano, cualidad otorgada arbitrariamente, no hay problema en matarlos a todos. *Por si acaso.* Porque tratarían de matarlos a ellos, los militares, si estos tuvieran opción. Porque antes lo han hecho otros y no ha pasado nada. Así que *por si acaso*.

En *Kill anything that moves*, Nick Turse explica que la matanza de quinientos campesinos en My Lai, descubierta en 1969, destapó una realidad mucho peor. My Lai, explica el autor, no fue un hecho aislado sino una muestra de la estrategia de aniquilación de Estados Unidos en Vietnam. Las órdenes de los mandos a La Tropa que participó en My Lai fueron claras: disparen a todo lo que se mueva. A las preguntas de los soldados sobre qué significaba "todo lo que se mueva", el mando dijo "todo". Y eso fue así a lo largo de la guerra, años y años de matanzas. Aquello funcionó, dice Turse, porque los soldados:

...suponían que la mayor parte de los campesinos estaban confabulados con el enemigo [...] Incapaces de distinguir fácilmente al amigo del enemigo, y a menudo nada dispuestos a correr el riesgo de tratar de hacerlo, muchos soldados decidían simplemente abrir fuego sobre cualquiera que veían. Y a menudo lo hacían con el apoyo tácito o las órdenes explícitas de sus superiores.

Asumida la omnipresencia del adversario, el enemigo puede ser cualquiera. Para el soldado, aunque cuestionable, el asesinato de cuatro menores es parte de lo que puede ocurrir frente a sus narices. Y no se escandaliza demasiado. Así, hay uno que dice que a las 2:30 salió franco del cuartel. A las 2:30 acaba el trabajo y el enemigo deja de existir, al menos por un rato. Los soldados dejan de respirar venganza, el otro vuelve a ser otro, un ser humano y no un cuerpo maltratable, un cadáver en potencia.

El mando y una curiosa idea de libertad

La enajenación de la humanidad propia solo es posible en un contexto en que el enemigo es prácticamente indistinguible del no-enemigo. Contra lo que se pueda suponer, tal indefinición no solo provoca equivocaciones, también matanzas preventivas.

La incapacidad de distinguir al otro permea la vida del militar desde el principio. Esa idea de no saber no aparece en situaciones límite: los mandos moldean la percepción poco a poco y la convierten en paranoia.

Dice un cabo con años de experiencia en el centro del país:

> Hay cosas que diario te decían los oficiales antes de que salieras a patrullar, "yo traigo el mando, todos entramos, todos salimos. No quiero que nadie se apendeje, no quiero

que nadie tenga que darle una mala noticia a su familia, así que todos nos cubrimos y si tienen que actuar, sin problema. No se tienten el alma porque ellos no van a tener la mínima consideración hacia ustedes". Esas eran palabras que escuchábamos cada tarde-noche que salíamos a patrullar.

Este cabo distingue entre mandos "rudos", de los que no lo son:

Había mandos que decían, "vamos a actuar conforme a derecho", y había otros que decían "así como lastimó a alguien de nosotros, puede lastimar a cualquier persona. Mejor le hacemos un bien a la sociedad". No me tocó ver cómo mataban a alguien así pero sí pláticas tipo: "¿Y qué hicieron con ése? No, pues, ya le dimos piso, ya ésta fuera de circulación." Entonces sí, es difícil, ¿no? Porque, pues, no puedes juzgar a tus compañeros. Sabes que está mal, pero también sabes que si lo presentas ante la autoridad nada te garantiza que va a haber justicia.

En una conversación, un sargento que vive en la frontera norte desde hace años prefirió poner el acento en La Tropa.
—¿Sabe qué? —dijo—, le voy a decir una cosa. El mando da libertad, pero hay militares que se aprovechan de eso.
—¿Qué significa dar libertad?
—Sí, o sea, que los hay que dicen, "los voy apoyar, si ustedes tienen un enfrentamiento, yo los voy a apoyar. Entonces disparen, si tienen un enfrentamiento vayan con todo". Y ahí es donde aprovechan a veces los militares.
—¿Qué significa que aprovechan?
—Como que abusan de su autoridad. A veces se aprovechan y llegan a pasarse de la mano, y los matan.
El problema, contaba el sargento, es la interpretación de la expresión "con todo".

—Ahí en Tenancingo, dos compañeros fueron en apoyo a otra unidad y acabaron en prisión. Creo que golpearon a un halcón para sacarle información y se les fue la mano y...

—¿Lo mataron?

—Lo mataron. Pero ahí es donde dice uno, ¿quién les dijo que lo hicieran, no? A lo mejor el mando dijo, "no, pues, entren con todo"... Le digo, no saben manipular (sic) la información.

Un compañero del sargento, con cuatro años de experiencia en la frontera noreste, nos contó acerca de sus sentimientos hacia los enemigos heridos.

—¿Qué pasa cuando hay detenidos, cuando hay un enfrentamiento y tienen dos o tres heridos en custodia, qué siente uno ante ellos?

—¿La verdad o la mentira? [Risa].

—Es anónimo, su identidad es confidencial.

—Mejor matarlo, ¿no? Porque si queda bien, me va a volver a chingar. Él, al rato que me agarre, no me la va a perdonar. Porque ellos cuando tiran, tiran a matar, ellos no piensan "no, pues, le voy a dar en las piernas, le voy a dar a la llanta". Ellos no piensan así, ellos tiran a matar, tiran a matar... Cuando hay heridos mejor la verdad matarlos. Y ya muerto, ahora sí que, como dice el dicho, muerto el perro, se acaba la rabia, ¿no? [Risa].

Andrés, el soldado que contaba que un mando les dijo una vez "pinche sicario pa' bajo", dice que los mandos juegan con sus sentimientos a la hora de enfrentar al enemigo:

—El mando se aprovecha de que tú como elemento andas en la calle, de que si te tumbaron a un compañero ya tienes rencor en contra del crimen. Entonces el mando te dice "no hay pedo, mátenlos, que no quede nada vivo, ustedes mátenlos, yo los pago". Haciendo memoria, sí me tocó recibir esa orden: "Que no queden vivos, los muertos no hablan." Ésa era la norma número uno, los muertos no hablan, los muertos no declaran. Esa es la uno. Ah, pero cuando ya todo sale mal, que se chinguen las escalas básicas, que se chingue La Tropa. El mando se lava las manos.

Pobres pobres = pobres criminales

Meses más tarde de que explotara el caso, con los militares implicados en prisión, los abogados de Clara Gómez, la testigo que reveló los asesinatos cometidos en Tlatlaya, encontraron un documento interesante en el expediente que la Procuraduría de Justicia Militar armaba sobre los sucesos del 30 de junio de 2014. De entre la exigua cantidad de material enviada por los investigadores militares —las trabas para acceder a los expedientes por asuntos así son siempre motivo de queja por parte de los abogados— destacaba un documento interno de la 22ª Zona Militar, correspondiente al Estado de México, donde está Tlatlaya.

Era una orden de relevo, un oficio que la comandancia de la Zona Militar dirigía al teniente Ezequiel Martínez, quien estaba por tomar el mando de un grupo de soldados, cabos y sargentos en una base de operaciones del 102º Batallón. La base de operaciones estaba entonces en San Antonio del Rosario, en el municipio de Tlatlaya. Mediante la orden de relevo, la Secretaría de la Defensa informaba al teniente, por intermedio del cuartel de la 22ª Zona Militar, qué actividades debía realizar en San Antonio.

La orden constaba de una docena de instrucciones. Una de ellas decía así: "Las tropas deberán operar en la noche en forma masiva y en el día reducir la actividad a fin de abatir delincuentes en horas de oscuridad, ya que el mayor número de delitos se comete en ese horario."

La divulgación de este documento generó un enorme escándalo. "El uso de este lenguaje", explicaban los abogados, "resulta sumamente grave, pues incita a privar arbitrariamente de la vida a civiles en el momento en que éstos se consideren delincuentes, sin presunción de inocencia ni juicio previo". Su mera existencia, insistían, obligaba a la PGR a investigar la cadena de mando, desde el teniente Rodríguez, encargado de ejecutar las órdenes, al comandante de la 22ª Zona y así hasta los escalones más altos de la Secretaría de la Defensa, pasando por el comandante del batallón, el coronel Raúl Castro.

Con el teniente Rodríguez y sus soldados en prisión, el contenido de la orden forzaba a mirar hacia arriba. Sin exculpar al oficial y los elementos de tropa, era evidente que los mandos tenían mucho que explicar sobre la estrategia empleada por el Ejército para combatir al enemigo.

Por supuesto, nada de esto ocurrió. La PGR nunca investigó a los mandos. Y no solo eso. Meses más tarde, el juez absolvió a los militares de los cargos que enfrentaban por la vía civil —homicidio, encubrimiento y modificación ilícita del vestigio del hecho delictivo— argumentando que las evidencias que había presentado la PGR no sostenían su acusación. En apenas tres años, uno de los escándalos del sexenio de Enrique Peña Nieto quedaba reducido a una condena para uno de los participantes por el delito de desobediencia en el fuero militar, condena que ya estaba cumplida cuando el juez tiró por tierra el proceso civil. En mayo de 2016 ya no quedaba ni uno de los siete militares en prisión.

Pocos días antes de que los abogados de Clara Gómez divulgaran la orden de abatir, nosotros volvíamos de un viaje de una semana al estado de Guerrero. Habíamos estado en Arcelia, en la región de Tierra Caliente. Muchos de los civiles que habían muerto asesinados un año antes en Tlatlaya vivían allí, repartidos entre la cabecera municipal y varias comunidades. Aunque en estados distintos, Arcelia y Tlatlaya son pueblos contiguos.

Durante días recorrimos el municipio en busca de sus familias. Sabíamos que la mayoría celebraría misas diarias la semana previa al aniversario. Misas cada tarde. El novenario. Primero fuimos con Clara. Su hija Erika, de quince años, había muerto en el fuego cruzado antes de los asesinatos. 22 personas murieron en aquella bodega del Estado de México y Erika era la más joven. Al morir en la balacera, los militares no tuvieron necesidad de ajusticiar a la adolescente. Las investigaciones de la CNDH probaban, sin embargo, que los militares habían movido su cuerpo de lugar y le habían colocado un arma al lado.

Por entonces, Clara apenas empezaba a hacer luto por Erika, después de meses de idas y venidas a Ciudad de México para declarar ante diferentes autoridades, después de refugiarse en casas de parientes fuera de Arcelia, miedosa de que los militares pudieran vengarse de ella. No había tenido tiempo, de manera que recién un año después empezaba a lidiar con la ausencia perpetua de su hija.

Clara celebró el novenario en casa de su madre. No quiso hacerlo en la suya. La casa de su madre era un cuarto frente a un corral de tierra roja a las afueras del pueblo. Una casa muy humilde, en una calle sin asfaltar. Nada diferente de las del resto del pueblo. Habían instalado un toldo para proteger del sol a los vecinos que llegaban a rezar. También habían colocado unas sillas y unas mesas donde Clara y su madre disponían algunas bebidas y botanas para comer.

En las comunidades, la historia era distinta. En una casa, a unos veinte minutos de la cabecera municipal, la familia de dos hermanos asesinados el año anterior celebraba los rezos en el patio cercado por un alambre de espino oxidado aferrado a troncos torcidos. La *casa* allí era de cartón y chapa, el piso de tierra. No había merienda para los asistentes. La familia había colocado una foto de los dos hermanos sobre una silla y unas cuantas flores. Uno de los familiares habló un rato con nosotros esa tarde. Dijo: "Si andaban mal, que los hubieran detenido, pero que no los maten."

Una mañana fuimos a la casa de otra familia como a una hora de distancia del centro del pueblo. Nos atendió el papá del muerto, que repitió la frase del día anterior en la casa de los espinos: que mejor lo hubieran detenido. Sin ser una casa pobre, la vivienda era muy humilde; el aroma del humo de la cocina de leña impregnaba todo.

Hicimos una tercera visita. Y una cuarta. En una nos contaron la historia de otro muerto, un muchacho que había trabajado en la bodega Aurrera de Arcelia meses antes de su muerte. No había durado demasiado porque solo ir y volver le costaba dos horas cada día. La paga semanal, 900 pesos, no invitaba tampoco a esforzarse demasiado.

La pobreza no justifica la vía del crimen. Hay millones de personas en México que viven en condiciones de pobreza y no roban, asaltan, trafican o matan. Y sin embargo, a la vista de aquellas casas de materiales baratos levantadas sobre el polvo; a la vista del domicilio de donde se llevaron a los siete de Calera, supuestos integrantes de un grupo criminal; a la vista de sus historias; a la vista de las vidas de los soldados que conocimos estos años, sus motivaciones para ingresar al Ejército, su lugar de origen; a la vista de la humildad compartida, pensamos, parecen mucho más cercanos los muertos de Tlatlaya y los soldados que los mataron, que La Tropa y sus propios jefes. Esos jefes que dan órdenes ambiguas viven varios metros por encima de esas calles de terracería. Parecen mucho más cuestionables las órdenes que se dan en los cuarteles, las arengas de los mandos y de los propios oficiales, que las balas que disparan los soldados.

De la misma manera que la pobreza no justifica elegir la vía criminal, una orden no justifica la tortura o el asesinato. Por eso, el impulso de los jóvenes que salen de la miseria a golpe de radio y pistola es muy parecido al de los jóvenes que salen por medio de la obediencia al mando y la disciplina de cuartel. Es el impulso de quien quiere salir de pobre, quien quiere algo más en su vida que los dedos pelados por los rigores del campo o los salarios de mierda y encuentra en el fondo de una cartuchera, en el frío del gatillo, en la adrenalina de enfrentarse al otro, al enemigo, un enemigo, la respuesta.

5
Matar o morir

Cuando la bala perforó su muslo derecho, el sargento Jonathan sintió como si le jalaran la pierna por detrás, de un tirón, ¡zas!, con tanta fuerza que perdió el equilibrio y cayó al piso de la Cheyenne, él y su fusil en el piso, entre las botas de sus compañeros, en medio de la balacera.

Iban cuatro camionetas en convoy. El sargento Jonathan ocupaba un asiento en la batea de una de las Chevrolet Cheyenne. Un grupo de camaradas en otra parte de la ciudad había avisado por radio de una "situación", problemas. Ellos iban a ayudarlos y, por ayudar, entraron a la carretera a contraflujo, esquivando carros. "Nos habían lanzado puntas", dice el sargento Jonathan. Había clavos sobre el asfalto y a la velocidad que iban un pinchazo podía ser mortal.

Los cuatro carros militares echaban las luces a los vehículos que venían de frente reclamando que se hicieran a un costado. En una de esas apareció un trailer. Las Cheyenne echaron las largas para que se apartara. El trailer redujo la velocidad, entonces, narra el sargento Jonathan, se dieron cuenta de que detrás de aquel monstruo de acero venía una camioneta.

"Iba bien pegadita", cuenta el sargento Jonathan, hoy un hombre de treinta y pocos, la piel cobriza, nacido y criado en un pueblo olvidado del Estado de México. Cuando el trailer de La Tropa frenó, la camioneta, para evitarlo, se salió del camino. "Empezó a *carriariar*", dice el sargento Jonathan, a derrapar, apresurada.

El comandante del convoy, un oficial, ordenó que dieran la vuelta. Quería que la revisaran. Las cuatro camionetas militares voltearon y aceleraron hasta alcanzar a la otra, que ya había superado al trailer. Cuando se emparejaron, le hicieron señas de que parase. Pero los evadió. Por la radio, el comandante puso a todos alerta: "¡Eh, a ver qué onda! ¿Por qué nos evade?"

Los militares apretaron la marcha y se situaron de nuevo a su altura. Entonces, cuenta el sargento Jonathan, las ventanas del vehículo bajaron y sus ocupantes sacaron sus armas y empezaron a disparar[94]. Iban varios soldados en la batea, uno a la ametralladora y otros cuatro o cinco sentados. En aquella pequeña caja de metal que circulaba a toda velocidad por la carretera, el sargento Jonathan era el militar de mayor rango. De pie, acomodó su fusil como pudo y empezó a disparar. No sabe a cuánta distancia estaba la camioneta, pero, a la vez que disparaba, dirigía al soldado de la ametralladora. El arma, poderosa, estaba atornillada al fuselaje de la Cheyenne y el soldado tenía bastante con apuntar. Necesitaba ayuda.

—El tirador iba disparando —dice el sargento Jonathan— y yo le decía "aguántame" y luego, "tira" o "no tires". Eso porque todos los vehículos que habíamos dejado atrás anteriormente, ahora ya los íbamos rebasando. Íbamos así tras la camioneta: "No, no tires, rebasa, rebasa ¡pum!"

---

[94] El sargento Jonathan supone esto último, las ventanas bajando, las armas asomándose; él no lo vio. Solo empezó a escuchar los disparos. Tampoco puede estar seguro de que los primeros en disparar fueran los otros y no ellos, pero él lo da por hecho.

5. MATAR O MORIR

Fue en ese momento cuando le alcanzó la bala: ¡Zas! Al principio no le dolía, así que se levantó y apoyó la pierna. La pierna le respondía, pero enseguida notó que algo andaba mal. La sangre bajaba por el muslo hasta la bota y sentía su calor empapándole la pierna. No quería decir nada, pero a los cinco minutos donde antes sólo había un campo de sangre que corría empezó a sentir una intensa quemazón. El sargento Jonathan le dijo a su comandante y el comandante paró la persecución. A ver, le dijo el comandante y él le mostró el muslo, el "hoyo" que había hecho la bala en la pierna, un túnel en realidad, ancho como un dólar de plata, un agujero de entrada y otro de salida. Una herida limpia. El comandante ordenó que le llevaran inmediatamente al hospital.

Sentado en un banco de la cocina del cuartel, en la misma ciudad donde le hirieron hace ya casi un lustro, el sargento Jonathan cuenta su historia como si contara la de otro hombre. Sin emoción, ni excitación: nada. Alto y macizo como una barra de plomo, es todo un veterano diez años después de ingresar al Ejército. Sus piernas son un museo de la violencia del país. En uno de sus muslos trae la cicatriz de aquella herida de bala, aquel túnel abierto a fuerza en la carne. En uno de sus pies, las marcas de varias esquirlas de hierro evocan los balazos de un tiroteo distinto, posterior. Y han sido tantos...

El sargento Jonathan recuerda que aquella vez, la del muslo, estuvo seis semanas internado. Al llegar al hospital, prohibió a los doctores que avisaran a su familia, su mujer y sus tres hijos. No quería preocuparlos. Consiguió mantener el secreto dos semanas. Cuando ella llamaba, él decía que andaba de patrullaje o que estaba jugando fútbol en el cuartel, cualquier excusa. A ella no le extrañaba. La vida de militar es así, semanas enteras sin permiso.

Con la ignorancia trataba de protegerlos. ¿Para qué preocuparlos?, pensaba. Pero al final, dice el sargento Jonathan, se dieron cuenta. Entre las esposas de sus compañeros se corrió la voz de su herida y la noticia acabó llegando a oídos de su mujer.

Un día le llamó. "¿Dónde estás?", le dijo. Por el tono, el sargento Jonathan se dio cuenta de que ella sabía. "En Monterrey." ¿Por qué en Monterrey?, le cuestionó. Y ya le contó la historia entera.

Lo peor, dice, fue explicar lo ocurrido a su hijo mayor, que entonces tenía catorce años. Le preguntaba todo. Todo. Quién te lo hizo, cómo fue, qué pasó con ellos. El sargento Jonathan le dijo que no sabía quién había sido, que en todo caso se fueron, escaparon. Ah, dijo él: "Si te llega a pasar algo, yo querría ser soldado para vengarme."

Su familia salió de aquella ciudad poco después, de vuelta al Estado de México. Era una posibilidad que el sargento Jonathan y su esposa hablaban desde hacía tiempo. Pero todo se precipitó una tarde en que la combi que llevaba a su hijo mayor de la escuela a la casa quedó en medio de una balacera. A él no le pasó nada, pero el conductor murió y algún compañero del chico resultó herido por la metralla. "Es que vivían aquí un encierro", dice el sargento Jonathan.

Es de noche y la cocina del cuartel se llena de soldados que buscan un vaso de soda, un plátano, un taco, buscan algo que hacer que no sea estar tumbados en el catre, con el celular, mirando un video, haciendo *scroll* en la pantalla, mirando sin mirar. El sargento Jonathan dice que nos movamos a otro lado para seguir hablando.

"El miedo viene después", cuenta. No entonces, durante la balacera, sino después, cuando se pone a pensar en la balacera. El momento en que uno piensa: "Qué habría pasado si..." Y las opciones, dice el sargento Jonathan, son varias: qué habría pasado si me hubiera quedado sentado; si me hubiera quedado parado unos centímetros a la derecha de donde estaba, o a la izquierda. El sargento Jonathan piensa en la bala, en dónde habría pegado la bala en cada uno de esos casos.

Pero hasta ahí. No dice mucho más de sus sentimientos, de las consecuencias del estrés de la balacera, la tensión. Solo habla del miedo posterior. No de un miedo durante. Porque durante, sugiere, no hay más que apuntar, disparar, apuntar, disparar.

Miedo

¿Es posible no sentir miedo bajo una lluvia de balas? El sargento Jonathan dice que su única preocupación es de orden personal. Si hubiera pasado algo peor, si aquella bala le hubiera perforado la femoral, el estómago, los intestinos, sus hijos serían huérfanos y su mujer viuda.

Hay una posibilidad bastante grande de que el recuento del sargento Jonathan sea en parte falso. Incompleto, al menos. No los detalles de la persecución, sino la respuesta emocional.

El teniente coronel retirado del Ejército de Estados Unidos, Dave Grossman, dice que hay un miedo que supera a todos los miedos, a cualquier fobia, incluso al miedo a las serpientes que, según sus cálculos, afecta a 15% de la población. Se trata de la agresión humana interpersonal, que afecta a casi todo el mundo.[95] En su libro *On Combat*, Grossman dice que estamos preparados psicológicamente para que un perro o una serpiente nos muerdan, pero no para que otra persona intente hacernos daño. "Simplemente, no podemos vivir con la expectativa de que cada ser humano con el que nos encontramos pueda intentar matarnos. Cuando sufrimos [ese tipo de] violencia en nuestras carnes, el efecto es devastador."

Grossman dirige su libro a policías y militares que han participado en enfrentamientos y combates. Al final, figura un apéndice con "los 22 principios de Erasmo sobre cómo ser fuerte sin dejar de

---

[95] *On Combat. The Psychology and Physiology of Deadly Conflict in War and in Peace*, Dave Grossman y Loren W. Christensen. Grossman dice que afecta a 98% de la población.

ser virtuoso en un mundo peligroso". Cuando leímos a Grossman, volvimos a preguntarnos qué sintió el sargento Jonathan cuando las ventanas de aquella camioneta empezaron a bajar y el mundo se partió con los balazos. Qué sintió cuando escuchó el primer disparo. ¿Fue miedo?

Bestseller en su país, Grossman rescata un estudio sobre el rendimiento del ejército estadounidense durante la Segunda Guerra Mundial, *The American Soldier*. "La cuarta parte [de los combatientes] perdieron el control de sus vejigas y una octava parte admitía haberse defecado encima", en algún momento. El doble, dice, en el caso de los militares que experimentaron situaciones de "combate intenso". Grossman da toda una explicación fisiológica de por qué ocurre esto, tratando de desterrar la vergüenza del lector —un militar, un policía, que haya pasado por lo mismo. Explica que en situaciones de riesgo, el cerebro activa un mecanismo, el sistema nervioso simpático, que desvía y enfoca toda la energía del cuerpo a una sola actividad: sobrevivir. Prepara el cuerpo para la acción, la huída o el combate. Esto incluye el control de los esfínteres.

Pero, ¿qué hay del sargento Jonathan? ¿Se cagó encima? ¿Se meó? ¿Fue su respuesta todo valor, tenacidad, concentración de soldado de película? ¿Qué sintió cada vez que alguien intentó dispararle, matarle? Bruce Siddle, autor de *Warrior's Science*, escribe: "El estudio del comportamiento del hombre en combate es un estudio de paradojas y extremos. La experiencia del combate es intangible y se esconde en profundos recovecos de la psique humana."

¿Qué de todo aquello que no dice el sargento Jonathan habla más de él que su único miedo expresado?

Nosotros íbamos a otra cosa

El sargento Jonathan participó, según su propia cuenta, en más de diez enfrentamientos en poco más de una década en el Ejército.

5. MATAR O MORIR

La mayoría en la frontera con Estados Unidos, dos centenares de kilómetros al norte de Monterrey. Aunque asegura que todo miedo es posterior, a menudo usa una palabra para graficar sus sensaciones —"adrenalina"— que trasciende a su significado químico.

El primer enfrentamiento del sargento Jonathan ocurrió en Ciudad Mier, Tamaulipas, en 2010. Y fue tan brutal que incluso llegó a la prensa nacional. Brutal por el número de muertos, veinticinco, todos civiles. Nunca antes en el contexto de la guerra a la delincuencia, del uso de militares en tareas policiales a gran escala, habían muerto tantos civiles en un enfrentamiento. El sargento Jonathan cuenta que él y sus compañeros se vieron envueltos en el combate de casualidad.

—Nosotros íbamos a otra cosa.

Su convoy circulaba por la carretera ribereña, que cruza la llamada frontera chica, en Tamaulipas, una estrecha franja de tierra entre Nuevo León y el estado de Texas. De repente varias camionetas que venían de frente dejaron la pista y se metieron en un camino de tierra. Eran vehículos militares. Cuando llegaron a la brecha, el comandante del convoy que estaba entrando al camino de tierra se acercó y les pidió ayuda. Habían encontrado el campamento de un grupo criminal, dijo, pero eran pocos para ir solos. Quería saber si el convoy del sargento Jonathan podía apoyarlos.

—Y pues sí, entramos con ellos.

Enseguida aquello pareció una película. Las camionetas se metieron en la brecha y llegaron hasta donde estaban los vehículos del primer grupo. Ahí se bajaron y continuaron a pie, las armas cargadas, el dedo en el gatillo. Un helicóptero MI-17 apoyaba desde el aire dándoles indicaciones para avanzar. Por lo poco que sabía entonces, el sargento Jonathan se enfrentaba a un grupo de delincuentes. Sus compañeros habían ubicado una base, una especie de almacén de armamento que servía de refugio. "Había como sesenta personas de ellos allá adentro", dice, aunque él no las contó. Le parecieron sesenta.

Aunque debió ser cosa de pocos minutos, no recuerda exactamente cuánto caminaron hasta que empezaron a disparar. No tiene registro de su primer disparo, solo del ruido del helicóptero. El sargento Jonathan recuerda atender las señas que les mandaban desde arriba mientras jalaba del gatillo. No se veía bien, el campamento estaba entre campos de maíz y el polvo, con el ruido de los disparos, hacían las cosas más difíciles. La suerte para él y sus compañeros era que buena parte del trabajo la hicieron desde el MI-17 —un boludo, en la jerga militar. Desde allá arriba disparaban, subían, bajaban, y volvían a disparar. Cuando el helicóptero *despejaba* una zona, avisaba a sus compañeros sobre el terreno: avancen, retrocedan, por allá, no, mejor por allá.

Abajo, sin embargo, la situación era un tanto caótica. El sargento Jonathan se recuerda envuelto en dudas.

—Tú vas pensando, "si camino para acá, ¿qué hago?" O, "me están disparando de este lado, ya no me muevo, o mejor me agacho tantito". Y empiezas a ver y le preguntas al de al lado "¿de qué lado están disparando?" Y el otro, "no, pues, no sé", y así.

Aquel mismo día, la Secretaría de la Defensa Nacional informó de la muerte de 25 personas en el enfrentamiento, todos civiles. Sin heridos. En el campamento, decía su comunicado, habían encontrado armamento y vehículos.

Esa misma tarde y el día siguiente, medios de todo el país recogieron el comunicado, abrazando su lenguaje. Casi todos daban por supuesto que los 25 muertos eran sicarios, "abatidos" por fuerzas militares. A nadie llamó la atención que no hubiera heridos. Nadie contó que el boludo había liderado el fuego castrense desde el aire. Algunos mencionaron que el contingente militar había recibido apoyo aéreo, pero desde luego los que lo hicieron ignoraron que el helicóptero y sus artilleros habían acribillado a todo el que estaba debajo.

El sargento Jonathan cuenta esta historia con la misma distancia que contó la de su herida, como un espectador privilegiado.

Disparó, pero no sabe si hirió o mató a alguien. Dice que "ellos", los otros, eran como "cazadores", esperándolos, ocultos, una descripción que contradice al relato del helicóptero. (Si los otros eran cazadores, ¿quiénes eran entonces los de la aeronave?) Luego dice:

—Vas caminado y te vas encontrando gente. Ves luego-luego cuando te alzan las armas y tú igual disparas.

Al final, resume: "Entre el helicóptero y nosotros, los envolvimos." El enfrentamiento acabó, dice, cuando desde el helicóptero les indicaron que ya. Así que "ya".

El sargento Jonathan dice que sentía adrenalina. A veces, explica, la adrenalina es buena, porque te pone activo. Y a veces es mala, porque te bloquea. Lo dice como si la misma sustancia sirviera para ambas cosas.

Usando su peculiar concepción de la química de combate, aquel día su adrenalina lo activó. El sargento Jonathan dice que él nunca se ha bloqueado, ni siquiera esa vez en Ciudad Mier. Otros sí, él no. Cuando eso ocurre, dice, tienes que agarrar a tu compañero y tratar de que reaccione.

—O sea, le empiezas a hablar, "tranquilízate" y así. Porque si no, él también te puede matar.

Como está bloqueado ya no sabe qué pasa, dice.

—Y de repente uno pasa por su costado, pero él piensa que puede ser uno de los otros y te dispara.

Los ojos de nadie

Para el sargento Jonathan, el otro es un ente afónico: no grita, ni habla. No se expresa. Solo aparece disparando, a decenas o quizá cientos de metros de distancia física, un mundo entero de distancia psicológica. Luego, al final, aparece muerto. O herido, o detenido. En cualquier caso, en otro mundo.

El psicólogo y filósofo David Livingstone Smith,[96] experto en el concepto de deshumanización, dice: "Lo que pasa cuando deshumanizamos al otro es que lo concebimos distinto, como si no fuera tan humano, tan nosotros. El tipo de actos que consideramos impermisibles hacia las personas como nosotros se convierten, de repente, en posibles. No solo estamos desinhibidos para cometerlos, sino motivados." Y luego: "A lo largo de la historia, las armas han sido capaces de matar cada vez desde más lejos. La cantidad de fuerza y la distancia a la que la usas hace toda la diferencia a la hora de matar. Cuando matas a distancia no confrontas las evidencias concretas de tus acciones. [No ves] los ojos del otro, que es crucial."[97]

Pero, y ¿qué hay de la pena, la vergüenza? Mirar a los ojos es crucial, dice el autor, sugiriendo que, de hacerlo, disparar o matar es más difícil. ¿El sargento Jonathan vio los ojos de quienes le dispararon, los ojos de esos hombres y, tal vez, mujeres a quienes disparó? ¿Le avergüenza compartir toda noción del otro? ¿Da vergüenza hablar de un otro con quien toda relación es, ha sido y será violenta, con quien toda relación se reduce a matar o ser matado?

En los dos enfrentamientos que nos relató, el sargento Jonathan dice que ha disparado de lejos. Más bien, que disparó sin saber exactamente dónde estaba el otro, recortado entre el follaje de la milpa, reducido a la idea del cañón de un fusil soltando plomo por una ventanilla. Parece difícil que viera los ojos de alguien.

---

[96] Este es uno de sus libros de referencia: *Less Than Human: Why We Demean, Enslave, and Exterminate Others*.

[97] Tomamos las palabras de Livingstone Smith de sus intervenciones en un reportaje especial de la BBC, *The Kill Factor*, emitido en 2011: https://www.bbc.co.uk/sounds/play/p00gyhhk.

5. MATAR O MORIR

Pues yo digo que sí o igual no

¿Qué se ve cuando se intenta matar? Otros militares con los que hablamos ofrecen relatos dispares. En una charla en Ciudad de México, en noviembre de 2017, el cabo Armando, a quien conocimos un par de meses antes en el Estado de México, recuerda una "emboscada" que sufrió su unidad en Nuevo Laredo durante un patrullaje. Iban dos camionetas cerca del estadio de beisbol, en las cercanías del aeropuerto, cuando les empezaron a disparar desde unas casas. Ellos apuntaron y respondieron. En la refriega, uno de sus compañeros resultó herido y murió. Dos de los atacantes también murieron. El cabo Armando dice que los otros huyeron; ellos, como no conocían el terreno, no los persiguieron.

—El que diga que no sintió miedo sería un mentiroso. Es miedo y adrenalina. El miedo es a morir y la adrenalina te hace responder a una agresión, te hace no quedarte inmóvil, al menos en mi caso.

El cabo Armando cuenta que lo único que pensaba mientras disparaba era que se estaba defendiendo.

—Estoy respondiendo a alguien que quiere agredirme o matarme —afirma con la tranquilidad del que se lava los dientes medio dormido.

¿En qué momento asume alguien que eso es normal? Buena parte de la literatura de combate que leímos estos años trata de contextos bélicos regulares, guerras clásicas de trinchera, como la Segunda Guerra Mundial, o guerras de guerrillas, como Vietnam. Pero lo que pasa en México es distinto. Para los militares, los que te disparan se parecen a los que no te disparan. El otro es cercano y cualquier deshumanización, más compleja. Los motivos de los que te disparan no responden a un ideal patriótico, la réplica a un invasor. La frontera entre ambos bandos es difusa. La existencia misma del bando contrario parece absurda y lo es más aún bajo la lógica castrense. La premisa de una guerra regular clásica, de trinchera o guerrilla, la existencia de un enemigo identificable da miedo y a la vez envalentona. El soldado sabe a lo que va, existe el frente y la retaguardia. Hay un otro y es lejano, ajeno, a veces incluso menos humano. Pero en México, ¿a qué va el soldado? ¿Cuándo y dónde le pueden disparar? ¿Por qué? ¿A quién puede disparar y por qué? ¿Qué civil es frente y cuál retaguardia?

El cabo Armando habla del momento en que su compañero murió durante la "emboscada".

—Para entonces ya traíamos dos o tres emboscadas, dos o tres tiroteos, dos o tres detenciones; ya había un poco más de experiencia. Fue difícil verlo en shock, pero ya teníamos un poquito de experiencia en este tipo de cosas.

Experiencia en este tipo de cosas. En ver morir, en matar.

—¿Tú te has dado cuenta —le preguntamos— si en alguno de los enfrentamientos en los que has participado alguna de tus balas ha herido o matado a alguien?

—No —ríe— pero yo creo que sí.

El cabo Armando se ríe sin mofa ni maldad. Es la risa del que no entiende por qué debería saber eso; del que no entiende por qué quien pregunta no asume que evidentemente sí, que claro, que para eso estuvo él allí, en todos los "allís" donde ha disparado. Así lo entendemos. Dice:

—Yo creo que sí ¿no? Digo, es que entre tantos, cuando es fuego cruzado, no determinas. Pero, pues yo digo que sí o igual no, ¿no? En un fuego cruzado todo puede suceder, pero no se puede determinar ¿Por qué? Porque no hay una autoridad que diga que de esta arma salió ese disparo que mató a esa persona.

Meses después, leyendo las respuestas del cabo Armando, caemos en la cuenta de que esta última es una evasión. Una excusa. ¿Sabes esto? No tengo por qué saberlo. No, no tienes, pero, ¿no te lo preguntas? ¿Te da igual? O quizá no, quizá sea el resultado de la distancia, de disparar de lejos, de escuchar que el otro no es como él. No lo sabemos. Nos hubiera gustado preguntar.

Palabras

No hablan de la muerte. Asumen el eufemismo del vocabulario castrense como ley suprema de la semántica. La disfrazan con palabras, gestos. Juegan a que ya la entienden. Aceptan que no hay mucho que decir. Pero sí hay.

El teniente coronel del ejército de Estados Unidos Pete Kilner, instructor en la academia de West Point, dice.

> Es difícil pensar a profundidad en algo para lo que no tenemos palabras. El vocabulario legal que suele usarse no encaja con los sentimientos y emociones que la gente tiene después de matar [...] Para mucha gente que lucha y mata en la guerra, la respuesta legal no es suficiente. No es suficiente con saber que lo que hicieron es legal, necesitan saber que moralmente está bien.[98]

No se espanten

El soldado Hiram, aquel que disparó su ametralladora una tarde junto al Río Bravo; aquel que dijo que lo hizo a modo de advertencia, recuerda perfectamente su primer enfrentamiento. Era el año 2016 y apenas hacía unos meses que había causado alta en una guarnición de la frontera norte que tenía también nuevo coronel. Una tarde, unos compañeros alertaron por radio de una balacera en una colonia cercana a la avenida Miguel Hidalgo, en una ciudad del norte. El soldado Hiram y su grupo fueron

---

[98] Igual que con Livingstone Smith, tomamos las palabras de Kilner de una de sus intervenciones en un reportaje especial de la BBC, *The Kill Factor*, emitido en 2011: https://www.bbc.co.uk/sounds/play/p00gyhhk.

a ayudar. Cuando llegaron, la balacera había terminado. Los otros, le contaron sus camaradas, huyeron. El soldado Hiram vio un hoyo en el casco de un compañero: la ojiva de un proyectil que se había estrellado durante la balacera. Y no era el casco de cualquiera: la bala había impactado en el casco del conductor de una de las camionetas del convoy. Cuando le dieron, escuchó el soldado Hiram, el compañero perdió el control de la camioneta y chocó contra un poste. Se salvó por poco.

Siguiendo las indicaciones del nuevo comandante de la guarnición, el soldado Hiram y el grupo de apoyo salieron raudos a hacer reconocimiento. Tomaron la avenida Miguel Hidalgo y fueron por los atacantes. No tardaron en verlos y aceleraron para alcanzarlos. El soldado Hiram iba sentado en la caja trasera de la Cheyenne con una mayoría de novatos. Tan era así que el tirador, el único que había vivido situaciones similares, trataba de tranquilizarlos:

—Nos iba diciendo "no se espanten porque si se espantan ustedes, si se paniquean y no disparan, nos va a cargar la fregada a todos".

También les recordó cómo preparar su arma para la balacera. Por si acaso.

En la persecución, el soldado Hiram dijo que llegaron a otra colonia, cerca ya del río Bravo y que allí, de repente, empezaron a dispararles.

—Fue muy raro —ríe—, fue prácticamente mi primer evento, no sabía qué hacer.

Bajaron de la camioneta y "ahí sí nos bloqueamos un ratito". No recuerda cuánto tiempo estuvo en shock, pero sí que el tirador los cubría con su metralleta. En algún momento, el soldado Hiram y sus compañeros también empezaron a disparar. Los otros, dice, se fueron al monte, corriendo.

Uno de los recuerdos de aquel día que guarda el soldado Hiram es que todos se mofaron de un compañero olvidado en medio de la balacera. Entre el instante en que empezó el tiroteo en la colonia cercana al río y el momento en que las camionetas se estacionaron pasaron apenas unos segundos y varios cientos de metros, pero por algún motivo, el compañero del soldado Hiram pensó que habían llegado antes y se bajó de su vehículo. Pero la Cheyenne siguió, y él debió correr tras ella, desesperado para alcanzarla, tratando de evitar el plomo. De vuelta al cuartel, todos se reían de la situación.

—Nada más platicamos de eso. No platicamos nada más. Fíjate que aquí es muy común. Se te olvida, no haces nada, no platicas nada porque, pues, es muy normal. Todo el mundo ha tenido enfrentamientos, todo el mundo vive esto. Llegas y ya no te queda nada que platicar porque es lo más normal que te puede pasar. Hasta te duermes como si no hubiera pasado nada.

Reír

Bromean con la muerte, con la posibilidad de matar, que les maten. Tal vez haya tanto que decir que abruma y es mejor refugiarse en la chanza. El sargento Gaspar recuerda, por ejemplo, una ocasión en que persiguieron a dos camionetas blindadas fuera de una ciudad norteña, en la frontera con Texas. Los otros no los notaron hasta pasado un rato, pero cuando lo hicieron abrieron una escotilla trasera y empezaron a disparar. El sargento Gaspar iba de copiloto en la primera de las cuatro camionetas del convoy. Su vehículo era blindado también, así que los disparos de fusil no hacían daño.

Les seguían pero no podían hacer mucho más porque de frente venían vehículos y alrededor había casas. Al rato, los dos vehículos tomaron una brecha para salir de la carretera. Entonces el sargento abrió su ventana y acomodó la "trompetilla" de su fusil en el espejo retrovisor. Empezó a disparar. Para entonces ignoraba cuántas camionetas del convoy seguían la marcha y en qué condiciones estaban. Él apuntaba y disparaba. Trataba de canalizar los "nervios", la "adrenalina", hacia el cañón de su arma.

El sargento Gaspar perdió la noción del tiempo transcurrido. De repente, una ametralladora de alto poder asomó por la escotilla del blindado que perseguía. Era un Barret calibre 50, los proyectiles largos como un palmo, anchos como morcillas. Le dieron al motor, la Cheyenne se detuvo y los otros huyeron. Enseguida, el sargento Gaspar descendió de la camioneta para ver el estado de sus compañeros en la batea. Cuál sería su sorpresa cuando vio que ni uno de los seis estaba en posición de disparar. Algunos tenían sus armas trabadas, otros cambiaban de cargador. Ni siquiera el tirador de la ametralladora estaba listo. A veces pasa, dice el sargento Gaspar. Aunque su tono de voz revela que él tampoco sabe muy bien cómo fue posible que ninguno de sus seis compañeros estuviera en condiciones de disparar.

Gaspar cuenta esto y se ríe. Y mientras se ríe, añade:

—Imagínese que nos hubieran emparejado. Nuestra única esperanza eran los de atrás.

Pero los de atrás no eran opción. Al principio pensamos que igual era una risa de alivio, un suspiro en realidad hecho de risa. Una celebración de lo que no pasó. Pero parece más bien un reflejo del nerviosismo, del frío que sintió en las piernas cuando vio el panorama en la camioneta de atrás. Como si aquello fuera el recuerdo de una película que vio, una de explosiones y coches volando y actores musculosos que nunca mueren. Como si en la película de su pasado, él nunca hubiera estado cerca de morir. O matar. O las dos cosas

Con la perspectiva que da el tiempo, los disparos del Barret parecen apenas un batallita que contar a sus nietos. Lo último que recuerda de aquel día es que después de la metralla se fumó una docena de cigarrillos, uno detrás de otro. Dice que normalmente fuma, pero muy poco. Aquel día, ríe, bajó media cajetilla en veinte minutos.

5. MATAR O MORIR

Si cometemos un error

Lucas no había participado nunca en un tiroteo, así que preguntaba a los veteranos: "Oye, ¿cómo estuvo en sí?" Recién había llegado a su nueva ciudad, también en el norte del país, también en la frontera con Texas. Aunque llevaba varios años en el Ejército, nunca había disparado contra nadie. Tampoco le habían disparado.

De tanto preguntar aprendió pronto el léxico de la zona, ese extraño manto de palabras que comparten unos y otros, La Tropa y el enemigo. Un código que comparten y cuyos límites rara vez vulneran. Ellos tienen unas palabras, La Tropa otras.

—A nosotros ellos nos llaman ochentas —dice Lucas. *Ochentas* es una forma de referirse a los soldados, pero Lucas no sabe por qué les llaman así. Era parte del misterio de su nueva casa.

Sus compañeros le avisaron nada más llegar que si alguna vez, estando franco, de libranza, le paraban —los otros, ellos, le paraban—, dijera que era ochenta, que se identificara como soldado. Nada más eso.

—Cuando anda uno de libranza no se meten con nosotros ni con la familia. Ellos van al *topón*. Cuando están trabajando, moviendo droga y llegamos y no hay para dónde salir, ahí sí nos toca.

Lucas tenía curiosidad por saber cómo era un enfrentamiento. Le preocupaba sobre todo cómo iba a reaccionar. Dice:

—Nos dieron adiestramiento para trabajar en poblado, pero ya cuando te empiezan a agredir, hay veces que muchos compañeros se bloquean, que no saben ni qué hacer.

Lucas planeaba qué haría cuando le tocara. Pensaba, "¿me aviento luego-luego de la camioneta, o me espero? Porque si me aviento, los que vienen detrás ¿qué?" Luego entendió que planear no servía para nada porque en el momento en que todo empezara se le olvidaría.

—Incluso ni te acuerdas de cómo te bajaste de la camioneta.

Lo que nunca se preguntó Lucas es a qué distancia estarían los otros. Si se verían los ojos.

Un día, ya con varias balaceras a la espalda, Lucas patrullaba en un convoy de cuatro camionetas. Él iba en la *sandcat*, la *gato de arena*, un blindado; de pronto vieron un vehículo sospechoso estacionado en la calle. Pararon a revisarlo. En eso, el portón de una casa empezó a abrirse. Se quedaron todos quietos, tensos. Del portón empezó a salir una camioneta y enseguida, de las ventanillas del lado del copiloto, aparecieron las trompetillas de los fusiles. "¡Cúbranse!", gritó Lucas. Las balas empezaron a sonar.

La camioneta salió y trató de huir pero topó con la banqueta y quedó atorada unos segundos sin que sus ocupantes dejaran de disparar y los militares de responder. Lucas, que estaba a unos cuarenta metros de la acción, se refugió tras la *sandcat* y vio a compañeros en el suelo. No sabía si heridos, muertos o, como él, en busca de protección.

Al final la camioneta maniobró, logró saltar de la banqueta y huyó. Lucas subió a la suya con los demás y salieron velozmente tras ellos. Enseguida se acercaron a unos diez metros. La blindada fugitiva iba perdiendo fuelle por el daño que traían las ruedas llenas de balazos. En esas, el vidrio trasero se abrió y asomó una calibre 50. Lucas notó entonces que solo su camioneta se mantenía en persecución, sin compañía. El miedo lo atrapó. Creyó que podrían emboscarlo así que, aunque el blindado en fuga tenía las ruedas destrozadas, desaceleró y esperó por el resto del convoy.

Su comandante apareció poco después con su vehículo y reanudaron la persecución. A lo lejos, vieron cómo los otros dejaban su blindado y trataban de quitarle su carro a unas personas. Lucas dice que eran una señora con cuatro niños. Los militares se acercaban rápido, los otros disparaban y estos contestaban, la familia en medio. "Ahí neutralizamos a tres", dice. Los mataron. Un cuarto huyó.

5. MATAR O MORIR

Luego Lucas se quedó pensando.

—Nos pudimos haber equivocado, pudimos haber cometido un error y ¿qué tal si se encontraba la familia ahí y...?

—...Y se mueren —le decimos—. Qué tal si una de sus balas, de las de los otros, los matan.

Lucas piensa.

—Son daños colaterales y... En sí, a nosotros, si cometemos un error, nos sancionan tanto la justicia militar, como la civil.

La respuesta de Lucas es sintomática. Hay una tendencia a fijar las consecuencias burocráticas y dejar pasar a los muertos, como si lo primero fuera más grave que lo segundo. A Lucas, la idea de que la madre y los cuatro niños pudieran haber muerto le parece tanto o menos problemática que la pesadilla legal que él hubiera debido atravesar.

De ser un eufemismo clásico del dialecto castrense, la expresión "daños colaterales" pasa a ocupar aquí un nuevo espacio. Ya no solo sirve para disfrazar muertes de personas que poco tienen que ver con los autores de los disparos: se convierte además en una excusa para no analizar la propia actuación. "Si cometemos un error...", dice Lucas. Y la consecuencia no es que cuatro personas murieran, sino que entonces enfrentaría dos procesos penales, uno civil y otro castrense. Que él estaría en problemas judiciales, no que estuviera en problemas morales por matar a una madre con hijos.

Familia

El soldado Hiram reconoce que, al final, le han acabado gustando los enfrentamientos. Sobre todo por la "hermandad" que nace entre los compañeros, la sensación de respaldo y apoyo. Con el tiempo ha acabado por valorar cosas a las que antes, dice, no daba importancia.

Apenas entrado en la veintena, dice que nunca disfrutó de compartir actividades en familia. No sabe por qué, dice, pero nunca le gustó. No le apetecía ir a reuniones, prefería quedarse en su cuarto. Solo. Ahora dice que valora más a su familia y recuerda con cierto arrepentimiento no haber convivido más con su papá y su hermano.

—Entrando aquí, pues ya me di cuenta... Pero ahora ya para qué, si ya estás acá —ríe.

Si el cuartel se convierte en tu casa y el resto de soldados en tu familia, ¿qué es el amor, el placer, la vida? ¿Cómo aparecen? ¿Bajo la forma de qué?

La penosa sensación funcionarial del deber cumplido

En *Sed de sangre. Historia íntima del combate cuerpo a cuerpo en las guerras del S. XXI*, la historiadora británica Joanna Bourke plantea que una de las razones que hace que los militares no quieran hablar de los enfrentamientos, de sus muertos, es porque disfrutaron el momento. Sintieron placer.

Dice Bourke: "Aunque el acto de matar a otra persona en el campo de batalla puede provocar una oleada de angustia nauseabunda, es capaz igualmente de suscitar sentimientos de placer intensos."

Bourke da voz al ex *marine* William Broyles, que apunta: "Para los varones, combatir es el equivalente masculino de parir: la iniciación en el poder de la vida y la muerte." Broyles, que después de combatir en Vietnam trabajó de periodista y guionista, escribe: "Todo lo que haces es mover ese dedo de forma tan imperceptible, apenas un deseo que destella en tu mente como una sombra, ni siquiera una sinapsis completa, y ¡puf! en una explosión de sonido y energía y luz un camión o una casa o incluso personas desaparecen, todo volando y volviéndose polvo."

5. MATAR O MORIR

Hemos dedicado mucho tiempo a pensar en cómo matan los soldados. Qué pasa cuando lo hacen y qué sienten. Más allá de la luz deslumbrante de la iniciación, de la primera vez, incluso de la sensación de empoderamiento posterior, nos preguntamos si el placer, la plenitud que describe Broyles, explica a nuestros militares.

Como militar estadounidense, Broyles habla de un ejército extranjero, el de Vietnam del norte. Sus integrantes presentan facciones distintas a las suyas, hablan un idioma inentendible y sobre todo defienden la idea del diablo: el comunismo. Que el comunismo sea o no una porquería poco importa. Como defensores de valores opuestos, él y sus compañeros lo traen entre ceja y ceja. Deben destruirlo y para ello necesitan aniquilar al ejército que defiende al régimen que lo promueve.

Esta lógica inunda la sangre de hombres como Broyles, protagonistas de conflictos maniqueos, pero pierde fuerza en contextos translúcidos, donde el matiz domina. Los soldados mexicanos no combaten a un enemigo extranjero en un territorio desconocido, enfrentan a compatriotas que ni siquiera manejan una idea de nación distinta a la suya. Defienden, eso sí, una estrategia de enriquecimiento distinta —y lo hacen a lo bestia—. Y lo anterior cuenta solo asumiendo una homogeneidad que en realidad no existe, pues no hay otro ejército mexicano de narcos o de extorsionadores o de ladrones de gasolina. Hay grupos delictivos, sí, pero que carecen de una conciencia colectiva permanente que los hermane. Y cuando la han tenido, como fue el caso del cartel de Guadalajara hace décadas, el Estado lo ha amparado mientras quiso.

Entonces, ¿qué sienten los soldados mexicanos, La Tropa, cuando disparan, cuando matan? Aunque es cierto que hablan de los otros como si fueran seres lejanos y distintos –"ellos"–, luego los acercan inconscientemente. Por ejemplo, cuando el sargento Ernesto explica que los otros llaman a los militares *ochentas*. Dice que los días que salen francos, vestidos de civil fuera del cuartel, los otros no les hacen nada. Parece existir un código no escrito. El sargento Lucas dice: "Ellos andan trabajando, el trabajo de ellos, ¿verdad? Cuidando, moviendo droga, no sé, pero es su trabajo."

Entonces, ¿qué sienten cuando disparan, cuando intentan matar, cuando matan? ¿Placer? ¿Satisfacción? ¿La penosa sensación funcionarial del deber cumplido?

Otros militares hablan con Bourke sobre el momento de disparar y matar. De Gary McKay, oficial australiano que combatió en Vietnam y mató a decenas de vietnamitas, dice: "La terrible fuerza del efecto del arma al dar en el blanco le hizo sentirse sobrecogido por una mezcla de temor reverencial y maravilla." De James Hebron, un francotirador, deja sus propias palabras: "Esa sensación de poder, de mirar a alguien siguiendo el cañón del rifle y pensar: «Vaya, puedo cargarme a este tipo.» Hacerlo es algo diferente también. Uno no necesariamente se siente mal; te sientes orgulloso, en especial si se trata de uno contra uno, pues él tiene su oportunidad. Es el momento de tirar el sombrero al aire. Es el estremecimiento de la cacería." La autora concluye: "Los seres humanos pueden sentir un placer inmenso al romper la ley moral más elevada."

En México, ¿La Tropa siente lejanía, desprecio, odio? La cercanía que planteamos párrafos atrás es verdadera pero también mentirosa. Asumimos que la nacionalidad, la familiaridad con el territorio o la lengua impiden una enajenación total. No es así: los alemanes mataban alemanes; durante las dictaduras de los sesenta y setenta en Centro y Sudamérica los militares mataban a sus conciudadanos, personas con las que unos años antes iban al mismo bar, sus hijos a las mismas escuelas.

La cuestión es cuánta enajenación permite y cómo se mide.

En su libro *On Killing*, que inaugura la tradición literaria contemporánea de la "ciencia del guerrero", el teniente coronel

5. MATAR O MORIR

Grossman elabora un esquema[99] de respuesta típica del combatiente: antes de matar, fase uno; cuando está matando, fase dos; cuando ha matado, fase tres; después de matar, fase cuatro. Al principio, el soldado que va a matar siente inquietud por la posibilidad de hacerlo, por su capacidad de hacerlo. Luego llega el momento de apretar el gatillo. Justo después, asumida la muerte del otro, quien ha disparado experimenta una sensación de euforia. Finalmente llega la fase de náuseas, remordimiento, incluso culpa.

La veintena de militares con los que hablamos a lo largo de cuatro años mencionan la adrenalina —fases dos y tres—, el miedo, el bloqueo —fase uno—, algo parecido a la euforia o al placer de la fase tres. Casi nadie habla de remordimientos.

Es igualmente cierto que ninguno reconoce haber matado a nadie de cerca, a pocos metros de distancia, frente a frente. Grossman dice que la fase tres, la eufórica, puede derivar en una adicción a matar y es típica de los pilotos aéreos y los francotiradores. No está tan presente entre La Tropa, que lucha sobre el terreno. De la veintena de militares con que hablamos estos años, ninguno dice haber disparado a menos de diez metros del otro, mirándose a los ojos. Nos preguntamos por qué. Y, luego, ¿será verdad?

Escalera de grises

Matar en combate, a toda velocidad, matar a quien va en la camioneta contigua, una camioneta blindada. Matar, digamos, en igualdad de condiciones. Matar, también, desde un helicóptero. Desde un evidente plano de superioridad.

---

[99] *On Killing. The Psychological Cost of Learning to Kill in War and Society.* pp. 231 en adelante.

En el contexto bélico, Grossman distingue la muerte en combate de la atrocidad. Siguiendo los ejemplos que da en sus libros, el evento de Ciudad Mier, el que narró hace unas páginas el sargento Jonathan, su primer enfrentamiento, donde murieron al menos veinticinco personas, muchas tiroteadas desde un helicóptero, caería en el primer rubro. El teniente coronel retirado Grossman define la atrocidad como el asesinato de un combatiente que ya no está luchando o que se ha rendido; o de un civil que nada tiene que ver en la lucha. Sin embargo, escribe, "la guerra moderna, en particular la guerra de guerrillas, emborronan estas distinciones".

Grossman dedica un capítulo completo a la atrocidad, siempre procurando entender por qué ocurre. Cuando presenta a militares que han cometido asesinatos, los identifica. Casi al principio del capítulo, Grossman rescata la historia de unos militares en Vietnam que un día matan a un hombre que se cruza en su camino. A lomos de una bicicleta, el único pecado del hombre es ir vestido con el característico traje negro que los estadounidenses relacionaban con el Vietcong pero que era, sobre todo, la vestimenta típica de la gente del campo.[100] No saben si es o no un enemigo, así que lo matan. Por si acaso. En el relato del asesinato, el mayor Charles Malloy se defiende: "¿Qué se supone que tengo que hacer si veo a un tipo de pijama negra? ¿Esperar a que saque su automática y empiece a disparar? Obvio no." Los soldados, concluye la historia, nunca supieron si el muerto era o no del Vietcong. "Tal era la perplejidad de una guerra en que el enemigo no era una fuerza extranjera, sino gente que vivía y luchaba disimulada entre la población."[101]

---

[100] Grossman atribuye esta historia a Edward Doyle, que escribió varios libros sobre la guerra de Vietnam en la década de 1980.

[101] De nuevo Grossman, esta última frase del texto de Doyle.

5. MATAR O MORIR

El autor elabora una escala de grises. Arriba, de gris cercano al blanco, los crímenes atroces menos graves, más entendibles o justificables, como el anterior. Abajo, casi de negro o negro del todo, los peores. Grossman plantea situaciones de combate cuerpo a cuerpo donde los vencedores matan con frialdad a los vencidos. Es el caso de Tlatlaya, cuando militares ajusticiaron a los sobrevivientes de una balacera minutos después de dejar de disparar. O el caso del sargento que disparó contra un hombre en Palmarito, Puebla, en 2017. Un hombre que estaba en el suelo, malherido. En los videos de seguridad que recogieron la escena, se ve tirado, rodeado de militares, boca abajo, las manos por encima de la cabeza. Difícilmente presentaba una amenaza para nadie. Es verdad que aquel día, el grupo del hombre ajusticiado se enfrentó a los militares, mataron a cuatro soldados; uno disparó desde el suelo, en un momento de despiste, minutos antes del asesinato de su compinche, cuando el grupo delictivo arremetió contra los militares. Pero eso no elude la responsabilidad del sargento, consciente de que el hombre al que iba a rematar en el suelo estaba absolutamente fuera de combate. El sargento decidió igualarse como el criminal: tirar a quemarropa. En ambos casos, Tlatlaya y Palmarito, los militares pasaron poco tiempo en prisión y terminaron absueltos.

Grossman dice que rendirse después de la batalla es complicado, porque juegas con el calor en la sangre de los soldados. Y destaca que lo raro, en realidad, es que los ganadores ajusticien tan pocas veces a los vencidos.[102]

---

[102] Recordamos que sus argumentos y conclusiones se basan en guerras regulares, quizá no del estilo de la I o II Guerra Mundial, pero sí de Vietnam o la invasión de Panamá. Son situaciones en que existen ejércitos contrarias, fuerzas contrarias con conciencia de unidad. La pregunta es, ¿en qué posición coloca un soldado mexicano a un enemigo rendido? ¿Quienes eran, para los soldados, los enemigos vencidos en Tlatlaya? No eran parte de ningún ejército. ¿A quiénes estaban matando? ¿A quiénes pensaban ellos que estaban matando?

Al final de la escalera, Grossman coloca los asesinatos a sangre fría, ajenos al calor en la sangre de los combatientes. Son las ejecuciones pensadas, incluso premeditadas. Como el caso del coronel Martín Reséndiz y Calera, que contamos en el capítulo cuatro. Si los casos anteriores integraban la denominada "área gris", el ajusticiamiento está en la negra. Como militar que escribe libros para militares, el autor define la palabra ejecución y en la línea de abajo destaca que los efectos en el asesino son "intensamente traumáticos". Alejados de las intenciones de Grossman, nos interesa entender bajo qué condiciones ocurren esas atrocidades aquí, en este conflicto. Cómo pasa. Por qué pasa.

En México, los militares han matado a sangre fría. Han disparado a personas desarmadas, con el rostro vendado; a personas heridas; de espaldas, de rodillas. Entrenados para el combate, han cruzado la raya en un buen número de ocasiones.[103] En ocasiones, han ido incluso más allá de la escala de Grossman. El autor dice que militares estadounidenses veteranos de Vietnam le confiaron que "nunca hicieron prisioneros". Esto es, que mataban a los supervivientes. No al momento de rendirse, límite entre las zonas gris y negra. Sino después. En México, se baja un peldaño más, planeando asesinatos a sangre fría en la austeridad verde olivo de los cuarteles. No es que en Vietnam no ocurriera. La política del *body count*,[104] el sistema de éxitos y recompensas basado en la cantidad de cadáveres que acumulaban combatientes y unidades, manaba de la parte alta de la cadena de mando. La masacre de

---

[103] Hemos hablado en capítulos anteriores de la cantidad de sentencias condenatorias emitidas en contra de militares por violaciones a derechos humanos, igual que de la cantidad de recomendaciones emitidas por el *ombudsman* mexicano al respecto.

[104] Tanto Joanna Bourke como Nick Turse y en realidad cualquier historiador o académico que se haya acercado a la Guerra de Vietnam menciona la política del *body count*.

My Lay ocurre después de la protestas de unos jefes por la escasa productividad de las unidades.

Aquí en México no hay guerra. Y hasta donde sabemos, no hay *body count*, pero el Ejército mata más que otros ejércitos del mundo. Eso hace que todo sea más extraño.

¿Usted qué haría?

Le planteamos al sargento Jonathan una pregunta un tanto particular, al menos en su formulación, ¿tú crees que los criminales tienen derecho a derechos humanos?

El sargento Jonathan contesta que no y pone un ejemplo para meternos en un aprieto:

—Como civil, usted sabe que el vecino de al lado es secuestrador, usted lo sabe... Pero dice "no, ¿para qué [decir, hacer nada]? Es su bronca."

—Sí.

—Pero luego secuestra a su familia y la mata, ¿usted qué haría?

—Yo lo mato, claro.

—¡Pero es ser humano! —dice, con toda la ironía del mundo—. Usted le tiene que respetar la vida.

—A ver, yo no soy servidor público. La diferencia entre usted y yo es que usted es servidor público, yo no.

El sargento Jonathan contesta que no, que un criminal no tiene derechos humanos, aunque él, cuenta, nunca se ha tomado la justicia por su propia mano. Sabe de compañeros que lo han hecho. Habla de un caso, "hace unos años", en una guarnición en el Estado de México. Dos compañeros. "Creo que golpearon a un halcón para sacarle información, se les fue la mano y lo mataron."

Para el sargento Jonathan, el problema no es tanto que mataran al halcón como la ambigüedad del mando. O mejor: la ambigüedad de las órdenes del mando. Porque a veces, cuenta, les ordenan que "vayan con todo", porque si pasa algo, el mando los apoya. Y otras, en cambio, les recalcan que no se metan en problemas. Para él, el caso del halcón es un claro ejemplo de la ambigüedad del mando. "Ellos", dice refiriéndose a sus compañeros, "pensaron: «si lo mato, se me pasó la mano, el mando me va a apoyar». Pero no". No los apoyó y acabaron en la cárcel. "Aquí el mando es muy traicionero", nos dijo.

Para un soldado con dos plomazos en el cuerpo, con más de una docena de balaceras entre pecho y espalda, el asesinato de una persona es marginal, tangencial al asunto verdaderamente importante: la claridad en las órdenes. Esto es, si los mandos dijeran, "no maten a nadie, no pueden matar a nadie a sangre fría", La Tropa no mataría a sangre fría. Pero los mandos no dicen nunca nada tan claro. A menos que sea para ordenar lo contrario.

Dos historias falsas

"Confirma Sedena muerte de dos sicarios." "Dos miembros de La Familia [Michoacana] mueren en balacera." Ambos titulares informan sobre el mismo evento, la muerte a balazos de dos personas a finales de mayo de 2009 en Ecuandureo, Michoacán. La primera nota es de *Reforma*; la segunda, de *El Universal*. Ambas reproducen la versión de los hechos proporcionada por la Secretaría de la Defensa Nacional.

La primera firmada por la redacción, sostiene:

> La Secretaría de la Defensa confirmó la muerte de dos presuntos sicarios en el enfrentamiento suscitado ayer entre elementos del Ejército y miembros de la delincuencia organizada en el municipio de Ecuandureo, Michoacán [...] Tras el enfrentamiento, [se] aseguró un fusil AK. 47, una

5. MATAR O MORIR

escopeta calibre 12, una pistola calibre 40, una granada de fragmentación, tres cargadores para diferentes calibres y cartuchos de diferentes calibres. Asimismo, [se] decomisó 8 kilogramos de mariguana y una camioneta marca Jeep Liberty, color azul marino [...] El enfrentamiento se dio tras la fuga de los presuntos delincuentes cuando los militares les ordenaron detenerse, debido a que el vehículo que conducían fue reportado como robado.

La segunda, firmada por dos enviados de *El Universal*, cuenta una historia parecida, aunque más completa. En su versión, la Liberty no tiene reporte de robo sino que unos vecinos avisan que a bordo de la camioneta viaja gente armada. Aparece el nombre del lugar donde habría ocurrido el enfrentamiento, el cerro de la arena. También mencionan los nombres de los muertos, Rosendo Romero y Rigoberto Chávez. Citando fuentes de inteligencia, los autores dicen que ambos eran piezas importantes de La Familia Michoacana, una organización delictiva que, según las autoridades, actuaba entonces en la zona. Como prueba de ello explican que "sus cuerpos fueron reclamados y ejercieron presión mediante amenazas para que fueran entregados lo antes posible por el Ministerio Público en Michoacán". De Chávez escriben que lucía tatuajes en diferentes partes del cuerpo; mencionan unas calaveras en el antebrazo y una virgen de Guadalupe en la espalda.

Las dos notas aparecieron el domingo 31 de mayo de 2009. Las dos dicen que el enfrentamiento ocurrió el día anterior, sábado.

Las dos notas son falsas.[105]

---

[105] Es cierto que murieron el sábado y resulta probable que Chávez luciera esos tatuajes. Ignoramos si pertenecían a La Familia Michoacana pero es un detalle importante en la narrativa castrense. De cualquier manera, la versión oficial no es más que una construcción. Cualquier parecido con la realidad es circunstancial.

Todo empezó la noche del jueves 28 de mayo.[106] En su declaración ante el Ministerio Público, la esposa de Rosendo dice que él y su hijo estaban cerca de la casa, con otros dos jóvenes. Su hijo tenía entonces quince años, al igual que uno de sus compañeros; el tercero rondaba los veinticuatro y Rosendo había cumplido veintinueve. La esposa cuenta que Rosendo había bebido cervezas desde la última hora de la tarde. Ya de noche, fue a buscar a su hijo para llevárselo a dormir. El hijo y la esposa de Rosendo caminaban de vuelta a casa y no habían girado la esquina cuando escucharon un chirriar de ruedas. La esposa volteó y vio un grupo de militares rodeando a su esposo, que para entonces ya se había subido a su auto, un jeep Liberty color azul. "¡Bájate hijo de tu puta madre!", dice que le gritaron a Rosendo. La esposa calcula que eran unos seis soldados. Rosendo se negó y los militares, dice ella, lo sacaron a golpes y se lo llevaron. La mujer siguió toda la acción a unos cien metros de distancia. Después de aquel episodio ya no volvió a verlo con vida.

A las 11 de la noche del día siguiente, 29 de mayo, el teniente coronel Alejandro Zárate Nava organizó una expedición al pueblo de Tengüecho, treinta kilómetros al sur del cuartel. Fueron Zárate Nava, segundo comandante del batallón, un teniente, un cabo y varios soldados a bordo de una Cheyenne. Antes de llegar a Tengüencho, tomaron una brecha que les condujo a un rancho. Uno de los soldados cuenta que allí "aseguraron" a un hombre robusto, de unos treinta años y metro 75 de estatura. El soldado dice que Zárate Nava, el teniente y el cabo le preguntaban al hombre por la desaparición "de unos soldados". El hombre contestaba que no sabía. Finalmente lo subieron a la Cheyenne y se lo llevaron de regreso al cuartel. El soldado dice que una vez allí metieron al detenido en "las perreras", una especie de calabozo habilitado en el área

---

[106] El relato de los hechos es una reconstrucción basada en los testimonios contenidos en el expediente del proceso penal 115/2012-III.

5. MATAR O MORIR

del estacionamiento. Dentro había otro hombre de unos cuarenta o cincuenta años. Al día siguiente, dice el soldado, subieron a los civiles a una camioneta con rumbo a Ecuandureo.

No es difícil asumir que el hombre del rancho es Rigoberto. Rosendo ha de ser el otro encerrado en "las perreras" la noche del 29 de mayo.

Hay muchos testimonios de los hechos del 30 de mayo, todos de militares. Soldados y oficiales cuentan que a eso de las nueve de la mañana, Zárate Nava ordenó a la fuerza de reacción que se preparara. Iban a salir de operativo. La fuerza de reacción es el equipo de guardia del batallón. Si hay que participar en algún operativo, van ellos. Varios oficiales y elementos de tropa se alistaron y marcharon a "las perreras". Prepararon dos Cheyenne, subieron a los dos detenidos, uno a cada una, en la batea, boca abajo y salieron rumbo a Ecuandureo. Zárate Nava lideraba la comitiva a bordo del Liberty azul, que estaba en el batallón desde el jueves por la noche.

Pasando Ecuandureo, las Cheyenne se metieron por un camino de tierra, una especie de ladera. Luego sabrían que era el cerro de la arena. Las Cheyenne aparcaron junto al camino. Parte de los soldados fueron a reconocer el terreno. Se aseguraron de que no hubiera nadie por allí y armaron un perímetro de seguridad alrededor de los demás. Mientras tanto, los otros se quedaron con Zárate Nava, sus oficiales y los dos detenidos.

Un subteniente cuenta que Zárate Nava le pidió al teniente de materiales que probara dos armas de fuego, un rifle y una escopeta. El teniente dice que Zárate Nava le había dado ambas armas en el batallón. No sabe de dónde las había sacado. Ya en el cerro, el teniente coronel le dijo que las probara, que disparara al aire. Sin saber para qué —o eso dijo al menos en su declaración— el teniente obedeció. Después de disparar ambas armas, Zárate Nava le ordenó que las dejara en el suelo y se fuera.

Zárate Nava, otro teniente y varios soldados se fueron con los dos civiles fuera del camino, a una zona llena de maleza. El teniente coronel llevaba las dos armas que acababa de disparar su subordinado. Se las dio a un soldado y le ordenó que las "desabasteciera". Una vez hecho, le dijo que se las diera a los dos civiles. Entre tanto, el teniente coronel y sus subordinados trataban de sacar información a Rosendo y Rigoberto. Les preguntaban por un militar, un compañero del batallón que había desaparecido. Pero ellos no dijeron nada. Minutos más tarde, se llevaron a uno de los dos aparte, unos metros arriba, subiendo el cerro. Se escucharon unos disparos. Un soldado que estaba cerca dice que pensaba que era solo para asustar al otro, que se había quedado junto a él. Después de los disparos, le preguntaron a este último si no pensaba "cooperar", si no lo hacía "le iba a pasar lo mismo". Él no dijo nada. Otro soldado recuerda que se quejaba. Poco después se lo llevaron al mismo lugar donde se habían llevado al primero. Se escucharon más disparos.

Además de los que apretaron el gatillo, varios soldados atestiguaron los asesinatos. Uno, por ejemplo, recuerda:

> Me bajé un poco hacia abajo, como a unos ocho o diez metros. Luego me hablaron gritando. El teniente me dijo que matara al civil que se encontraba al frente. Yo le dije que no, que yo no podía hacer eso y me regresé. Entonces el teniente le dijo a otro soldado que le disparara. Este cargó su arma y le disparó. Estaba como a 20 metros, el civil estaba parado y tenía los ojos tapados con un trapo. Antes de eso, otro soldado ya había matado al otro civil, que se encontraba del lado derecho. Ya cuando mataron a los dos, el teniente coronel nos reunió y nos dijo que cuando nos empezaran a preguntar, contestáramos que había sido un enfrentamiento. Después nos dijo que nos pusiéramos en posición frente al cerro y disparáramos con el G-3 para aparentar que había sido un enfrentamiento.

Antes del mediodía, Rigoberto y Rosendo yacían muertos en las faldas del cerro.

Reclutar cómplices

Zárate Nava ordenó a varios de sus hombres, desde un capitán a un grupo de soldados, que mataran a Rosendo y Rigoberto. No quería ser él quien apretara el gatillo. El teniente coronel había organizado todo. Había ubicado a Rosendo y Rigoberto, había ido a buscarlos, los había detenido y enjaulado. Había conseguido las armas que luego ordenaría colocar junto a los cadáveres. Había elegido el lugar donde simular un enfrentamiento que nunca existiría. Pero a la hora de la verdad, el teniente coronel no quiso apretar el gatillo. Dejaba esa tarea en manos de otros.

¿Por qué? Difícil que fuera para zafarse de una futura acusación: los demás estaban allí. Había algo más, algo que quizá tuviera que ver con el grado. Un teniente coronel no se mancha las manos con dos sucios delincuentes. ¿O sí? En el caso de Calera,[107] los asesinos son un subteniente y un teniente, que matan por órdenes de un coronel, comandante del batallón. Pero aquí el teniente coronel se desentiende y ordena a otros que maten por él. ¿Por qué?

Puede ser un ejercicio, una demostración de poder por parte de Zárate Nava. Impelidos a jalar el gatillo contra dos hombres indefensos, varios militares se negaron pero otros obedecieron. Ordenar el asesinato de alguien es una muestra extrema del ejercicio del poder en una organización extremadamente jerárquica como el Ejército. Superadas las reservas de los soldados que apretaron finalmente el gatillo, la relación entre el asesino material e

---

[107] Ver capítulo 4.

intelectual trasciende a la jerarquía. Nace una complicidad, un lazo más fuerte que el grado, más intenso que toda diferencia que pudiera separarlos. Aunque su naturaleza cambia, la jerarquía prevalece. Es una relación jerárquica multidimensional, que además del grado bebe de la complicidad ante un acto ruin.

¿Pero para qué quiere cómplices el teniente coronel? Quizá no sea una decisión bien pensada, sino un automatismo. Algo en su interior le dice que la complicidad es la puerta de entrada a la solidaridad de grupo, una forma de que todos entiendan por qué se hace lo que se hace. *Todos lo sabemos, todos lo entendemos, nadie es culpable.* Es una relación perversa. El soldado asesino intenta justificar lo que acaba de hacer, entenderlo, ponerse en el lugar de la persona que le ha obligado a hacerlo. Ser esa persona.

Las tres hipótesis tienen sentido, aunque la del ejercicio del poder es la más probable. Zárate Nava ejerce su voz de mando, primero porque puede hacerlo, puede ordenar el asesinato de alguien porque está en su jerarquía tomar decisiones que otros ejecutarán; y segundo, para que los otros entiendan que no tienen escapatoria.

Una vez consumado el doble asesinato, Zárate Nava reunió a todo el personal, incluidos los soldados que estaban resguardando el perímetro. Les dijo que los civiles estaban muertos y que si les preguntaran dijeran que había sido un enfrentamiento. Varios recuerdan esta frase del teniente coronel o una variante parecida: "El que no aguante, a la verga. Mejor que se deserte."

Empezó entonces la preparación de la puesta en escena. Las autoridades civiles tardarían todavía una hora y media en llegar. Zárate Nava ordenó colocar el Liberty azul cerca de los cadáveres, igual que las armas. Ningún testigo menciona los ocho kilos de marihuana de que hablaría al día siguiente la nota de *Reforma*. Un soldado dice que el teniente coronel le ordenó que fotografiara los cadáveres, imágenes que luego usarían para armar su informe.

Antes de que llegasen los agentes del Ministerio Público y los peritos de la fiscalía, arribaron el comandante del batallón, jefe directo de todos los militares que andaban en el cerro y el comandante de la zona militar, responsable del Ejército en el Estado de Michoacán. No se sabe si llegaron antes de que acabaran de armar la escena, durante o después. Tampoco se sabe de qué hablaron entre ellos. Nadie menciona conversaciones entre Zárate Nava y esos dos jefes en el cerro. ¿Sabían qué estaba pasando?

Cuentan varios soldados y algún oficial que la preocupación de los comandantes apuntaba a la "puesta a disposición". Es decir, a las declaraciones de La Tropa ante el Ministerio Público, necesarias para la investigación civil. Zárate Nava se ofreció, pero el general, comandante del Ejército en el estado, le dijo que no, que se buscara a un oficial. Fue entonces que señalaron al capitán segundo Arturo González Palomar. Y este, que había tratado por todos los medios de no participar en nada de lo que había organizado el teniente coronel aquella noche, no tuvo más remedio que acudir a las oficinas de la fiscalía. Primero pensó que solo acompañaría a los soldados, que ellos darían su testimonio de lo ocurrido, el testimonio falso que quería Zárate Nava. Pero al final fue él, un oficial, quien declaró ante los fiscales. Él, que se había negado a matar, acababa el día validando los asesinatos de dos civiles, vistiendo un acto vil, criminal, con la seda de la épica militar.

Lógicas y mensajes

Zárate Nava intentó crear un contexto donde el asesinato, si no es normal, es al menos aceptado como un mal inevitable. Parafraseando al general George S. Patton, Joanna Bourke escribe que cualquier atrocidad podía justificarse con el argumento de que cuanta más gente pudieras matar, menos riesgos tenías de que te mataran. Es el asesinato preventivo.

En una guerra, uno de los dos bandos ha de ganar. Como estado excepcional de las cosas, la guerra no puede durar para siempre. Por definición, la guerra acaba. Y aunque una victoria clara de una de las partes suele ser extraña —¿ganó Estados Unidos en Vietnam, ha ganado el Estado mexicano su guerra al narcotráfico? —, la actitud de los combatientes lo ignora. Cuantos más muertos mejor. Por activa o pasiva, para vencer o evitar la derrota —para evitar, en fin, la propia muerte—, el soldado mata. Esto ocurre al calor de la batalla y ocurre, también, en la ladera de un cerro cualquiera un domingo de mayo.

En el caso de Vietnam, la matanza de civiles se convirtió en una forma de enviar advertencias al enemigo. Bourke recoge el testimonio de un oficial del ejército de Estados Unidos respecto a la matanza de My Lay: "Era realmente una táctica muy buena si te detienes a pensar en ello. Si asustas a bastante gente, se mantendrán alejados de ti. No digo que apruebe esta táctica, pienso que es eficaz." También, la matanza preventiva como forma de control mental.

La identidad de los muertos, su participación o no en el conflicto, palidece frente a la potencia del mensaje enviado. Incapacitado para saber quiénes son, abocado a confiar en la narrativa de las autoridades, el ciudadano asume que veinticinco sicarios muertos en Ciudad Mier *deben ser* una buena noticia. Es un mensaje doble. Primero para el ciudadano: estamos haciendo nuestro trabajo. Segundo, para los otros: acabaremos con ustedes —aunque no sepamos exactamente quiénes son esos *ustedes*.

Depende de las ambigüedades en las órdenes del mando, La Tropa puede "meter trabajo" o no hacerlo. Varias lógicas manan desde arriba. La indiferencia como permisividad, una. La prevalencia de la razón bélica, otra. Como dice el soldado Crombie, combatiente en la Gran Guerra mencionado por Bourke: "Si hemos decidido vencer a los alemanes en su propio juego, el único modo de conseguirlo es siendo más prusianos que los prusianos." Esto después de matar a un grupo de soldados alemanes que se habían rendido. Matarlos a bayonetazos, obligándolos a salir de su trinchera con bombas de humo.

5. MATAR O MORIR

Es preferible la aniquilación del otro, entonces. Zárate Nava lo sabe. Varios soldados y oficiales mencionan que el teniente coronel y algún oficial interrogan a los detenidos antes de matarlos, un intento de intercambio, último residuo de humanidad. Quieren que les digan si saben de uno o varios soldados desaparecidos. Pero no saben. O no lo dicen. Son los interrogatorios de la muerte. Parece que no importa lo que digan o dejen de decir. Su destino está escrito de antemano.[108]

¿Qué tan seguro está Zárate Nava de que los otros son los que mataron o desaparecieron a uno o varios soldados? Y aunque lo estuviera al cien por ciento, ¿por qué no los entrega a las autoridades civiles? ¿Qué gana matando? ¿Qué dispositivo se activa, qué sinapsis funciona para que el fin de dos hombres vencidos, con la cara tapada, acaben acribillados por personas que juraron defender la patria y sus ciudadanos?

En *Frente al límite*, Tzvetan Todorov narra un anécdota de sus años como profesor en Vincennes.[109] Ha terminado la Segunda Guerra Mundial, es el mundo de la Guerra Fría. Un grupo de estudiantes pasea por el campus a un tipo sucio, manchado de jugo de tomate y otros líquidos, desnudo. Todorov le grita a uno de los estudiantes: "Pero A., ¡sois unos fascistas!" Y este contesta: "Él es el fascista." Y dice Todorov, ya para él, en su refugio de papel: "Los efectos devastadores de la venganza —de una ofensa probablemente inexistente pero supuestamente posible— sobre aquel que la aplicaba no se me presentaron nunca tan claramente como aquel día."

---

[108] La dictadura argentina operaba bajo la misma lógica y se escudaba que la comisión para hacer seguridad interior había sido solicitada a las fuerzas armadas por un gobierno democrático de manera legal. En efecto, un decreto de 1973 del presidente interino Ítalo Lúder faculta a los militares a encararse con la guerrilla con el objetivo, dice, de "aniquilar" a la subversión.

[109] En su libro *Frente al límite*.

Es la venganza. La venganza ante una ofensa inasible. Nadie parece saber a qué soldados se refiere el teniente, muertos o desaparecidos. En el expediente, un soldado declara que su superior lleva días "levantando gente". Es decir, que hay varios delincuentes levantando militares, o bien no sabe quién ha sido y anda a tientas. O simplemente los soldados muertos o heridos son la excusa de su pulsión vengativa.

Al calor de la discusión sobre el destino de los jerarcas nazis en los años posteriores a la guerra, Todorov se plantea lo idoneo de la venganza, su validez. Cita una novela de Primo Levi, *Ahora o nunca*, sobre un grupo de guerrilleros judíos que se mueven por Europa durante el conflicto bélico. Todorov habla de un pasaje en que los guerrilleros se van contra los habitantes de una aldea alemana para vengar a una de sus camaradas. Dice Levi: "Esa venganza, ¿era justa? ¿Hay venganzas que lo sean? No, no las hay; pero somos seres humanos y todo en nosotros grita venganza y entonces uno se precipita, destruye, mata. Como ellos, como los alemanes."

Si en el contexto después del Holocausto la venganza es injusta, ¿en qué contexto lo es? Zárate Nava no puede tener razón aunque los preámbulos que plantee sean ciertos. Aunque Rosendo y Rigoberto hayan matado soldados, aunque los hayan desaparecido. Su muerte no es respuesta de nada. Dice Todorov: "El rechazo de la venganza no significa ni perdón ni olvido; la justicia sería indebidamente excluida de esta alternativa."

Después de su asesinato, Zárate Nava plantea un ultimátum moral, el que no aguante, que se deserte. Éste es mi mundo, éstas son las reglas, no hay espacio para algo distinto, ¿quién no está de acuerdo? Todos callan, pero de repente alguien levanta la mano. Alguien en esa ladera, en ese cerro de la venganza, de la moral insidiosa, no está de acuerdo. Es el capitán Palomar. Delante de todos, el capitán levanta la mano y se va del grupo.

5. MATAR O MORIR

Me negarás

Como en una adaptación libre, castrense, heroica de la pasión de Cristo, el capitán Palomar niega tres veces a su teniente coronel. Yo no hago eso, dice. Están en el camino del cerro, las dos Cheyenne y el Liberty. El capitán es el oficial al mando de la fuerza de reacción. Zárate Nava se le acerca. Le dice: "Mira buey, a estos cabrones los vamos a chingar para que tengas tu valor acreditado."[110] Él contesta que no: "Esto no se hace así." Palomar se aleja unos metros hasta una de las Cheyenne. Su superior le llama de nuevo, ven acá. Palomar vuelve. Esta vez, el teniente coronel no se anda con rodeos. "Chíngatelos", ordena. Palomar ni siquiera contesta. Se da la vuelta y se va a la camioneta.

Un soldado, el que tomará las fotos a los cadáveres, ha visto lo que acaba de pasar. Se dirige al teniente coronel y le dice: "Jefe, estamos a tiempo de ponerlos a disposición; jefe, esto no está bien." El soldado no dice si el teniente coronel le responde. Quizá solo lo ignora y se va. El soldado se queda con un cabo. Ambos se alejan unos metros y se ponen a fumar. El soldado orina. Siguen fumando. Hablan, no les gusta lo que está pasando. De repente, se escuchan unos disparos.

Antes de que eso ocurra, el capitán Palomar ha bajado en una camioneta al entronque de la carretera. Enfadado, Zárate Nava le ha dicho que vaya allá y vigile que nadie tome el camino hacia donde están ellos. Pasan unos minutos y se escuchan los disparos. Al rato llega un soldado con dinero de parte del teniente coronel. Monedas, algo de suelto para que se compren unos refrescos.

---

[110] El valor acreditado es una especie de condecoración que se otorga a un militar cuando realiza un acto heroico, una hazaña relevante que la amerite. Hemos preguntado a varios militares, pero no sabemos bajo qué criterios exactamente se otorga.

Poco después, el capitán vuelve al sitio donde están los demás, camino arriba del cerro. Antes de fotografiar los cadáveres, el soldado va con él. Se queja, dice que lo que ha pasado no está bien. Mientras están hablando, Zárate Nava llama a todos y los reúne. Les dice lo que tiene que decir, y a quien no le guste, que deserte. ¿A quién no le gusta? Palomar levanta la mano y se va.

Por mucho que trata de desentenderse del asunto, Palomar acaba yendo a las oficinas de la Procuraduría General de la República en Zamora, cerca del cuartel, para "hacer la puesta a disposición", esto es, para contar lo que ha pasado.

Cuando el teniente coronel Zárate Nava se lo pide, él se vuelve a negar. Le dice: "Yo no mi jefe, eso no se hace, yo no tengo nada que ver." Zárate Nava contesta: "No hay pedo cabrón, yo conozco al Ministerio Público de la Federación, no va a ver pedo." Palomar ruega: "No jefe, no me haga eso, yo no quiero." El teniente coronel se queda pensando y finalmente le dice que no se preocupe: "Está bien buey, nada más acompaña a los de La Tropa que van a poner la denuncia de hechos."

Palomar ha ganado. Ha negado tres veces a su jefe, se ha salido con la suya. No quería saber nada de asesinar a nadie en el cerro y menos cubrirse de mentiras delante de los fiscales. Pero es una trampa, la última trampa del comandante.

Cuando el capitán y los soldados llegan al Ministerio Público, el capitán espera en la camioneta. Los soldados van a explicar que dos sicarios han muerto en un enfrentamiento en el cerro. Él no piensa mentir. Minutos más tarde aparece por allí el abogado del cuartel. Palomar no sabe qué hace allí, aunque no es raro imaginar que todo lo que él sepa lo sabrán minutos más tarde los mandos. El abogado se acerca al capitán y le dice: "[Los fiscales] están pidiendo su declaración porque era comandante del servicio." ¿Cómo no se lo ha imaginado? Los fiscales necesitan a un oficial que confirme la versión de los soldados. El capitán se niega, no quiere declarar nada, decir nada. Y el

5. MATAR O MORIR

abogado insiste. Tienes que ir, le dice, los soldados ya dieron tu nombre.

Es entonces cuando se rinde. Ya no sabe qué alegar para negarse. En sus declaraciones posteriores antes los investigadores, Palomar omite todo detalle de lo que piensa y siente. No sabemos con qué cara sale de la camioneta, con qué ojos mira al abogado, qué piensa mientras se sienta delante de los fiscales, qué es lo último que pasa por su cabeza antes de empezar a hablar.

El caso es que habla. Y todo lo que no había querido hacer, todo de lo que había querido mantener al margen le llega como una inmensa ola de porquería, de suciedad: hubo un enfrentamiento, nos atacaron, dos tipos, armas, camioneta, cerro. Murieron mientras repelíamos la agresión...

Siete meses más tarde, el capitán amplía la declaración pero no cambia su versión de los hechos. Los dos civiles murieron en un enfrentamiento en el cerro. No es hasta el 21 de mayo de 2010 cuando cuenta finalmente lo que pasó. "Tenía temor de mi integridad si decía lo contrario", dice a los investigadores del Ministerio Público.

Casi un año pasa el capitán a merced de la mentira, siendo cómplice del teniente coronel Zárate Nava. ¿Qué pensó en todos esos meses? ¿Cuántas veces estuvo a punto de ir y contar la verdad? ¿Por qué lo contó al final y no antes o después? ¿Qué tanta culpa sintió? ¿Qué tanta culpa tenía? Palomar se excusa en el miedo. Tenía miedo de que pudiera pasarle algo si hablaba. No dice a su familia. Habla de él.

Si no hay justificación para la venganza, ¿la hay para el miedo que la encubre y valida?

Durante el juicio, Zárate Nava rinde testimonio como testigo por videoconferencia. Cuenta que la comandancia del cuartel había recibido un aviso de que había gente armada por Ecuandureo. Él, dice, se enteró después. Los primeros en saber fueron los elementos de la Fuerza de Reacción, que salieron minutos antes que él. El teniente coronel dice que él abandonó el cuartel con personal de tropa; que cuando llegaron al cerro escucharon unos disparos; que fueron hacia ellos y cuando llegaron vieron a los civiles muertos. La defensa de los acusados le pregunta por el comandante de los militares que llegaron primero al cerro. El teniente coronel dice que era Palomar. Cuando le preguntan si Palomar y sus hombres fueron los primeros en ver a los civiles muertos, dice que sí: "Debe ser que sí."

Dos soldados y un teniente fueron condenados a 30 y 37 años de cárcel en 2017 por los asesinatos de Rosendo y Rigoberto. Ellos, concluyó el tribunal, habían apretado el gatillo. Ante el caudal de evidencia contra Zárate Nava, los jueces señalaron su participación en los hechos, pero no pudieron hacer nada. El caso de la fiscalía era contra los autores materiales. El teniente coronel Zárate Nava salió del tribunal muy cómodo rumbo a su casa.

6

Formas de matar

> "Víctima: Si ustedes fueron víctimas, ¿qué fueron los asesinados?
> Victimario: Mis muchachos están casi todos muertos, los guardias murieron. Por eso yo estaba aterrorizado. Cuando se empezó a poner feo yo me enlisté. Entre morir en el frente y morir aquí interrogado o ejecutado, prefería morir en el campo de batalla. Yo sabía que ni aquí escaparíamos a la muerte".
> FRAGMENTO DEL DOCUMENTAL *S21 LA MÁQUINA DE MATAR DE LOS JEREMES ROJOS*, DE RITHY PANH

—El chavo ya se estaba poniendo muy mal, un poquito más morado. Yo traté de decirle al sargento que lo dejara, que lo iba a matar, pero al sargento no le importó. No sé qué le pasó por su cabeza, no quiso hacer caso... Como en veinte minutos *pasó todo*.

Quien habla es Javier, un soldado que en 2016 cumplía una condena de cuatro años por encubrimiento.

Pasó todo quiere decir: lo detuvieron, lo torturaron y lo mataron.

Aunque en realidad no es todo. Después vino el intento por desaparecer su cuerpo.

En la cárcel, Javier vende café y prepara comida para los mandos, para sacar un poco de dinero. Es un tipo tranquilo, solitario, que pasa sus días entre su cuarto y el comedor; entre escuchar música y lavar trastes.

Javier: "Cuatro o cinco soldados le dijimos al sargento que ya lo dejara, que ya nos había dado varios puntos. Había un soldado que no nos dejaba salir del taller, fui obligado a quedarme ahí en el taller, no podía desobedecer."

Puntos *quiere decir: lugares de venta de droga.*

Javier, su mando y el resto de sus compañeros patrullaban los poblados de Tamaulipas la mañana del 7 de julio del 2011 cuando llegaron a un taller mecánico en Camargo.[111] En el relato de Javier y el expediente judicial del caso[112] no queda claro si iban específicamente al taller o si el lugar les resultó sospechoso en los patrullajes de rutina. Al bajar, el sargento envió a Javier y a dos cabos a rastrear los alrededores mientras él y otros soldados entraban al taller. Cuando Javier y sus compañeros los alcanzaron, el sargento tenía a un joven sometido. O eso es lo que recuerda.

Javier: "El capitán le dio permiso al sargento para hacer lo que quisiera «ya sabe lo que tienen que hacer, nomás no quiero problemas, quiero resultados», le dijo cuando salimos a patrullar. Cuando llegó el sargento dijo «esta es la maña, el que hace los monstruos»."

Maña *quiere decir: criminal.*

Monstruos *quiere decir: los autos que los grupos criminales blindan de manera artesanal* —como los *monster trucks* de las películas de Hollywood. Les colocan placas de metal con pequeñas ventanas para sacar sus armas y atacar. También ponen arena entre esas placas y la carrocería para amortiguar los balazos. "El sargento tenía sus escoltas, entre ellos yo. Nos llamó y nos metimos al cuartito... Estábamos con los sargentos para ayudarle a hacer su trabajo, que era sacar los puntos de venta de droga o fabricación de monstruos."

Hoy es una mañana de otoño y estamos con Javier sentados en una banca de cemento afuera de la cafetería de la prisión en Lomas de Sotelo. Hasta acá se escucha la música del

---

[111] Este hecho se narró brevemente en el capítulo 5.

[112] Accedimos a este expediente a través de solicitudes de información al Poder Judicial, que nos entregó las versiones públicas de las sentencias dictadas a soldados entre los años 2000 y 2017.

6. FORMAS DE MATAR

canal televisivo *Bandamax* que otros soldados miran para entretenerse, mientras toman un refresco o esperan a sus visitas. A Javier no le gusta la banda, como a muchos de sus compañeros, él prefiere el rock, nos dice. Javier viste el uniforme azul rey de los soldados presos, aunque su sudadera ha perdido el color por el uso. Tiene las manos frías y resecas por tanto lavar trastes. Incluso en la prisión los rangos se respetan y a él, como parte de La Tropa, le toca la dura faena de limpiar lo que sus mandos ensucian.

Javier recuerda que eran cerca de una docena de soldados dentro del taller, dos de sus compañeros vigilaron la entrada y los otros nueve —él entre éstos— participaron en el "acto".

Acto *quiere decir: tortura*

El joven estaba sometido. El joven no era un joven sino *la maña*. A *la maña* lo torturaron con agua y descargas eléctricas. A *la maña* lo mataron por el *acto*. A *la maña* lo convirtieron en un *occiso*. Al *occiso* lo convirtieron en un *bulto*. Al *bulto* lo llevaron a la presa para desaparecerlo.

El historiador italiano, Giovanni de Luna, habla de la doble muerte: la muerte física y la muerte simbólica, que tiene que ver con el tratamiento que se le da al cuerpo de la persona. En el capítulo anterior planteamos que se puede matar tres veces a una persona: cuando se le condena, cuando se le mata y cuando su cuerpo es abandonado lejos de su familia. Ahora planteamos que son más. Al joven que estaba en el taller mecánico los soldados lo mataron cuatro veces ese día. Lo mataron cuando le quitaron su nombre. Lo mataron cuando lo torturaron. Lo mataron cuando acabaron con su vida. Lo mataron cuando intentaron desaparecer su cuerpo.

¿Cuántas veces se puede matar a una persona? ¿De qué formas se les mata? ¿Para qué?

Además de la muerte física, Emmanuel Levinas habla de la muerte semiótica de una persona, que implica acabar con su capacidad expresiva, su individualidad, diferencia y su *ipseidad*.[113] Matar a una persona implica muchas formas de matar. Todas le permiten a uno imponer su poder absoluto sobre el otro.

El lenguaje de la despersonalización

Desde el discurso del Estado mexicano las personas dejaron ser personas y se volvieron daños colaterales o enemigos. Cuando bajas de las oficinas del Gobierno al territorio donde La Tropa pelea, las personas ya no son personas en boca de los soldados sino *maña, lacras, traidores*.

Los soldados no matan personas pues, en su lógica, dejaron de ser personas al convertirse en criminales o al cruzarse en el lugar y la hora equivocados. En el lenguaje comienza una de las formas de matar a una persona. Quitándole, precisamente, su condición de persona.

Los soldados que entrevistamos o que declararon en las investigaciones judiciales[114] nombran así a quienes murieron o al acto de matar.

Hiram, un soldado, dice: "Hay gente que no es maña que también muere, pero son por el fuego cruzado, es algo normal porque la gente se asoma para ver qué pasa. Son daños colaterales."

Daños colaterales *quiere decir: personas.*

---

[113] *Ipseidad*, el ser en sí y el ser para sí; la identidad de uno consigo mismo.

[114] A través de solicitudes de información accedimos a sentencias que desde el año 2000 al 2017 se han dictado contra soldados por cometer crímenes contra civiles, considerados violaciones a derechos humanos, entre los que se encuentran homicidio, tortura, desaparición, abuso de autoridad, encubrimiento u obstrucción de administración de justicia. El caso que aquí se revisa es el contenido en la causa penal 103/2012-1.

6. FORMAS DE MATAR

Gaspar, un sargento, dice:

"(En un enfrentamiento) cuando hay heridos, mejor la verdad, matarlos. Ya muerto el perro, se acaba la rabia."

Perros *quiere decir: personas.*

Andrés, un soldado, dice:

"Ellos nos decían «erradiquen jóvenes, erradiquen a todos los pinches traidores de la patria». Entonces tu salías con esa imagen, pinche sicario pa´abajo."

Erradicar. Pinche sicario. Traidores.

Soldado 1, causa penal 103/2012-,1 dice: "Estaba dando parte de que se les había pasado la mano con un civil."

Pasado la mano *quiere decir: matar.*

Soldado 2, causa penal 103/2012-1, dice:

"Decidió arreglar el pedo, nos dijeron que arreglara el pedo y los sargentos ordenaron que subieran el cuerpo a la camioneta."

Arreglar el pedo *quiere decir: encubrir un crimen.*

Preguntamos a un coronel en el norte del país, el más alto cargo en activo con el que hablamos para este libro, su opinión sobre las muertes de las que se responsabiliza al Ejército. "¿Cuáles muertos?", nos respondió.

Le hablamos de Jorge y Javier, los estudiantes del Tec de Monterrey en el año 2010, de la familia Esparza Galaviz, asesinada en Sinaloa de Leyva en el 2007, le hablamos de los niños Almanza, asesinados en Reynosa en 2010. Él insistió: "No me acuerdo. Yo no los vi."

Dijo el coronel:

> ¡No matamos personas! Yo no recibí ninguna orden de matar, no, sino que recibí órdenes de actuar contra la delincuencia organizada y el narcotráfico. Que en la ejecución de esas órdenes surjan problemas que son menores o mayores...
> Esos muertos son en defensa propia, si vamos patrullando,

si nos atacan, nos defendemos. Nosotros no matamos gente, nos defendemos de las agresiones, de los delincuentes. Nosotros somos la fuerza del orden, somos quienes damos seguridad a toda la autoridad mexicana.

El Estado y la lengua

Estos relatos que escuchamos en boca de La Tropa y leímos en expedientes vienen construidos desde el discurso gubernamental.

El 16 de abril del 2010 Felipe Calderón dijo ante un grupo de empresarios turísticos que más de 90% de los homicidios y ejecuciones que ocurrían en el país "obedecen precisamente a la lucha entre unos cárteles contra otros". Calderón desgranó el otro 10 por ciento: dijo que la mitad de las muertes eran de policías y soldados caídos en cumplimiento de su deber y que la cifra más pequeña de todas era la de civiles inocentes: "Los ha habido por desgracia y lo lamentamos, alguna vez atrapados, digamos, en el fuego cruzado entre delincuentes o de policías con delincuentes, pero realmente son los menos".[115]

Un mes antes, el 12 de marzo, el jefe de las Fuerzas Armadas, Guillermo Galván, había dicho a los senadores que las personas muertas en la "guerra contra el narco" eran "daños colaterales".[116]

---

[115] Felipe Calderón, según la nota publicada en el periódico *Reforma* el 17 de abril del 2010 "Son las menos bajas civiles: FCH", dijo que las muertes de personas inocentes en México eran las menos, e insistió a mirar al país para la inversión turística, pues "lo más importante es la hospitalidad de su gente".

[116] Guillermo Galván, secretario de la Defensa Nacional, se reunió con senadores y, según se relata en la nota de *Reforma* del 20 de mayo del 2010 "Manchan a Ejército abusos e impunidad", el concepto de "daños colaterales" lo utilizó el general para insistir en la importancia de continuar con la estrategia de seguridad, más allá de los costos que pudiera tener.

6. FORMAS DE MATAR

La masacre de 14 jóvenes en Villas de Salvárcar, el 31 de enero del 2010 en Ciudad Juárez, fue otra oportunidad que Felipe Calderón aprovechó para defender el despliegue de La Tropa. Durante una gira en Japón dijo que los jóvenes asesinados eran "pandilleros" y que "si los mataron es porque en algo andaban".[117]

Llamar "guerra" a la militarización del país, nombrar en las estadísticas al civil armado "enemigo", usar eufemismos que ocultan la violencia o el asesinato con verbos como "neutralizar" "erradicar" o expresiones como "quiero chamba, quiero que metan resultados", "echarles agüita", son formas de construir la realidad a través del lenguaje. "La palabra aislada permite vislumbrar el pensamiento de una época", escribió Víctor Klemperer al revisar la transformación de la lengua alemana en tiempos del nazismo. Marguerite Feitzlowitz hizo lo propio al estudiar el lenguaje usado por militares durante la dictadura argentina. "La lengua es viva y flexible", reflexionó la escritora y traductora en su libro *Un léxico del terror*. La lengua construye una ideología y se vuelve aliada de ella.[118]

Judith Butler, la filósofa norteamericana que analizó el discurso gubernamental de Estados Unidos después de los ataques a las Torres Gemelas en septiembre del 2001, habló de la manipulación política a partir de que se lanza una guerra infinita

---

[117] El discurso que convierte al muerto automáticamente en sospechoso de su propia muerte no es nuevo. En los años setenta, durante la dictadura argentina, los militares y buena parte de la sociedad civil se escudaban tras la misma frase de Calderón —no una parecida, sino exactamente la misma: "en algo andaban"— para justificar y justificarse la desaparición, detención o muerte de miles de civiles.

[118] "La palabra aislada permite de pronto vislumbrar el pensamiento de una época, el pensamiento general en que se inserta el pensamiento del individuo, por el que es influido y tal vez dirigido", escribió Klemperer en el libro *La lengua como arma*. Y Feitzlowitz en su libro *Un léxico del terror* analizó el lenguaje de los dictadores, como motor central de una maquinaria que busca destruir y, al mismo tiempo, hacer sentir a la sociedad que está siendo protegida.

contra un *otro* permanentemente deshumanizado y nos provoca con la pregunta: ¿Qué es lo que hace que ciertas vidas puedan ser lloradas y otras no?

El lenguaje importa. El lenguaje condiciona. El lenguaje neutraliza. El lenguaje construye. En pocas entrevistas o en las declaraciones a los jueces los soldados se refirieron a las personas como personas.

Este es un ejemplo del Soldado 2, causa penal 103/2012-1:

"Dije que no estaba de acuerdo que lo lleváramos atrás en la batea [al cuerpo del joven asesinado en la tortura]. No por miedo a que lo vieran, sino porque no se me hacía correcto llevarlo como si fuera un animal."

El lenguaje siempre es estratégico, está construido alrededor de relaciones de poder. Las palabras o frases que han elegido el gobierno o los soldados para referirse a las personas que matan o a la forma de matar no son fortuitas. Definen un marco conceptual: eligiendo las palabras para nominar y calificar las cosas, los hechos y las personas crean el mundo donde los ciudadanos quedan envueltos. Referirse a las personas muertas como "daño colateral" o al acto de matar como "erradicar" es usar el lenguaje tecnocrático (que, por ejemplo, llama "ajustes" a los despidos o "precarización" al empobrecimiento), aséptico e instrumental, que excluye lo humano de las relaciones políticas, culturales, económicas o sociales. Pone una distancia fría, cuasi-objetiva. Las personas dejan de ser personas para convertirse en meros recursos más o menos instrumentales. Estas palabras o frases forman parte de un discurso opuesto o ajeno a la vida, a la persona, a la historia o sufrimiento del otro.

Por ende, no basta con matar. Matar físicamente es una parte del crimen. La muerte es técnicamente la extinción vital de una persona. Hay, además, que anular, arrebatar el recuerdo y el derecho al recuerdo. Es preciso, entonces, matar lingüísticamente. Matar como seres biológicos y matar como humano.

Dile su nombre

Las familias de las víctimas confrontan este discurso que *mata* antes de matar o desaparecer. Si uno oculta, el otro nombra.

Luz María Dávila, madre de los jóvenes Marcos y Luis, asesinados en la masacre de Villas de Salvárcar, en Ciudad Juárez, mientras festejaban un torneo de futbol americano, enfrentó a Felipe Calderón durante una visita a esa ciudad: "No es justo, mis muchachitos estaban en una fiesta. Quiero que usted se retracte de lo que usted dijo, que eran pandilleros. Mentira."

Leticia Hidalgo, madre de Roy Rivera, desaparecido por hombres armados que vestían uniformes de la policía de Escobedo, Monterrey, en el 2011, dijo en un mitin de Margarita Zavala, durante su campaña a la presidencia de México: "No somos daños colaterales, Margarita, no somos daños colaterales. Nosotros les llamamos hijos", le dijo la señora Hidalgo a la esposa de Felipe Calderón. "Este es Roy, desaparecido en el 2011 cuando tu marido sacó a las calles al Ejército y nos dejó en una guerra, en medio."

Tortura: la normalización de la anormalidad

Aquella mañana de verano del 2011, cuando llegaron al taller mecánico, Javier y dos cabos inspeccionaron los alrededores. Javier describe el lugar como una zona boscosa. Entre las hierbas y detrás de los árboles buscaron dar con alguna persona, algún carro, armas, pero no hallaron nada. Así que volvieron al taller. El sargento los llamó:

> Nos metimos al cuartito a interrogar al occiso (sic), sabíamos que le iban a sacar la verdad, un poco de lo que sabía, con golpes, porque así se trabaja aquí. Nos había tocado verlo antes varias veces. Ya lo tenían sometido, preguntándole. No recuerdo bien todo, pero los dos sargentos lo tenían en

el piso con ropa. A mí y a otro compañero nos pidieron que lo detuviéramos, le empezaron a dar agua y toques.
Occiso *quiere decir: un joven que va a morir.*

Cuando relata esta parte de la tortura, Javier lo hace sin mayor emoción, como si estuviera secando los platos recién lavados. Como si la tortura —someter a una persona indefensa a un daño insistente— no tuviera importancia social o personal. Después, él mismo nos dirá que la tortura era parte de la rutina de trabajo, aunque él personalmente no estaba de acuerdo con ejercerla, vaya, que no lo haría por voluntad propia.

El de Javier no es un caso aislado. Varios testimonios de soldados entrevistados incluyen la tortura como parte de la rutina de trabajo de las fuerzas armadas.

Armando, el cabo que patrulló en la frontera de México con Tamaulipas, dice:

Era algo normal, había oficiales que decían "hay que darle una calentadita", "hay que darle para que aprenda". Los cableaban, con tablas lo golpeaban en las nalgas, en la espalda, en el mismo lugar de la detención.

Calentadita *quiere decir: torturar.*

[A los detenidos] pues, los empezamos a golpear. Las heridas que les hicimos con las armas, con las mismas armas, luego les picábamos con las armas largas de nosotros. Donde tenían el balazo, les enterrábamos la punta de nuestra arma, nuestro 3-G, para que sufrieran. Los amarrábamos, los arrastrábamos, los subíamos a las camionetas; no les brindábamos primeros auxilios. De entrada, no. O sea, era un trato, pues, como decían ahí: al topón.

Armando sabe que, moral y legalmente, torturar está mal, pero cree que en México la aplicación de la tortura es un correctivo inmediato que suplanta la más tardía y menos probable aplicación de una pena legal. "De acuerdo con las leyes mexicanas... creo que es como un escarmiento, ¿no? Para ellos. Ellos sabrán si continúan en esas actividades."

Armando plantea una paradoja: practicar la tortura como escarmiento es aplicar un castigo paraestatal, es decir, actuar en contra de la ley a través de una institución Estatal que debe seguir las leyes.

La Comisión Mexicana de Defensa y Promoción de los Derechos Humanos sistematizó[119] los 148 informes que elaboró la CNDH sobre tortura cometida por integrantes de las Fuerzas Armadas. Así, pudo concluir que los soldados del Ejército son quienes más torturan entre todas las fuerzas federales, incluidos marinos y policías. La CNDH documentó casi 300 víctimas a manos de soldados, la mitad del total de personas que fueron torturadas por las fuerzas federales.

Esta sistematización exhibe la forma en que integrantes de las fuerzas armadas torturan: un ejercicio recurrente y omnipresente. Un sistema. Una cultura.

Los soldados torturan en los cuarteles o batallones militares y en las casas de sus víctimas.

Los soldados torturan de manera sicológica y con golpes; torturan también con armas.

Los soldados torturan con descargas eléctricas y torturan por asfixia, con una bolsa de plástico o *waterbording*.

Los soldados torturan con violación o abuso sexual.

Los soldados torturan con ayuda de sus compañeros médicos, quienes curan las heridas para volver a torturar.

Los soldados torturan vestidos de civil y con uniformes; torturan en vehículos oficiales y en particulares, incluso en aeronaves.

---

[119] A finales del 2018 la organización de derechos humanos publicó el informe *Huellas imborrables: desapariciones, torturas y asesinatos por instituciones de seguridad en México (2006-2017)*, en el que detalla, a través de un análisis exhaustivo a las recomendaciones que ha dado la Comisión Nacional de Derechos Humanos, las formas en que las fuerzas de seguridad violan derechos humanos.

Los soldados torturan a hombres, mujeres, mujeres embarazadas, migrantes, indígenas y adolescentes.

Los soldados torturan, a veces matan y a veces desaparecen.[120]

Los soldados torturan incluso a sus propios compañeros. Y luego lo ocultan.

Es el caso del subteniente Francisco Soto y el teniente Humberto Sócrates. En 2011, investigadores de la Secretaría de la Defensa detuvieron y torturaron a Soto y Sócrates en un cuartel de Saltillo, en el Estado de Coahuila. Los acusaban de colaborar con un grupo delictivo de la región. Los retuvieron durante tres días en un galpón del cuartel, su propio cuartel. Mintieron a sus familias, les decían que andaban ocupados. Los torturaron con saña, golpes, bolsa en la cabeza, agua en la cara. A los tres días, finalmente, se los llevaron presos. En 2017, un tribunal militar les condenó a 26 años de cárcel. Todo ese tiempo lo pasaron entre rejas.

Durante el proceso, Soto y Sócrates involucraron a la CNDH. Les contaron de la tortura, todas las irregularidades. La CNDH investigó. Antes de que el ombudsman emitiera su informe al respecto, la Secretaría de la Defensa reconoció la tortura a la que fueron sometidos Soto y Sócrates por sus propios elementos y les indemnizó. Pese a ello, el proceso continuó, el tribunal los condenó y los dos oficiales, a principios de 2019, seguían presos en una cárcel civil en Veracruz.

---

[120] Del total de víctimas de tortura por parte de soldados: 68.3 por ciento sufrió tortura sicológica, 67.7 por ciento sufrió golpes, 24.4 por ciento sufrió descargas eléctricas, 25.6 por ciento sufrió tortura por asfixia con bolsa de plástico y el 11 por ciento *waterbording*, 21.2 por ciento sufrió alguna tortura sexual. En 25.7 por ciento de las veces los soldados torturaron en instalaciones militares. En 38 ocasiones participó un médico en la tortura, en 16 ocasiones militares torturaron vestidos de civil, en 51 ocasiones torturaron con uniformes, en 35 ocasiones con pasamontañas, en 56 ocasiones en vehículos oficiales, en 15 ocasiones en vehículos particulares, en 8 ocasiones en aeronaves .

6. FORMAS DE MATAR

Matar antes de matar

¿Qué es la tortura, sino una forma de *matar* a la persona, de anularla para convertirla en una cosa de la cual se puede obtener algo o simplemente ejercer poder absoluto sobre ella?

La persona sometida a tortura atraviesa un proceso durante el cual se deteriora —incluso destruye, diríamos— su personalidad social y la imagen que tiene de sí, dice el historiador Edward Peters, para obtener de ella lo que se quiere, casi siempre información, como en el caso del joven del taller.

Peters comparte la visión *derechohumanista*[121] de la tortura, que puede resultar limitada pues considera que la tortura se ejecuta con el fin de obtener algo de la víctima. Pero, "¿qué pasa cuando se tortura sin este interés, sino solo como medio de ejercer un poder soberano?", pregunta en entrevista la antropóloga Marina Azahua. La tortura no necesariamente tiene que ser funcional, dice Azahua, sino que, siguiendo lo propuesto por Laura Rita Segato en torno al ejercicio de la violencia, la tortura en sí es un ejercicio de poder sobre el cuerpo del otro.

Y es un poder absoluto, pues, como dice Elaine Scarry en su libro *The Body in Pain: The Making and Unmaking of the World*, el poder del torturador crece conforme crece el dolor de la víctima. "Cuanto mayor es el dolor del prisionero, más grande es el mundo del torturador [...] El dolor se convierte en poder [...] El torturador utiliza la vitalidad del prisionero para aplastar las cosas por las que vive."

---

[121] La tortura, según la *Convención de las Naciones Unidas contra la Tortura y otros Tratos o Penas Crueles, Inhumanos o Degradantes*, es todo acto que se inflija intencionadamente a una persona, dolores o sufrimientos graves con el fin de obtener de ella o de un tercero algo, información, confesión, castigo, intimidación o coacción; es cometida por funcionarios públicos. La ONU no considera tortura a los dolores o sufrimientos provocados a una persona cuando son consecuencia de sanciones legítimas o relativas a éstas.

En *Masacres de la selva*, que narra una matanza de indígenas quiché en Guatemala durante los años 70, el antropólogo jesuita Ricardo Falla plantea que la tortura pretende quebrar la identidad de la víctima. Falla recoge tres testimonios de campesinos y los tres, dice, se resisten con lo único que les queda: "El deseo de morir no se lo puede quitar nadie, y si este deseo es auténtico, dominaba al torturador, que deseaba que no muriera y que no deseara morir" para seguir ejerciendo su poder sobre él.

Como relata un perpetrador en el documental *S-21: La máquina de matar de los Jemeres Rojos*, los hombres sometidos a la tortura *ya son* hombres muertos: "Yo no pensaba en su vida. Yo lo veía como una bestia. Cuando yo levantaba la mano [para golpearlo] mi corazón no frenaba a mi cerebro, no impedía a mis pies que golpearan, corazón y mano estaban de acuerdo, así era la tortura. Yo sabía que los que venían aquí iban a morir." El perpetrador sabía que quienes llegaban a los campos de concentración ya estaban muertos de un modo, y terminarían de morir físicamente por él o por cualquier otro integrante de los Jemeres Rojos.

Durante el Medioevo, el derecho germánico permitía la tortura sobre aquellos hombres que no eran libres o vivían en deshonra: esclavos, traidores, desertores o cobardes. Los no-hombres. En el presente, la tortura es más ubicua: se aplica a quien *puede ser* un enemigo. Esa ausencia de certeza complejiza el fenómeno, pues, como prueban numerosos operativos militares, cualquier individuo puede ser objeto de tortura si es confundido con otro. Esto es, cualquier persona puede ser objeto de la tortura, no ya los despreciables del pasado. Cualquier persona puede encarnar, ante el torturador moderno, al no-hombre.

Desaparición: ahora lo ves, ahora no lo ves

Poco después de que el soldado Javier contase el crimen del joven del taller mecánico llegamos por otro camino a la historia: a través del

6. FORMAS DE MATAR

expediente judicial. En 2016, la justicia condenó al soldado Javier y a otro soldado a cuatro años de prisión por el delito de obstrucción de la justicia. Los fiscales pudieron probar que La Tropa había alterado el lugar de los hechos "destruyendo la evidencia del crimen".

Cuando el joven del taller murió por la tortura a que lo sometieron los militares, los mandos que participaron, dos sargentos, "se espantaron", recuerda Javier. Llamaron a los comandantes del patrullaje, un capitán y un teniente que esperaban sentados en la cabina de la camioneta, estacionada afuera del taller. Llevaban allí toda la mañana escuchando música. [Javier no recuerda qué música era, los gritos de la persona torturada le impedían oír.]

Pero el soldado de sanidad dijo al juez que sí escuchó una conversación entre el capitán y el teniente.[122] Así declaró ante las autoridades, según el expediente:[123]

> ... de ahí vi me di cuenta que el ********* se comunicó por teléfono con alguien, desconociendo quién era su interlocutor, escuchando que estaba informando que tenían un problema muy grave con dos sargentos, que cómo procedía. De ahí momentos después escuché que el ********* le aconsejo al ********* que se deshicieran del cuerpo que inventaran un cuento chino para deshacerse de toda la responsabilidad. [...] Momentos después los ********* ********* y ********* me pidieron que les prestara unos guantes de látex, a lo cual yo accedí.

Cuento chino *quiere decir: alterar la escena y evidencia del crimen.*

---

[122] Versión pública de la sentencia de la Causa Penal 103/2012.

[123] En la versión pública del expediente los nombres y los cargos de los acusados están testados, pero sabemos que uno de ellos es Javier. La versión pública también tiene testadas la identificación de las víctimas, el grado de estudios de los acusados, la edad, el lugar donde nacieron, los nombres de los poblados donde sucedió el crimen y los cargos militares que los acusados o testigos ostentan. Como está elaborado, el testado impide conocer la cadena de mandos del crimen. Buena parte de este relato se sostiene en dichos de Javier.

Sigue Javier:

"Le dieron parte al capitán de que estaba muerto. El capitán estaba con el teniente en la camioneta escuchando música. El capitán se espantó y dio parte al coronel, el coronel le dijo «no quiero problemas». Nos lo contó el capitán, que desaparezcamos el cuerpo."

Esta es la historia que se cuenta en el expediente:

- Para desaparecer el cuerpo los soldados armaron un convoy de cinco camionetas.
- La primera era la camioneta negra del joven asesinado, que usaron para transportar su cuerpo;
- una camioneta militar acompañó al vehículo del joven hacia la presa;
- otras dos camionetas militares siguieron una ruta distinta;
- la quinta se dirigió al puesto de control que los militares tenían en el poblado.

El plan era arrojar el cuerpo a una presa. Desaparecerlo.

Dos soldados contaron al juez que ellos llevaron el cuerpo a la presa usando la camioneta del joven muerto. El Soldado 1 dice que cuando su comandante le llamó, ya estaba el cuerpo arriba de la camioneta. Luego vino una orden:

"…ahí en ese momento el ********** ********** nos ordenó en tono muy molesto y alterado que nos subiéramos a la camioneta negra y que nos la lleváramos, por lo que el ********** y yo la abordamos, conduciéndola éste…"

El Soldado 1 dice que le ordenaron seguir a las camionetas militares, que los guiaron por una carretera, pasaron unas vías del tren y luego una brecha de terracería.

"Avanzamos por varios kilómetros en busca de un lugar en el que dijeran que iba a tirar el cuerpo."

Después, ordenaron a los dos soldados que se vistieran de civil. A uno le dieron una playera naranja, un pantalón azul y unos tenis blancos y al otro una playera café y un pantalón azul, pero olvidaron los zapatos, por lo que usó sus botas militares. También les dieron pasamontañas; les ordenaron usarlos para que, en caso de que alguna persona pasara por ahí, no los reconociera.

El Soldado 1 escuchó que debía conducir hasta unos arbustos, donde estacionarían la camioneta:

"Y que de ahí bajáramos el cuerpo y lo lleváramos lo más que pudiéramos al agua, es decir, a la presa, y que ahí lo dejáramos."

"Escondimos la camioneta entre los árboles y de ahí bajamos cuerpo del civil arrastrándole hasta la presa y nos introdujimos a la presa poca profundidad y por las prisas ahí nada más lo dejamos y nos venimos corriendo."

El Soldado 2 cuenta:

"No estuvimos de acuerdo, pero el ********* seguía metiendo presión de que todo se hiciera rápido antes de que valiera verga."

Valer verga *quiere decir: descubrirlos en su crimen.*

Ahí no acababa el plan. Cuando dejaran el cuerpo en el agua, pasaría por ellos una camioneta militar: "De ahí unos compañeros hicieron como que cargaban cartucho y nos detenían, y nos llevaban hacia las camionetas, y volvimos a poner nuestro uniforme."

Dice el Soldado 2:

"Simulando como si fuéramos nosotros los malandros, hicieron como que nos sometieron y nos subieron a las Cheyennes. Nos dijeron que la ropa la dejáramos, que según las iban a incinerar."

Malandros *quiere decir: personas que cometen un crimen.*

Mientras dos soldados disfrazados de civiles con pasamontañas dejaban el cuerpo en la presa, tres soldados que iban en otra camioneta siguieron con la logística. Los llamaremos soldados 3, 4 y 5.

El Soldado 3, que iba a bordo de la camioneta militar, dijo:

> De ahí seguimos avanzando y alguien gritó que de la presa venían dos civiles encapuchados, por lo que mi camioneta

se arrancó y distinguí quiénes eran por uno de ellos gritó "soy yo, soy yo". Se tiraron al suelo, de ahí el ********** dijo a uno de mis compañeros, "agárrennos y hagan como que nos llevan hacia las camionetas" y fue entonces que los subieron aparentando de que habían detenido a alguien.

Parecía que todo estaba listo: los soldados disfrazados de criminales habían arrojado el cuerpo en la presa, habían sido "detenidos" por sus compañeros y ya iban de vuelta al taller mecánico. Pero cuando ya estaban a bordo de la camioneta militar recibieron una llamada: debían volver a la presa, recuperar el cuerpo y llevarlo de regreso al taller mecánico. El crimen había sido descubierto.

Dijo el Soldado 1:

> En ese momento observé que el ********** recibió una llamada, y al parecer tanto el ********** y ********** escucharon lo que estaba hablando dicho oficial y dijeron "ya valió madre", momentos después el ********** nos ordenó que nos volviéramos a cambiar de civil y que fuéramos a traer el cuerpo con todo y camioneta .

Soldado 2:

> (Cuando llegó la orden de recuperar el cuerpo) Los ********** y el ********** se volteaban a ver unos a los otros dando a entender en ellos que estaban bajos de moral y que ya se habían metido en pedos, fuimos otra vez por el cuerpo.

Meterse en pedos *quiere decir: su crimen había sido descubierto.*

Entonces se cambiaron de civil. El Soldado 1 fue hacia la presa y el Soldado 2 fue por la camioneta negra. La acercó lo más que pudo al agua y entre ambos intentaron sacar el cuerpo y subirlo, pero no pudieron con su peso. Sus compañeros no querían ayudar, hasta que accedieron y entre tres subieron el cadáver a la camioneta. Condujeron de vuelta al taller.

A priori, la teatralización para desaparecer al cuerpo del joven parecía absurda. Es decir, si había una decisión y orden de los mandos, que a su vez se sentían protegidos por sus superiores —a juzgar por los testimonios de Javier y los contenidos del expediente—, ¿para qué simular ser *maña* desapareciendo un cuerpo?

Sin embargo, el absurdo puede no ser tal si el objetivo no era —o no sólo era— evitar que alguien los identificara como militares cometiendo un crimen, sino que alguien los viera como criminales cometiendo un crimen. O, como dijo el Soldado 2 al juez, el mando les ordenó que "aguantaran vara" por lo que había pasado y que después "se iba a dar parte de que habíamos encontrado un cuerpo".

Aguantar vara *quiere decir: obedecer, guardar silencio, ser cómplices.*

Todo el acto parece tener un enorme componente simbólico: justificar la presencia de La Tropa en las calles, su violencia. Esto es, *debemos permanecer aquí para acabar con la maña.*

La doble muerte

Matar a la persona, desaparecer su cuerpo.

La *doble muerte* de la que habla Giovanni De Luna, una muerte física y otra simbólica: la muerte que profana al cadáver, que le niega el honor de una ceremonia fúnebre, pertenece al ámbito de la venganza. Y es esta muerte la que nos muestra más del asesino, dice De Luna: sus elecciones ideológicas al transformar el cuerpo de la víctima en un objeto —un bulto en una presa—. En este caso, además, esa muerte simbólica, la desaparición del cuerpo, es también una muerte legal. "Sin cuerpo no hay delito", dice Javier sobre la razón por la que decidieron desaparecer el cadáver. Pero eso no lo decidió él, nos aclara.

Sí, además de matar, La Tropa desaparece personas: la Comisión Nacional de Derechos Humanos dio 32 recomendaciones a los soldados por desaparición, con un total de 94 víctimas, entre 2006 y 2017.

En el mismo periodo el Poder Judicial dictó 36 sentencias contra soldados por crímenes contra civiles, cuatro de ellas por desaparición forzada de personas.

En marzo del 2009, por ejemplo, un grupo de 25 militares, entre ellos un teniente coronel, efectuó un cateo ilegal en Zamora, Michoacán. Además de robar objetos y un automóvil, detuvieron a una persona que, a la fecha de la sentencia, en abril del 2015, seguía desaparecida.

En agosto del 2010, en Coatzacoalcos, Veracruz, otro grupo de soldados entró a un bar y comenzó a revisar a los clientes. Se llevaron a cuatro personas a un cuartel militar, las metieron al baño, las torturaron. Pero solo tres fueron puestas a disposición de la justicia. La cuarta persona, un taxista, permanecía desaparecida hasta el momento de la sentencia, abril del 2017.

En marzo del 2012, en Cadereyta, Nuevo León, soldados detuvieron a un joven de 23 años que estaba en un automóvil particular. Lo torturaron en un rancho hasta dejarlo inconsciente y murió mientras lo trasladaban en un carro militar. Tiraron su cuerpo en un campo, ocultándolo entre la vegetación.

En mayo del 2012, soldados llegaron a una casa en un municipio de Nuevo León, entraron de manera ilegal, sacaron a una persona, la arrodillaron en la puerta y le taparon el rostro con su playera. Luego la subieron a la camioneta militar. Hasta la fecha de la sentencia, agosto del 2015, se encontraba desaparecida.

Y además está el caso del "Pelotón de la muerte",[124] que explicamos en el capítulo anterior.

---

[124] Ver capítulo 3.

6. FORMAS DE MATAR

De las 36 sentencias contra soldados, siete son por ocultar los cuerpos: en cuatro ocasiones los soldados los ocultaron en fosas clandestinas, en dos casos los abandonaron en el monte y en un caso —el que involucra a Javier— intentaron arrojar el cuerpo a una presa.[125]

Sí, los soldados hicieron fosas clandestinas para enterrar a sus víctimas: en mayo del 2009, en Zamora, Michoacán, militares de La Tropa mataron a una persona mientras la torturaban. Llevaron su cuerpo a la orilla de una pista y la enterraron envuelta en una cobija. Le espolvorearon cal para tapar el mal olor de la putrefacción.

En noviembre del 2009, en Nuevo Casas Grandes, Chihuahua, soldados torturaron a dos personas; una murió. Los soldados fueron al monte y cavaron una fosa de metro y medio de profundidad, ahí arrojaron el cuerpo y sentaron a la persona viva a la orilla: le dieron dos disparos en la cabeza y uno más al muerto para simular que fueron *ejecutados* por grupos del crimen organizado.

En agosto del 2010, en Ciudad Madera, Chihuahua, miembros de La Tropa mataron a un hombre con un disparo en la cabeza mientras buscaban plantíos de marihuana; recogieron el cuerpo, lo envolvieron en un plástico negro con cuerdas de nylon azul y amarillas y lo cargaron con una camilla hecha de palos hasta una fosa de 40 centímetros. Fue una operación cuidadosa: mientras unos soldados cavaban, otros vigilaban y otros buscaban zacate para tapar el entierro.

En julio del 2012, en Naranjos, Veracruz, un hombre fue detenido, torturado y asesinado: el teniente a cargo del operativo ordenó a los soldados que cavasen una fosa de un metro de

---

[125] La sentencia 101-2013-IV se dio por los delitos de desaparición forzada, homicidio calificado y ocultamiento de cadáver, es decir, esta sentencia está considerada en los cuatro casos de desaparición forzada que se narran en este capítulo y en los dos casos en los que soldados intentaron ocultar cuerpos, abandonándolos en el camino y ocultándolos con vegetación.

profundidad. Colocaron el cuerpo y encima arrojaron basura "para no dejar rastro".

En marzo del 2007, soldados arrojaron el cuerpo de un hombre en medio del monte, quedó oculto por la vegetación, en Naco, Sonora.

Un error

¿Por qué los mandos del soldado Javier ordenaron a La Tropa que recuperasen el cuerpo del joven arrojado momentos antes a la presa? El hermano del joven asesinado dijo al juez que cuando iba camino a su casa por la tarde, vio las camionetas verde olivo en el taller y se acercó a preguntar qué sucedía. Los militares, cuenta, lo corrieron. Poco después, cuando los soldados se retiraron del taller (iban camino a la presa), el hombre entró pero no encontró a su hermano. En eso, un tercer hermano le llamó por teléfono para decirle que unos instantes antes había visto a unos soldados meterse en una brecha a bordo de una camioneta negra como la de su hermano, así que tanto el padre como los dos hermanos del joven, se pusieron en marcha para seguirlos. Condujeron hasta la brecha que lleva a la presa y cuando vieron a los soldados salir de ahí "a toda velocidad", se metieron a la brecha para ver si encontraban ahí a su hermano. Al no encontrarlo, condujeron de vuelta hasta el taller, a donde ya habían llegado los militares. Ahí, el papá y un hermano del joven interpelaron a los militares:

> Mi papá les preguntó a uno de los militares que quería ver a su hijo, uno de ellos le decía a mi papá que ahí adentro estaba un muchacho tirado. Le preguntamos si estaba vivo y lo que nos contestó "voy a investigar" […] Minutos después regresó y dijo que sí había fallecido, que él sabía quién lo

privó de la vida y que habían cometido un error, pero que se iba a castigar a los responsables conforme a la ley, y que a nombre de la Secretaría de la Defensa Nacional teníamos su apoyo...

Un error *quiere decir: detener, torturar, matar, desaparecer.*

No

Sentado en la banca de cemento afuera de la cafetería de la prisión, el soldado Javier se restriega las manos y las mete bajo el calor de las axilas. Se hizo soldado porque no pudo entrar a la universidad: quería ser arquitecto. Sin embargo, dice, ahora se asume de otra manera: "Nunca tuve en mi vida un sueño."

Nosotros, con pluma y libreta en mano, miramos al soldado: nunca vimos allí a un posible arquitecto. Javier, frente a nosotros, es una mano que cometió un crimen ordenado por otros. No el deseo de ser lo que no fue. Se nos apilan las preguntas. ¿Qué pensabas mientras torturaban al joven en el taller mecánico? ¿No sentías nada? ¿Por qué no hiciste algo para que no lo mataran? ¿Y por qué, aunque sea, no lo dejaste de sostener? Y si no podías hacer nada ¿al menos irte de ahí, negarte a estar ahí? ¿Y qué pensabas mientras arrastraban el cuerpo del joven a la presa?

Lanzábamos esas preguntas desde nuestro lugar, nuestra formación, nuestras posibilidades: mirar, sentir, razonar y decidir conforme a nuestros valores: no matarás, quizá el más importante de ellos.[126] Preguntas cómodas, tal vez. Elaboradas desde la inmunidad de quienes no hemos estado sometidos a sus niveles de obediencia y estrés. De quienes no hemos estado cerca de la muerte.

---

[126] No matarás, como dice Emmanuel Levinas.

En capítulos anteriores planteamos cómo el Ejército construye al soldado. Sin embargo, en una estructura autoritaria, de disciplina, vertical como el Ejército, más que la formación de la persona como soldado, ¿no se trata de la anulación de la persona que es el soldado? Es decir, que esa persona que se hizo parte de La Tropa fue *matada*, despojada de su historia personal, insertada en un orden y una disciplina, la obediencia y el castigo, una formación, hasta convertirla en un soldado.

Antes y a pesar de eso, Javier sigue siendo una persona. Y como tal, como persona, Javier puede tomar decisiones. Entonces, Javier pudo decir No. No a la detención, No a la tortura y No a la desaparición. Porque pensar que Javier pudo decir No es también proteger nuestra moral, saber que existe siempre esa posibilidad de rechazar el mal.

Y sin embargo, toda institución moldea al individuo. Javier fue formado como soldado por una institución castrense, dogmática, nada horizontal, jamás sostenida sobre la idea de las libertades del individuo sino de la conversión de la persona en un miembro de La Tropa que sigue, sin chistar, una cadena de mando. Es decir, su *ser persona* sigue inmerso en esa institución y los valores que ahí aprendió: el honor, la obediencia y la disciplina en las aulas y los códigos militares. Pero allí también aprendió miedos. Y allí también aprendió que la tortura, la muerte y la desaparición son aceptadas.

Si es así, entonces ¿qué posibilidades reales tiene una persona como Javier de decir, como nosotros, como cualquiera, No? ¿Podía decir No en un sistema estructurado, jerárquico, de autoridad incuestionable, donde, de alguna manera, algo de su vida está en riesgo: su salario, su trabajo, su libertad? Incluso su vida. La vida de soldados que han aprendido que si no matan —en un tiroteo, por ejemplo—, los matan. ¿Se puede decir No en esas circunstancias con la misma determinación que nosotros, dos periodistas sentados allí con sus cuadernos de notas y bolígrafos que tienen una vida civil con hijos y cafés por la mañana y siestas y cenas? ¿Cuánto de persona hay en alguien como Javier, una pieza mecánica de una institución fácilmente sustituible?

Y si Javier hubiera dicho No, ¿habría cambiado el resultado de las cosas? Es decir, ¿viviría el joven torturado? Y antes, ¿habría sido torturado? Y si aceptamos los hechos que sucedieron como un imponderable, que un soldado no puede obviar la cadena de mando, que La Tropa está allí para obedecer porque ese es el código, ¿estamos aceptando el uso desmedido de la violencia por parte del Estado, estamos aceptando o resignándonos a que un Estado mate, a que *nos* mate?

Volvamos los pasos e intentemos un ejercicio mental. Es apenas de una propuesta: si el Ejército *mató* a la persona para convertirla en soldado, intentemos *matar* al soldado para volver a la persona que todavía, creemos, hay allí. Es decir, volver a la persona que fue antes de ser soldado para intentar entender en qué condiciones actúa y habita el mundo. Quitarle el uniforme verde olivo que le montaron encima para acercarnos al hombre antes de la institución.

En el libro *Eichmann en Jerusalem*, Arendt retoma la historia del soldado alemán Anton Schmidt, que estaba a cargo de una patrulla en Polonia durante la Segunda Guerra Mundial. Schmidt era el responsable de recoger compañeros que habían perdido contacto con sus unidades. En cinco meses de guerra, el soldado Schmidt ayudó a partisanos judíos proveyéndoles papeles falsos y camiones para escapar de la persecución nazi. Apenas descubrieron sus acciones, sus compañeros alemanes lo arrestaron y lo asesinaron de inmediato. Cuando esa historia fue contada en la Corte de Jerusalén fue como si los presentes guardaran dos minutos de silencio en honor a un soldado alemán que salvaba judíos. Arendt lo recuerda así:

> Y en esos dos minutos, que parecieron un estallido de luz en medio de una penumbra insondable e impenetrable,

despuntó una sola idea, clara, irrefutable, más allá de todo cuestionamiento: qué distinto sería todo hoy en esta sala, en Israel, en Alemania, en toda Europa y quizás en todos los países del mundo, si se pudieran contar más historias como ésta.

Durante esta investigación buscamos soldados que, rompiendo con la cadena de mando, hubieran desobedecido alguna orden, por mínima que fuera, para no provocar dolor a una persona. Fue una búsqueda que respondió a una necesidad personal de saber que se puede romper con la verticalidad de la violencia, que siempre está la posibilidad del No, que necesitamos aferrarnos a nuestra humanidad como un salvavidas en un país donde han ocurrido más de 200 mil asesinatos en la última década.

¿Puede un soldado, sometido a sus mandos, desobedecer una orden ilegal que significa cometer un crimen contra otra persona? ¿Cuál es la posibilidad real que tiene un soldado en la calle, de decir No? ¿Existe esa oportunidad para La Tropa?

Alberto, un soldado que espera sentencia por la muerte de cuatro hombres en Monterrey habla desde la confusión:

> Es bien confuso para uno saber si puede desobedecer una orden que va a hacer el mal, porque si desobedecemos, nos castigan; si obedecemos, también nos castigan porque se violaron derechos humanos. Aquí [en prisión] ya me doy cuenta que sí te puedes negar, no lo sabía, no me lo enseñaron, quizá porque no lo leí, yo solo a lo que nos decían, no leí la legislación militar, casi no nos instruyen a los derechos humanos, no conocía a los derechos humanos… Es muy difícil saber en el momento porque ya es cuando estas defendiendo tu vida, ya no es cosa del Ejército, el operativo. No, ya se trata de tu vida.

¿Cómo se asumen los soldados bajo el mandato de la obediencia? ¿En qué se convierten ellos cuando solo aprenden a obedecer?

6. FORMAS DE MATAR

El sargento Salvador[127] intentó desobedecer la orden de matar a un hombre que le dictó su teniente de infantería. Al teniente no le gustaba poner a los detenidos a disposición, por lo que dijo al sargento: "Llévatelo y dale en la madre, no tiene derecho a vivir." El sargento Salvador dijo a su mando que llevaría al detenido a las afueras del poblado y lo dejaría ir. "No tienes huevos, cabrón, para darle en la madre a un civil", dijo el teniente. "No, mucho menos con mi [arma] G-3", replicó el sargento Salvador. A lo que el teniente desenfundó su arma y se la entregó. "Con esto le vas a dar en la madre, no lo quiero vivo." Pero el sargento dijo que no sabía cargarla, así que el teniente lo hizo por él, se la entregó y reiteró su orden.

El sargento Salvador y un sargento de sanidad salieron a las afueras del poblado en una Cheyenne con el detenido. Una vez allí, bajó al detenido de la camioneta y le dijo que corriera, que era libre, pero él apenas podía sostenerse en pie por la tortura que le habían dado. El sargento de sanidad lo trató de vil recluta: "Vales madre, no tienes valor, ni derecho a estar en el Ejército." Entonces el sargento Salvador hizo lo que cambiaría todo en su vida: "Tanto me incitó el sargento de sanidad que a una distancia como de tres metros me paré, nunca dándole la cara, de lado, subí el arma y sin apuntarle se me fue un disparo y fue así como el civil cayó."

En otro caso, el capitán Palomar[128] se negó tres veces a obedecer la orden de matar a dos hombres rendidos, amarrados y vendados, que le había dado su teniente coronel en un cerro de Michoacán. Ante la insistencia, el capitán Palomar respondió: "Yo no hago eso" y "eso no se hace así". Luego guardó silencio, le dio la espalda a su mando y se fue de ahí. Sin embargo, aunque no disparó el gatillo, el

---

[127] Este hecho sucedió en junio del 2009 en Peribán de Ramos, Michoacán, y está contenido en la causa penal 4/2016-I-C.

[128] Ver capítulo 5.

capitán Palomar diría ante la justicia que esos dos hombres habían muerto en un enfrentamiento, no que habían sido ejecutados por sus compañeros.

Las decisiones del capitán Palomar o del soldado Schmidt demuestran que también hay casos donde la carga humana supera a la deriva de la institución. Algunos soldados, por ejemplo, nos contaron experiencias de desobediencia durante los operativos en las sierras de Guerrero y Michoacán, a donde fueron enviados a destruir plantíos de amapola y marihuana. La orden era detener a los hombres que estuvieran vigilando los campos, pero la verdad, nos dijeron, es que pocas veces lo hacían. Y por dos razones: por su seguridad y para evitarse la responsabilidad de cuidar a un detenido hasta presentarlo al Ministerio Público. Higinio, el soldado al que llamaban lacra, fue uno de ellos. Y explica su razonamiento:

"¿Para qué meterme contigo?, ¿para qué ser enemigos si podemos ser amigos? Ellos no son los criminales, solo los que cuidan, ellos hacen su trabajo, yo hago el mío."

Y hay casos más determinantes, significativos. Casos en los que la cadena de mando que imperaba usar la fuerza militar para detener y torturar fue rota por un capitán y sus soldados, al considerar la orden ilegal. A inicios del año 2011, en Ensenada, Baja California, el capitán José Alejandro recibió la orden del general Gilberto Landeros Briseño, comandante de la Segunda Zona Militar, de detener a una mujer que, según él, estaba involucrada en narcotráfico.[129] En un par de ocasiones el capitán José Alejandro, a cargo del retén en Loma Dorada, revisó el automóvil de la mujer y no encontró armas o droga, así que la dejó ir:

"Yo le respondí que no había ningún elemento delictivo para proceder a su aseguramiento, a lo cual mi General contestó «fíjate

---

[129] Esta historia fue narrada en el libro *Nadie les pidió perdón*, de Daniela Rea y publicada por el periódico *Reforma*.

6. FORMAS DE MATAR

lo que me estás diciendo, ¿quieres que me chingue a unos oficiales?» Días después, el general pasó por el retén y me dijo «ya hice lo que tú no pudiste»."

El capitán decidió desacatar una orden que consideró ilegal y el general respondió con un castigo. Un castigo ilegal, que podría entenderse como venganza: ordenó detener al capitán y a los nueve soldados a su cargo, y acusarlos de delincuencia organizada. El capitán y los soldados estuvieron incomunicados durante tres días en el cuartel militar, dos soldados fueron torturados ese tiempo y obligados a declarar sin defensor de oficio. El capitán y los soldados estuvieron presos un año en la prisión militar de Lomas de Sotelo y salieron libres por falta de pruebas en su contra. Durante sus días en prisión, uno de los soldados nos dijo:

"Me empezaron a torturar a base de bolsas sofocándome con ellas, dándome toques eléctricos en distintas partes del cuerpo, asimismo me dijeron que yo pusiera a todo el personal, que yo ya sabía quiénes eran los que traficaban ahí en el Segundo Regimiento con droga."

Cinco años después del encuentro en prisión vimos al capitán José Alejandro en un café en el oriente de la Ciudad de México. Había vuelto a los cuarteles y había ascendido en la escala militar. Se le veía repuesto y, a pesar del daño que él, sus muchachos y sus familias dijeron vivir ese año de prisión, José Alejandro mantenía el honor y respeto por las fuerzas armadas. Para él todo lo vivido fue consecuencia del error de una persona, el general, que dañó a sus compañeros y a la institución, no el producto de un condicionamiento institucional, una marca cultural del Ejército.

¿Qué postura es cierta? ¿La que dice que es posible desobedecer o la que afirma que la desobediencia es imposible en contextos militares? ¿Será que constantemente estaremos navegando entre ambas?

Cuando publicamos el sitio *Cadena de mando*, el germen de esta investigación, en el que planteamos la pregunta ¿por qué mata un soldado?, varios lectores nos hicieron llegar sus comentarios que publicamos en el apartado *Post Scriptum*. Uno de ellos fue del doctor Rafael Mondragón, profesor en humanidades en la UNAM y uno de los creadores del espacio de pensamiento "Una mesa para compartir objetos", un espacio informal dentro de la Universidad, en el que se intercambian lecturas e ideas para pensar la violencia. Rafael nos escribió una carta donde citó el experimento de Milgram.[130] Se centró en la explicación del "estado agentico" como una ilusión que le sirve a quien obedece para aminorar el dolor de causar daño: la persona imagina que ha perdido la capacidad de decir No, como una defensa ante una situación que le hace sentir impotente y al mismo tiempo ese consuelo fortalece su impotencia. En su carta, Rafael invitaba a los lectores a pensar en cuáles son las formas con las que La Tropa se consuela en esa obediencia, pensar en esos mecanismos de defensa para, entonces, encontrar elementos que ayuden a romper con la obediencia cuando la orden implique actos ilegales o inhumanos. Y así, pensar en la desobediencia como una posibilidad de parar el daño a otros.

Los soldados inferiores

Según los relatos de La Tropa al juez y nuestra conversación con el soldado Javier, varios compañeros intervinieron en distintas tareas a lo largo de la detención, tortura e intento de desaparición del cuerpo del joven del taller mecánico: revisen, detengan, sostengan, vigilen, vayan en las camionetas, bajen el cuerpo, suban el cuerpo.

Parece entonces casi fortuito que Javier esté preso, sentenciado por obstrucción de la justicia, porque a él le tocó obedecer la orden.

---

[130] Ver capítulo 3 en el que se explica en qué consistió el experimento Milgram.

6. FORMAS DE MATAR

Dice el Soldado 3:

"... de ahí vi que salieron del cuarto el ********* y los ********* y *********, quienes le fueron a dar parte al ********* de que el civil se había muerto. De ahí que, como los cinco minutos, el ********* se comunicó por teléfono celular con alguien. De ahí nos dijo que teníamos que solucionar el problema."

Nos dijo, es decir, a varios. ¿Cómo decidió el mando a quién ordenaría llevar el cuerpo, a quién "atrapar" a los militares disfrazados de criminales, a quién conducir la camioneta? Es imposible de determinar con la información vertida en el expediente pero, según los dichos de un teniente que conocimos en prisión, "el mando va a vender a quien se deje, manipulando a quien pueda usar para hacer sus cosas. El mando se da cuenta si uno tiene carácter o no para usarlo".

Continúa el Soldado 3:

"Posteriormente vi que el ********* le ordenó a los ********* y ********* que subieran el cuerpo del civil a su propia camioneta en la parte de atrás, es decir, en la caja..."

Cuando leímos el testimonio del Soldado 3 y el relato sobre los sucesos en el pelotón —o, por ejemplo, en el caso del pelotón de Ojinaga, Chihuahua, que mató y desapareció a siete personas—[131] queda evidenciado que si los soldados no cumplían la orden del mando, alguien más lo haría. En la lógica del comandante, el soldado es una pieza que actúa para cumplir la orden. La Tropa está allí para seguir al jefe. Como lo dice Javier: "Los soldados inferiores estamos sometidos a obedecer órdenes. Cuando sólo obedeces ya no eres persona, ya no eres nadie. Eres unas manos que hacen cosas. Somos las manos de alguien más. Las manos somos nosotros y los que pagamos somos nosotros, la inferioridad es la que paga."

---

[131] En el capítulo 3 se narran los crímenes cometidos por el "Pelotón de la muerte" y la forma en que se daban las complicidades y órdenes dentro del pelotón.

A la distancia, a tres años de esas pláticas con Javier en la banca de cemento afuera de la cafetería de prisión, tratamos de pensar qué debió suceder para estar ahí esa mañana. Esto es, que Javier no entrara a la universidad para ser arquitecto, que Javier decidiera hacerse soldado para tener un ingreso estable, que a Javier lo enviaran a Tamaulipas a patrullar, que ese día trágico le tocara trabajar, que el mando le hubiera ordenado sostener a la persona detenida, en lugar de, por ejemplo, vigilar la puerta o mantenerse en el retén como ordenó a otros compañeros, que la persona muriera en tortura, que el mando le hubiera ordenado desaparecer el cuerpo.

Estar allí, en prisión, platicando con Javier, parecía más la consecuencia de múltiples circunstancias externas, antes que una decisión personal.

Tras ese día y hasta su traslado al penal, Javier permaneció arraigado un mes porque había un juicio en su contra. Javier se quedó en prisión —con otro soldado— por obstrucción a la justicia. La investigación sobre la tortura y homicidio seguía en juicio mientras concluíamos este libro.

La Tropa está para servir

En el año 2017, el periódico *El Universal* publicó que, entre el 2006 y 2016, fueron encarcelados 12,000 soldados. El promedio, de 1,200 cada año, representaba un dramático salto de los 800 soldados presos en promedio cada año a inicios de la década, antes de que el Ejército saliera masivamente a patrullar las calles.[132]

---

[132] En la nota periodística "En la cárcel 12,000 soldados en diez años" publicada por *El Universal* en diciembre de 2106, se detalla que nueve de cada diez presos eran, como Javier, parte de La Tropa: soldados, cabos y sargentos. El resto, capitanes y tenientes. Solo ocho de esos 12,000 detenidos son generales. Además, se detalla que los delitos más frecuentes

6. FORMAS DE MATAR

Recordemos que entre el año 2006 y octubre del 2018 La Tropa participó en más de 4 mil tiroteos,[133] casi uno al día en todo el país. En capítulos anteriores nos detuvimos en el número de civiles asesinados en esos hechos. Ahora queremos detenernos en los casi 300 soldados que murieron en esos tiroteos.

Otros 247 soldados habían muerto hasta el 2017 durante sus patrullajes de distintas maneras: por accidente, ejecutados, ahogados.[134] La Sedena también registró que al menos 151 soldados fueron desaparecidos entre 2006 y 2016, y otros 34 que primero habían sido declarados desaparecidos fueron hallados más tarde muertos.[135] Además, la Sedena registró casi 2,500 soldados "incapacitados" por heridas de fuego o actos de servicio.

Soldados sobrevivientes, encarcelados, mutilados, desaparecidos o asesinados.

¿Qué es de ellos? ¿Qué pasa con la psique de una persona obligada a obedecer o sometida al castigo constantemente? Que incluso en las peores circunstancias de amenaza no puede decidir entre vida o muerte, sino en obedecer una orden. ¿Qué pasa en la mente de un soldado en constante exposición a elevados niveles

---

son: abandono de servicio, abandono de mando, insubordinación, abuso de autoridad, desobediencia, robo, deserción, administración fraudulenta, daño a propiedad ajena, lesiones culposas y agravadas.

[133] A través de solicitudes de transparencia solicitamos el número de enfrentamientos, está actualizado hasta octubre del 2018, sin embargo, en la última actualización, que son los 10 meses del 2018, el Ejército sólo incluyó los enfrentamientos en donde hubo soldados muertos o heridos, omitió aquellos enfrentamientos donde no existieron daños a los soldados.

[134] El número de soldados muertos en estos años de militarización llega a 547: 300 murieron en *enfrentamientos* que registró la Sedena en su base de datos y 247 murieron en los patrullajes diarios, casi todos en accidentes y algunos asesinados, sin *enfrentamiento*.

[135] En la respuesta que se dio en abril del 2016, Sedena explica que a partir del 2014 ya no se registraron soldados desaparecidos. También señala que además de los desaparecidos y desaparecidos que posteriormente fueron encontrados muertos, 55 soldados fueron privados de su libertad y después localizados con vida.

de violencia y amenaza —amenaza no sólo del crimen, sino del mando que le dice obedece o serás castigado—? Que reniega de sus valores, de su capacidad de razonamiento, de su capacidad crítica. El soldado se asume como un instrumento: ¿Qué sucede con su estabilidad emocional, su juicio? ¿Qué pasa en la cabeza de los 50,000 soldados que patrullan las calles del país?[136]

La fotógrafa Lalage Snow publicó el proyecto "No estamos muertos: el rostro del soldado antes, durante y después de servir en Afganistán", en el que retrata la cara de los soldados estadounidenses y publica algunos testimonios que tomó mientras los fotografiaba. Esto es lo que Chris MacGregor, de 24 años, le dijo durante una misión:

> …Es tu miedo el que te mantiene vivo aquí. Pero creo que, si va a suceder, va a suceder y no hay nada que puedas hacer al respecto... Todavía duele cuando escuchas que un soldado muere. Piensas en lo que están pasando sus familias. Preguntas por qué murieron y qué estamos logrando aquí. Ya no estoy seguro. Ese soldado afgano que está perdiendo las piernas en este momento... no sé …

Pero el testimonio más determinante es este de Sean Patterson, de 19 años, con quien habló antes, durante y después de una misión:

El 11 de marzo, antes de salir de misión: "…No tengo miedo, ¡no puedo esperar! Me uní al ejército cuando tenía 15 años, es todo lo que quería hacer y no puedo esperar para salir."

El 20 de junio, durante la misión:

---

[136] El dato de 50,000 soldados es el promedio anual que está patrullando en las calles desde el año 2006 al 2017.

6. FORMAS DE MATAR

Fue horrible. Cuando regresamos a la seguridad, rompí a llorar. Todos lo hicimos. No pude dormir esa noche. Estaba pensando en mi hogar y mirando las estrellas…. Unos días después de eso y durante el primer par de noches tuve pesadillas y flashbacks; me desperté con sudor puro y frío… Dos muchachos tuvieron que ser evacuados después de perder extremidades. No fue agradable verlo. No fue nada agradable. Digo una oración antes de ir a patrullar ahora, pero todavía pienso ¿voy a volver en una sola pieza o me faltará una pierna? Tengo miedo cada vez que salgo a patrullar. Lo odio. Quedan 84 días hasta que me vaya a casa.

7 de octubre, al volver de la misión:
"…Hemos perdido demasiados. Ves a los chicos volviendo, perdiendo tres extremidades. Ellos no podrán conseguir un trabajo en la calle como civiles, ¿verdad? Así que realmente no veo el punto. No es como si vamos a ganar algo en Afganistán, ¿verdad?"

El Departamento de Asuntos de los Veteranos de Estados Unidos publicó un estudio en el 2013[137] que concluía que, en promedio, 22 veteranos de guerra se suicidan cada día. Es decir, el ejército tiene más "víctimas suicidas" que soldados muertos en combate durante las guerras de Iraq y Afganistán.

En su libro *Los muchachos del zinc*, Svetlana Alexievich publicó relatos de los jóvenes rusos que volvían de sus combates en Afganistán, entre los años 1979 y 1989. Como en los relatos recogidos por Snow, la narrativa apila imágenes de desolación, muerte, anulación:

---

[137] Este dato fue citado en el libro *Enemigo dentro* de Alexandra Geneste y Francois Pesant, en el que se detalla que uno de cada tres soldados que lucharon en Medio Oriente está afectado por el síndrome de estrés postraumático (PTSD). "De acuerdo a un estudio publicado en 2013 por el Departamento de Asuntos de los Veteranos, un promedio de 22 veteranos se suicida cada día. Es decir, se lleva a cabo un suicidio cada 65 minutos."

"Estoy en la cama, sin brazos ni piernas... Me despierto por la mañana y no sé quién soy: ¿un hombre o un animal? A veces me entran ganas de ladrar o de maullar... Aprieto los dientes."

Guardando las distancias con la historia bélica de Estados Unidos y Rusia, la violencia a la que son sometidos los soldados en Afganistán y los altísimos números de suicidio, pensemos ahora en La Tropa, soldados, cabos, sargentos que patrullan las calles en México todos los días. ¿Qué sucede con un soldado que ha sido sometido a tales niveles de violencia, que todos los días, al salir del cuartel, no sabe si volverá esa noche a dormir con sus compañeros?

Para responder a esa pregunta hicimos algunas peticiones de información a las Fuerzas Armadas.

Preguntamos cuántas evaluaciones sicológicas realizó a soldados entre 2006 y 2017.

Preguntamos cuántos militares han tenido diagnósticos de padecimientos psiquiátricos.

Preguntamos cuántos militares se sometieron a tratamiento sicológico o siquiátrico.

Preguntamos cuántos militares se retiraron por incapacidad sicológica o mental.

Preguntamos cuántos militares se suicidaron.

Sobre las evaluaciones sicológicas la Sedena respondió que esa información es clasificada; después dijo que esa información no es necesaria para la función de las Fuerzas Armadas, por lo tanto, no la registra.

Sobre los elementos diagnosticados con padecimiento psiquiátrico dijo que entre el 2000 y 2016 hubo 463 militares con trastornos depresivos y de ansiedad, a razón de dos nuevos cada mes. Que en ese mismo periodo se dieron 1,856 consultas psiquiátricas, unas diez nuevas todos los meses.[138]

---

[138] En la respuesta se detalla que las 1,856 consultas se dieron entre el año 2000 y 2016, las cuales aumentaron en número a partir del 2008, con más de cien consultas por año, y en

6. FORMAS DE MATAR

Sobre los tratamientos sicológicos dijo que, en una década, solo nueve soldados visitaron a un analista.[139]

Sobre los soldados a los que se ha dado de baja por incapacidad psiquiátrica dijo que, bueno, ninguno.

Sobre los soldados que se han suicidado dijo que fueron catorce. Todos, salvo uno que se ahorcó, se suicidaron con arma de fuego.[140]

Estos datos permiten inducir que la salud emocional de los soldados tiene poca importancia para la institución, los soldados que tienen a cargo la seguridad en las calles del país patrullan

---

el año 2016 fue el número máximo, con 198 consultas psiquiátricas. No se detalla si cada consulta fue para un soldado en particular o si hubo seguimiento, es decir, si algún soldado recibió más de una consulta. Los datos tampoco permiten saber si de los 463 soldados diagnosticados con trastorno depresivo y de ansiedad, sólo 9 se sometieron a tratamiento sicológico.

[139] Las respuestas de Sedena no detallan la diferencia entre visita a un analista y consulta. Mientras que a este equipo de investigación la Sedena respondió que en dos sexenios nueve soldados se sometieron a tratamiento psiquiátrico, el periódico *La Jornada* publicó que, en el mismo periodo, fueron treinta soldados, según la nota "Desertaron 50 mil soldados en dos sexenios", hecha con información de la dependencia. El periódico *El Informador* publicó en diciembre del 2012 una nota sobre la salud mental de los soldados. En esa nota se explica que, de 2007 al 31 de noviembre 2012, 1,154 militares activos recibieron atención psiquiátrica por trastornos de la personalidad (en 25% de los casos); trastornos de adaptación (23.6%), depresión (18%), consumo perjudicial de sustancias (16.6%) y psicosis (16.6%). La nota retoma un par de investigaciones sobre salud mental de los soldados que vale la pena rescatar. Uno de ellos dice que en el año 2000 personal de sanidad de la Secretaría de la Defensa encontró casos de trastorno por estrés traumático entre un grupo de 2,800 militares que participaron en el conflicto armado contra el Ejército Zapatista de Liberación Nacional (EZLN). El otro, menciona que en el año 2007 los doctores Fernanda Martínez, Marcos Hernández y Marcos Chávez analizaron por seis meses a 225 pacientes del Servicio de Psiquiatría del Hospital Central Militar y encontraron que "aunque los pacientes psiquiátricos no son los autores de muchos homicidios ni de la violencia social, es evidente que existe una relación entre padecer algún trastorno mental y un aumento en el riesgo de la violencia".

[140] Estos son los datos de soldados que cometieron suicidio: 2003 un cabo; en 2005 un subteniente; en el 2006 un cabo; en 2009 un capitán; en el 2010 un teniente; en 2012 un sargento y un soldado; en 2015 un subteniente; en 2016 un coronel y en 2017 dos soldados, un sargento, un teniente y un cabo.

en situaciones de estrés y ansiedad sin someterse a ningún diagnóstico sicológico; por ende, no hay tratamiento ni seguimiento.

Consecuencias de estos daños emocionales o psiquiátricos en los soldados fueron documentadas por la Comisión Nacional de Derechos Humanos en el crimen contra José Fausto Gálvez quien fue detenido y torturado por soldados de La Tropa en el año 2007, en Sonora. Al señor lo golpearon, dispararon armas a un lado de su cabeza, vendaron sus ojos y lo arrastraron, le obligaron a beber alcohol metiéndole un tubo por la boca, le arrancaron las uñas de las manos y los pies con astillas de madera y, finalmente, lo abandonaron inconsciente en el cerro La Lesna, municipio de Pitiquito, en la frontera entre Sonora y Arizona. En la investigación del caso, la CNDH encontró que uno de los soldados involucrados tenía un padecimiento psiquiátrico que "influye en su grado de agresividad frente a terceras personas" y que a pesar de que la propia Sedena lo tenía pronosticado como "reservado para la función", había sido enviado a patrullar.

Casas, el teniente que patrulla en la frontera de Tamaulipas y Texas, dice:

"Una persona, por más adiestramiento que tenga, le pones por periodos prolongados en el frente de batalla va a empezar a tener secuelas psicológicas. Y puede empezarse a ver afectado para las operaciones tanto militares, como hacia la población porque tú ya no sabes..."

Para La Tropa, la guerra se vuelve confusa, angustiante, inexplicable, escribió Manolo E. Vela en *Los pelotones de la muerte*, al referirse a los soldados que participaron en el genocidio de indígenas en Guatemala. En los soldados guatemaltecos, explicó Vela, las ideas de la guerra fría llegaban desde los mandos y se transformaban en su cotidianeidad en el campo de batalla. Lejos de comprender que su papel era defender al régimen, al capitalismo o a la civilización occidental, los soldados guatemaltecos asumían que debían defender su vida y el honor de sus compañeros asesinados en emboscadas. Para ellos esa era *su* guerra. Podemos extrapolar

6. FORMAS DE MATAR

estas reflexiones de Vela para el caso mexicano y pensar que, al igual que el caso guatemalteco, La Tropa protagoniza una guerra en la que está combatiendo a un enemigo (*el narco, la maña, los traidores*) que amenaza su vida y la de sus compañeros.

El teniente Casas dice que en menos de cinco meses había acumulado "tres o cuatro compañeros muertos" y más de diez heridos, que en un año hubo más de 90 "agresiones" y se lamenta de que sus mandos digan que las muertes de sus compañeros son por falta de adiestramiento, sin considerar el nivel de estrés al que están sometidos. Aunque él mismo intenta levantar su ánimo: al menos, dice, han abatido a unos cien *delincuentes*, como los asume él.

El cabo Armando vio caer a un compañero en un combate. Cuando acabó el fuego, atraparon a uno de los hombres armados y lo sometieron, en venganza. Querían darle un plomazo, pero el mando sólo les permitió golpearlo.

> Un compañero que convivía contigo, que dormía contigo, reía contigo... todos quedamos en *shock*. ¿Qué le vamos a decir a su familia?, ¿qué vamos a hacer? Sí. Esto nos puede pasar a cualquiera. En el velorio, ves llorar a su mamá, a su familia, a todos... él era su sustento... Él tenía una niña, era padre soltero el compañero, se llamaba Adrián.

El sargento Gaspar también habla de la tristeza en los velorios de los compañeros. Él cuenta que asumió el riesgo de morir y le dijo a su familia "en cualquier rato, *bang*".

Las palabras de Armando y Gaspar nos recuerdan los lamentos de Espiridión, el soldado de la novela *Tropa vieja*.

> Estábamos en guerra los pobres desamparados y hambrientos de los campos contra otros pobres también desamparados y hambrientos [...] La misma necesidad teníamos todos de justicia y en la desesperación, peleábamos hasta

matarnos, con toda nuestra alma, para acabar de una vez no con los opresores de arriba, sino con nosotros mismos; acabar una vida que nunca había de ser mejor.

Es la muerte de los compañeros, es el miedo por la muerte propia, pero también es el abandono.

El sargento Jonathan, que patrulla en el norte de México, resultó herido de una pierna en uno de los enfrentamientos en que participó. Él sabía que por esa herida tenía derecho a un ascenso, pero tuvo que pelear durante un año, recorrer distintas oficinas militares en el país rastreando archivos, para encontrar la directiva en la que se reconocía ese derecho del soldado, pues los mandos se lo negaron. Cuando la encontró, reclamó lo suyo y compartió el documento con los soldados heridos que conoció en el camino. "El Ejército es muy traicionero. Yo vi a mucha gente, mucha gente herida que no fue ascendida."

De los soldados que entrevistamos para esta investigación solo Jonathan había recibido atención sicológica o siquiátrica.

La muerte que llega primero

Cuando un soldado mata, ¿qué se le murió antes?

De sus observaciones en el juicio a Eichmann, Arendt refiere una serie de pasos para conseguir la dominación total de las personas. Primero, matar a la persona jurídica, en el caso de la Alemania nazi, se trataba de colocar a las personas fuera de la ley, desnacionalizándolas; después, matar a la persona moral. Arendt narra el caso de la mujer a quien los nazis obligan a elegir a cuál de sus tres hijos salvar: la opción ya no es entre el bien y el mal, sino entre un crimen y otro; el tercer paso es hacer que los seres humanos, como humanos, se vuelvan superfluos: desaparecer cualquier señal de libertad y solidaridad humana.

6. FORMAS DE MATAR

Edgar Jones publicó un ensayo titulado *La psicología del asesinato: la experiencia de combate de los soldados británicos durante la Primera Guerra Mundial*. Allí concluye que la experiencia de los soldados en el campo de batalla era muy distinta a lo que aspiraban, inspirados en los relatos de veteranos, en la cultura popular que las películas y las novelas contaban sobre la guerra, en el patriotismo.

Algunos de esos soldados, dice Jones, se imaginaron en actos heroicos matando a decenas de enemigos. Pero en el campo de batalla todo fue distinto y al volver del combate, la mayoría de los soldados buscó desmovilizarse de inmediato, pero regresar a la vida civil les resultó bastante difícil. Las secuelas de la guerra provocó distanciamiento con sus amigos y familiares, pues estos no podían soportar que sus seres queridos hubieran matado. A veces este sentimiento pervive en los mismos soldados. El dilema para estos hombres desmovilizados era cómo reconciliarse con haber matado, "uno de los crímenes más atroces, pero para los cuales se les había capacitado y se les había alentado a realizar", escribió Jones.

Cuando comenzamos esta investigación conocimos a Andrés,[141] un hombre que nació en Tlaxcala y a los 17 años ingresó a las fuerzas armadas. Patrulló en la frontera con Tamaulipas antes de que la "guerra" fuera una guerra, esto es, cuando el Ejército todavía no estaba en las calles haciendo tareas de policía. Cuando tuvo oportunidad se cambió a la Policía Federal: creía que ser policía era más digno que pertenecer a La Tropa. Durante tres años patrulló en el norte del país con el uniforme azul marino hasta que fue encarcelado por problemas con su mando; Andrés cuenta que esos problemas fueron generados por la iniciativa de hacer operativos y cateos sin su autorización. Andrés demostró su inocencia y salió libre de cargos en 2013 y desde entonces ha peleado su reincorporación a las fuerzas federales. No lo ha logrado.

---

[141] Andrés aparece también en el capítulo 4, en el que habla de la construcción del enemigo.

Y no lo va a lograr; una reforma constitucional impide que los policías despedidos sean reincorporados. No importa cuáles hayan sido los motivos.

En estos años, Andrés ha brincado de un empleo a otro y casi siempre regresa a la papelería, un negocio familiar. Trabajó como guardia de seguridad, como guarura y en el crimen organizado.[142] Sí. Andrés, que había sido soldado y policía, se incorporó al crimen organizado. Andrés nos contó que, durante los años en prisión, conoció a integrantes de un cártel quienes lo invitaron a colaborar con ellos. Él se negó porque su intención al ser liberado era reincorporarse a la Policía Federal. Pero pasaron los meses y nada. Su caso no avanzó. Así que, desesperado, les tomó la palabra a los hombres que lo habían invitado y volvió al norte del país, a *trabajar* con la *maña*. Su tarea era cobrar a los deudores y *someterlos* si no pagaban. Someterlos, es decir, acabar con ellos, matarlos. No nos dijo a cuántas personas mató así y no le preguntamos. Lo que sí preguntamos era qué significaba para él estar en las filas de quien antes había sido su enemigo:

> Todo eso a mí me lastimaba mucho porque yo no quería hacerlo, simplemente no había manera. Te ves con la necesidad... Tuve que hacer cosas... No me siento orgulloso. Antes de caer ahí yo era policía, había sido soldado y a mí en realidad me gustaba servir, sabía de la hipocresía del gobierno, pero decía "si puedo hacer algo por mi bandera, lo hago, si puedo ayudar a alguien lo hago". Me lastimaba porque ahora estaba yo del otro lado, ahora yo era la escoria, era la mugre de la sociedad.

---

[142] Para esta investigación hablamos con cuatro ex soldados y todos ellos se quejaban de lo difícil que es encontrar un empleo como ex soldado, quizá solo como guaruras, guardias de seguridad o crimen organizado.

6. FORMAS DE MATAR

Desde que conocimos a Andrés en 2014, su presencia es esporádica. A veces pasan meses sin que responda un mensaje, a veces escribe para saludar o dar noticias. Así nos contó que se fue con *la maña* al norte del país, que volvió a Tlaxcala y que buscaba trabajo. La última vez que tuvimos noticias de él contó que lo habían despedido de su empleo como guarura. Andrés tiene menos de treinta años.

"Regresé a trabajar al negocio familiar", escribió. "No soy muy estable, se me hace todo muy tedioso, pues lo mío era la milicia." Por más esfuerzos, le cuesta adaptarse a la vida civil, pues aprendió a ser persona en el Ejército, al que entró casi un adolescente. "Sólo aprendí a vivir como militar, a perseguir delincuentes y a vivir siempre con el sentido de alerta." Andrés nos había contado que durante sus días franco en el norte del país, antes de caer preso, se iba a patrullar con un grupo del crimen organizado por la necesidad de adrenalina. No era un "trabajo", pues no lo hacía por dinero, sino por la emoción, por sentir el riesgo, por la necesidad de desfogar su energía. Su tarea, nos contó, era conducir la camioneta, mientras los otros disparaban o secuestraban personas. Nos aseguró que en esos días él no secuestró, ni torturó ni mató. Pero sí lo hizo cuando fue soldado y policía. "No tengo estabilidad emocional" nos dijo en esos mensajes de texto, "no he podido volver a ser normal".

La deserción es una de las primeras tres causas de bajas militares en los últimos dos sexenios. Desde el 2006 al 2017, más de 65 mil militares han desertado. 99% es tropa, soldados, cabos y sargentos: hombres que van y vienen, fácilmente sustituibles.[143]

---

[143] A partir de información que solicitamos a la Sedena, se puede ver que la deserción era la primera causa de baja del Ejército hasta el año 2010, cuando empezó a ser superada por el retiro y el pasar a la reserva activa. En los dos sexenios de Felipe Calderón y Enrique Peña Nieto, el año 2007 fue en el que más militares desertaron, casi 17,000 militares, para llegar a 1,147 militares desertores en el año 2017, la cifra más baja en el periodo.

La violencia que relatamos, reconstruimos y recordamos en este libro no es —o no sólo es— un acto de violencia barbárica de los soldados, también sería resultado de la violencia de la institución contra ellos: una institución de obediencia, autoritarismo y verticalidad, una sociedad precaria que los mantuvo al margen hasta que ingresaron a las fuerzas armadas, algunos con el sueño de *ser*, otros con el de *tener*. Una sociedad que les enseñó a ser un hombre que debe legitimarse por medio de la valentía, con el uso del poder, casi siempre sobre otros.

En *El hombre desechable*, Bertrand Ogilvie escribe que la respuesta de violencia de La Tropa es una "reacción inmunitaria" a la violencia estructural que proviene de la hermandad del Estado con el mercado, violencia capital que ve a las personas como seres desechables, sustituibles. Ogilvie emplea su tesis en el ámbito laboral, pero su correlato en las fuerzas armadas convertiría a la violencia capital en un productor de soldados desechables, seres obedientes que anulan, matan, torturan y desaparecen a otras personas igualmente desechables para ese Estado.

Los soldados son utilizados como carne de cañón para librar una guerra en nombre —y en contra— de los ciudadanos; como héroes que *caen* en ejercicio de su deber para justificar y fortalecer su presencia en las calles; y como chivos expiatorios cuando el reclamo social de justicia vitorea en las calles. Las fuerzas armadas, un monstruo que los engulle una y otra vez reutilizándolos de maneras distintas, según su necesidad. "La gente duerme tranquila por las noches en su cama porque hombres rudos están de pie, en otro sitio, listos para ejercer violencia en su nombre", dice una frase que ha sido atribuida a George Orwell.[144]

---

[144] La frase es comúnmente atribuida a Orwell, aunque no es clara su autoría. En un ensayo publicado en 1993 en el *Washington Times*, Richard Grenier parafrasea la cita y la atribuye a

6. FORMAS DE MATAR

¿Podría la violencia ejercida por La Tropa ser resultado de la violencia que ellos mismos han experimentado en sus cuerpos? El soldado es construido, usado, desechado y reutilizado —el orden puede cambiar, según el ciclo del uso del soldado—, al incorporarlo al sistema legal del que la misma institución lo excluyó: militares del más bajo rango que operan fuera de la ley como soldados luego vueltos criminales y, finalmente, encarcelados, como Javier, para volver a las manos del sistema estatal, el mismo que los creó como piezas intercambiables de La Tropa. O que los *mató* como personas.

Frantz Fanon dedica el último capítulo de su clásica obra *Los condenados de la tierra* a exponer el expediente médico de distintos victimarios. Allí es visible cómo el daño que provocaron les generó daños también a ellos, los victimarios: un soldado padece de psicosis después de haber asesinado a una mujer; un policía torturador es víctima de angustia; un inspector, después de pasar jornadas de diez horas torturando gente, llega a casa a torturar a su mujer e hijos.

Cuando ya no le es útil, el soldado vuelve a la sociedad *sin volver nunca*. Como Andrés, que nunca vuelve a *ser normal* o como los soldados de los que habla Edgar Jones, que jamás encuentran un trabajo normal.

Steve Fisher y Patrick McDonnell publicaron en *Los Ángeles Times* el testimonio de Oswaldo Ortega, un exmilitar que perdió su pie izquierdo luego de una tiroteo en Ciudad Juárez en el año 2009. "Cuando algo así le pasa a un soldado, ya no eres útil", dijo Ortega a los reporteros. "Te conviertes en un objeto desechable."

Un civil o un soldado son muertos de manera simbólica para volverlos luego enemigo, objeto, bulto, héroe. *Algo* que pueda ser utilizado por el Estado a su conveniencia: un delincuente al que combatir, un soldado al que castigar, un bulto al que desaparecer. Un civil o un

---

Orwell. En 1942, en el ensayo acerca de Rudyard Kipling Orwell escribió: "Making mock of uniforms that guard you while you sleep."

soldado mueren como personas para ser reutilizados según le convenga al Estado para su propia reproducción. Y luego, desecharlos.

Apelamos a la convivencia simultánea de dos responsabilidades sobre un crimen cometido por soldados: por un lado, la responsabilidad del Estado que, a través de formas estructurales e históricas, define nuestras formas de ser en el mundo; por otro, la responsabilidad individual de las personas que forman parte de un gobierno. Apelamos a una lectura simultánea porque nos permite entender la complejidad alrededor del hecho de que un soldado que patrulla las calles, mate.

¿Y nosotros?

¿Cómo imaginamos a soldados como Andrés o Javier o Ulises o Antonio, que violentaron, que torturaron, que mataron, como parte de esta, "nuestra" sociedad, una vez que se den de baja y regresen a la sociedad, desmovilizados, sin sus antiguos y pétreos marcos de referencia? ¿Los pensaremos como marginales, distintos a nosotros? Y si no los pensamos parte de la sociedad, si no los imaginamos en ella ¿en dónde los vemos? O como lo planteó el escritor peruano José Carlos Agüero al hablar de los ex combatientes de Sendero Luminoso, ¿cómo nos sentiríamos más tranquilos o satisfechos: con su desaparición, su olvido, su miseria? ¿Es solo esto lo que estamos en capacidad de ofrecer?

Hacemos nuestra la pregunta que Rafael Mondragón compartió en su texto para el *Post Scriptum* de *Cadena de mando*: ¿Cómo trabajaremos con los perpetradores de la violencia de Estado y en qué procesos de verdad, justicia y reparación tendremos que comprometernos junto a ellos (o al menos, junto a algunos de ellos), si es que en verdad deseamos construir una paz duradera?

¿Estamos dispuestos a responder esta pregunta?

Más aún: ¿estamos dispuestos a hacérnosla?

7

Ellos y nosotros

> "Entonces puede valer la pena re-mirar a los culpables, a los traidores, a los criminales, a los terroristas, y por contraste también a los héroes, a los activistas, a los inocentes y quizá a los que no son nada, a los espectadores, los que creen que son el público pasivo en este drama. Y revisar nuestro lenguaje, ¿puede este ejercicio tener consecuencias sobre nuestra propia mirada, nuestros recuerdos o el modo en que nos los hemos construido?"
> Los Rendidos. Sobre el don de perdonar de José Carlos Agüero

Son las dos de la tarde, el sistema de altoparlantes de la prisión militar de Lomas de Sotelo llama a los soldados a comer y termina nuestra visita. Los soldados reciben la mitad del salario mientras están en proceso penal y no pueden darse el lujo de pagar por un pollo rostizado, quesadillas o tacos dorados en la cafetería "El Casino", que ocupa un predio de la cárcel. No es que maneje precios caros, pero con la mitad del salario y una familia fuera, mejor ahorrar y dejar la cafetería para las ocasiones especiales.

Cada día de visita hemos salido del penal emocionados por nuestros hallazgos. Porque habíamos conocido a un soldado más, porque la confianza había superado las respuestas monosilábicas y ahora hablábamos de sus gustos, de música, películas y series favoritas, de su familia. Incluso, de sus sueños. Casi todos hubieran querido ascender en el escalafón militar y tener un futuro seguro, pero ahora ese futuro estaba desdibujado por los procesos penales en su contra. Se sentían abandonados por la institución.

En cada viaje tomamos la combi del transporte urbano junto a madres y niños recién salidos de la escuela hasta el metro Cuatro Caminos y en el vagón, mirando la ciudad pasar de prisa pensábamos en ellos. En ellos y sus hijos. En sus frustraciones y deseos. Ellos y lo que honran con su vida, aquello que aman. Ponernos en su lugar, de alguna manera nos provocaba una extraña cercanía. Nos hemos lamentado por la pena de imaginar a sus familias fracturadas, a sus hijos pasando los fines de semana con ellos encerrados en una prisión.

Esa emoción seguía con nosotros mientras el vagón del metro se internaba en el oscuro túnel para cruzar la ciudad de norte a sur. Platicábamos excitados hasta que, poco a poco, se nos acababan las palabras, las anécdotas y nos quedábamos pensativos otra vez mirando por la ventana a la espera de llegar a nuestro destino.

Y entonces el silencio.

El silencio nos confrontaba. Podíamos dialogar con los soldados, a veces sentir simpatía, pero también repudiar la ligereza con que asumían los crímenes, propios o ajenos.[145] Nos costaba que esas dos formas de ser convivieran en una persona. Nos costaba relacionarnos con ellos como seres contradictorios, complejos.

El silencio también traía los rostros de cada persona que conocimos durante estos años y que compartió, con dolor pero también con dignidad, la historia de la muerte o la desaparición de un padre o un esposo o un hermano —o sus hijos— o sus propias experiencias de tortura a manos de soldados. O las violaciones. Violaciones hechas por hombres como aquellos con los que acabábamos de pasar la mañana bajo la sombra de un árbol en la prisión militar o en un banco junto a la barraca.

El camino de regreso a nuestras casas era un tirar de fuerzas hacia uno y otro lado: con los soldados y con quienes habían sido

---

[145] Dentro de prisión, solo uno de los seis soldados bajo proceso por homicidio que entrevistamos reconoció haber participado en una tortura. El resto negó haber asesinado o torturado. Los soldados nos decían que estaban presos porque el mando los había culpado a ellos o porque el crimen sucedió en un enfrentamiento donde es difícil saber quién de todos los integrantes del convoy, mató.

7. ELLOS Y NOSOTROS

víctimas de sus crímenes. Entonces, conscientes, en voz alta, nos obligábamos a recordar esos rostros. Rostros que, dice Emmanuel Levinas, nos ordenan "no matarás".

En *Si esto es un hombre*, Primo Levi relató su experiencia como prisionero y sobreviviente de Auschwitz. Desde su triple condición de víctima, superviviente y testigo del horror, Levi concluyó que "quizá no se pueda comprender todo lo que sucedió, o no se deba comprender, porque comprender es casi justificar."

La frase de Levi nos interpelaba en cada una de las entrevistas que hicimos con los soldados estos años. ¿Acercarnos a escuchar a La Tropa para intentar comprender lo que había hecho y vivido justificaba de alguna forma los crímenes del colectivo? ¿Presentarnos ante ellos, sacar libreta o grabadora, darles la mano en un saludo, reír incluso, era una traición a las familias que conocíamos, a las víctimas de los crímenes del Ejército? ¿Cabe, acaso, el intento de escuchar su experiencia para trascender la comprensión maniquea de la violencia en clave de bueno *versus* malo? ¿Sirve para algo adentrarse en sus relatos, ayuda en algo a la sociedad? "Comprender una proposición o un comportamiento humano significa (incluso etimológicamente) contenerlo, contener al autor, ponerse en su lugar, identificarse con él", escribió Levi, "pero ningún hombre normal podrá jamás identificarse con Hitler, Himmler, Goebbels, Eichmann e infinitos otros. Esto nos desorienta y a la vez nos consuela: porque quizás sea deseable que sus palabras (y también, por desgracia, sus obras) no lleguen nunca a resultarnos comprensibles".

Ya Levinas había advertido la tentación latente de querer encontrar algún tipo de justificación, algún intento de reconciliarnos con el mal. El mal, dijo el filósofo ruso, no se puede sintetizar, no se puede integrar en nuestras categorías de lo que es comprensible o razonable.

Motivado por sus propias inquietudes al escribir la vida de Enric Marco Batlle, un hombre que durante casi 25 años engañó a España haciéndose pasar por sobreviviente del Holocausto, Javier Cercas, en su libro *El impostor*, citó a Tzvetan Todorov y la interpretación que él hace de la palabra de Primo Levi: la imposibilidad de comprender atañe a Levi y los otros sobrevivientes, pero no al resto de nosotros. "Ellos no tienen que intentar comprender a sus verdugos, porque la comprensión implica una identificación con ellos, por parcial y provisional que sea y eso puede acarrear su propio aniquilamiento." Pero el resto, todos nosotros, no tenemos derecho a no intentar comprenderlo porque "comprender el mal no significa justificarlo, sino darse los medios para impedir su regreso".

En *Los orígenes del Totalitarismo*, Hannah Arendt reflexionó sobre las posibilidades que nos da comprender para resistir al mal. Arendt planteó que esa comprensión no significa negar las atrocidades o explicar el horror con analogías o generalidades que diluyen sus consecuencias o el trauma de la experiencia. Comprender, en cambio, "significa examinar y sobrellevar lúcidamente la carga que nuestro siglo nos puso sobre los hombros, ni negando su existencia ni sometiéndose mansamente a su peso". En el caso del mal, comprender significa enfrentarlo atentamente y resistirse a él.

Una tarde, cercana al cierre de este libro, llamamos por teléfono a los padres de dos jóvenes que habían sido asesinados por militares en el centro y el norte del país. No los asesinaron en un enfrentamiento: los torturaron y les metieron un tiro de gracia. Los mataron indefensos, con crueldad.

Durante los años de los juicios ambos padres aprendieron que los acusados del crimen eran muchachos de 20 a 25 años que, apenas terminada la secundaria o la preparatoria, se enrolaron al Ejército y salieron con fusil al hombro a patrullar. Fuimos por esos padres para hacerles una pregunta quizá injusta: ¿Tiene sentido para usted que hablemos con soldados, que tratemos de entender por qué hicieron lo que hicieron?

7. ELLOS Y NOSOTROS

Un padre nos contestó que sólo tendría sentido para él si los soldados decían quién dio la orden de matarlo; ascender hasta la cadena de mando del responsable de la muerte de su hijo. Otro nos respondió que esos muchachos no solo echaron a perder la vida de su hijo, sino también la de ellos, y eso le llenaba de pena.

¿Qué esperábamos que nos dijeran esos dos padres? ¿Que sí, que es necesario, que ellos, los soldados, también merecen ser escuchados? ¿Qué nos alentaran con este proyecto, que aplaudieran el intento de mirar a quienes les han generado tanto dolor? Como dice Todorov, la tarea de escuchar, de comprender —¿acaso es posible comprender la muerte y la tortura?— nos corresponde a nosotros. Las víctimas de los militares no tienen por qué comprenderlos, ni siquiera tienen que intentarlo. Esa es labor de otros. Nuestra.

La escucha

Comprender. Entender. Esa misión nos pusimos hace cuatro años con este proyecto. Comprender qué lleva a un hombre –un hombre uniformado que juró por nuestro Estado proteger la vida de las personas, para ser más precisos– a matar, torturar, destruir en parte o totalmente a otro. Qué se le ha muerto antes. Al centrar gran parte de esta investigación en el testimonio de La Tropa que patrulla las calles, en sus recuerdos, miedos y experiencias en combate, la escucha fue el pico con el que nos fuimos abriendo camino.

No pensamos mucho en las implicaciones de esa tarea. Como reporteros, asumimos que sabíamos escuchar. Estar con alguien, poner atención y respeto a sus palabras, relacionarnos con ellas. No fue así. Las entrevistas nos enfrentaron a espacios que no previmos. Nosotros estábamos listos para oír, sí, pero con nuestros pies puestos de este lado de la calle: sabíamos escuchar con nuestro juicio —y prejuicio— ya construido. Qué estaba bien, qué mal. Pero, ¿estábamos —estamos— listos para escuchar el relato de quienes han matado, torturado o desaparecido para entender por qué lo hacían? Esto es, ¿entender sin juzgar a priori?

Cuando el militar retirado Ulises contó cómo mató a palazos a una perra recién parida, para después descuartizarla a mordidas, algo en nuestro cuerpo se resistió a seguir escuchando su relato. Nos revolvió el estómago, se nos enfriaron las manos, quisimos irnos de ahí. Pero no nos fuimos. Como si estuviéramos en dos escuchas simultáneas y opuestas: una corporal o emocional que bloqueaba lo que el hombre contaba con tanta parsimonia; y una mental, que nos obligó a seguir para indagar en ese entrenamiento porque entendimos que esa instrucción no era (o no solo era) para enseñarle a sobrevivir en la sierra, sino para extender los límites de lo que consideró humanamente posible.

Cuando escuchamos el tartamudeo de Nacho, incapaz de articular una frase que contase qué vivió durante sus cinco años de patrulla en las calles y rancherías de Tamaulipas, dudamos de su silencio. ¿Nos quería ocultar algo terrible? ¿O su tartamudeo, los monosílabos y las largas pausas eran su más humano intento por bloquear y olvidar las aberraciones que vio?

Cuando Andrés, que estuvo acuartelado en el norte del país contó cómo su necesidad de adrenalina le hacía "patrullar" con un grupo del crimen organizado en sus días de franco, para al día siguiente volver a portar el uniforme, comprobamos que no era tal el sentido que aprendimos del "Estado", su rol de protector de las personas. ¿Cómo escuchar a una persona que plantea una verdad, unos principios inasumibles para nosotros?

Muchas veces, los códigos con los que fuimos formados nos impedían comunicarnos. Nos exasperaba, por ejemplo, que hablaran —ante nosotros o ante la autoridad judicial, según su relato en los expedientes— de matar o torturar como si hablaran del clima o

7. ELLOS Y NOSOTROS

del tráfico o el resultado de un partido de futbol del Cruz Azul; que usaran eufemismos como *repeler* o *apretar* para rutinizar situaciones que poco tenían de normales. Les incomodaba que quisiéramos llevarlos de regreso a esos momentos en los que, decían, si no mataban, morían. Nos desesperaban sus respuestas escuetas cuando les pedíamos pensar y hablar del dolor provocado a las víctimas. Les fastidiaba que insistiéramos en la obediencia, que cuestionáramos su imposibilidad de decir No a una orden que podía ser ilegal, inhumana.

A veces esa insistencia nos llevaba a discutir entre nosotros si predisponíamos a La Tropa a que respondiese lo que queríamos escuchar —o lo que ellos creían que nosotros queríamos escuchar: ¿Pensó en el dolor de las víctimas? ¿Qué significa matar? ¿Alguna vez intentó desobedecer una orden ilegal o ilegítima? Al convertirse en soldado, ¿dejó de ser usted?

¿Acaso nuestra insistencia los predisponía a respuestas complacientes o los llevaba a espacios donde no habían estado antes? Espacios que no habitaron con comodidad, donde vivieron en negación porque habían asumido que alguien más, quien les dio órdenes, ya había resuelto esas dudas éticas y legales que implican dañar, lastimar a alguien.

En ocasiones, también terminábamos las entrevistas con La Tropa hundidos en la frustración. En algunos casos no supimos confrontar sus relatos cuando quisimos haberlo hecho. Decirles que no, que matar a un padre y a su hijo que circulaban por una carretera en su Malibú no fue un error, una confusión o mal tino sino el producto de una falta deliberada de razón. Que la tortura no es un *método* para obtener información, sino el ejercicio absoluto del poder sobre otra persona para quitarle el *ser* persona; que la obediencia no puede ser el velo que impida mirar al otro y ser responsables por ese otro. Puede que no se atrevieran a desobedecer órdenes, pero ¿ni siquiera podían plantearse que *eso* que hacían estaba mal, que la consecuencia de *eso* no era solo enfrentar un proceso legal, sino haberle jodido la vida a alguien, que los muertos no tenían por qué estar muertos?

¿Nos tocaba a nosotros confrontarlos, juzgarlos? ¿Escuchar al perpetrador nos deja en condición de testigos, de cómplices?

El Estado habla

En el libro *Tzompaxtle. La fuga de un guerrilleros*, el periodista John Gibler honró la historia de Andrés Tzompaxtle Tecpile, un integrante del Ejército Popular Revolucionario[146] desaparecido y torturado durante cuatro meses por el Ejército, hasta que escapó y volvió a la clandestinidad. Gibler dedicó un par de capítulos a ensayar sobre los silencios y la escucha, sobre la pregunta y la conversación. En ellos planteó que antes de escribir, todo autor se enfrenta a dos campos de información inaccesibles: uno bloqueado por la voluntad de quien nos comparte su experiencia, otro por el trauma y las fallas inevitables de la memoria humana. "¿Cómo escribir dentro de la incertidumbre, los misterios y las dudas mientras buscas todos los datos posibles?", se preguntó. Cómo hacerlo para llenar esos espacios de silencio en el relato de quien habla. Cómo, para escuchar ese silencio.

En las entrevistas con los soldados, ese espacio de incertidumbre gatilló también otras preguntas: ¿Qué implica, periodísticamente, entrevistar a un perpetrador? ¿Qué pacto debemos hacer con ellos para generar un espacio de confianza? ¿O es que más bien debemos partir de la desconfianza? Si dicen que no mataron o que sí mataron, ¿les creemos? ¿Nos creen ellos a nosotros? En

---

[146] El EPR es una organización guerrillera que tuvo su primera aparición pública en 1996, en el estado de Guerrero, cuya demanda era la atención a las comunidades indígenas y campesinas de México.

7. ELLOS Y NOSOTROS

su libro *The Journalist and the Murderer*, la periodista Janet Malcolm lanzó una dura afirmación sobre el oficio. Los periodistas, escribió, somos personas que nos ganamos la confianza de nuestro interlocutor para luego traicionarlo, sin remordimiento alguno; le hacemos sentirse seguro, comprendido y que coincidimos con sus opiniones, pero a la hora de la hora, cuando el interlocutor lee qué hemos escrito sobre él, descubre que ese periodista "nunca tuvo la menor intención de colaborar con él, sino que en todo momento se proponía a escribir su propio artículo". ¿Inevitablemente es así? ¿Estamos, como periodistas, condenados a ser esos traidores sin remordimiento? ¿Es posible generar pactos en los cuales la traición no sea la única posibilidad, y generar esos pactos, además, con el *malo* de la historia? ¿Qué exige de nosotros ese pacto?

Nos acercamos a los soldados para conocer su experiencia en estos años de militarización del país. Les dijimos que en la última década escuchamos el impacto de su violencia en las víctimas, y queríamos saber en qué condiciones ellos ejecutan esa violencia como brazo del Estado. ¿Por qué quisieron ser soldados? ¿Cómo fueron capacitados? ¿Cómo opera la orden sobre sus acciones? ¿Han matado? ¿Torturaron? ¿Vieron a los ojos a aquellos que morirían por su fuego?

Ofrecimos a cambio confidencialidad. Algunos accedieron a hablar. Otros, varios, dijeron que no querían, que no podían, que no tenían nada que decir. Un soldado pidió ayuda para argumentar, en un texto escrito, su inocencia ante el juez antes de que dictara sentencia; le dijimos que no. La relación con él se fracturó, incluso, en un momento de rabia, nos acusó de ser responsables de la sentencia en su contra. Pero la mayoría de quienes accedieron a platicar no pidieron nada a cambio. Picados por la curiosidad de obtener la atención que creíamos que sería más furtiva, preguntamos a algunos soldados por qué accedían. Uno respondió "quiero ayudarles en su tarea"; otros, como los presos, intuimos, querían usar las palabras para reivindicar su inocencia. Aunque fuera ante un par de reporteros que un día se acercaron a preguntarles por qué estaban ahí.

Si todo el mundo pone sus cartas sobre la mesa, escribió Janet Malcolm, la partida, es decir, la relación entrevistador-persona entrevistada, se acaba. Gibler, al hablar de la escucha con Tzompaxtle, el guerrillero, propuso terminar esa partida de la que habla Malcolm para comenzar otra cosa, una conversación. Y esa conversación debe partir de la honestidad. "Ser honesto con el entrevistado sobre lo que uno quiere escribir, ser honesto con los lectores sobre lo que uno ha escrito. Suena fácil. No lo es."

Gibler escribió sobre la escucha al dolor y la resistencia de un hombre que fue detenido, desaparecido y torturado por soldados. Nosotros intentamos retomar sus palabras para escuchar, precisamente, a los soldados. ¿Era válido lo que estábamos haciendo? ¿Merecen ellos, los soldados, la escucha? Nos preocupó torcer la palabra de Gibler y le escribimos un correo electrónico. Nos respondió. Dijo que, como periodistas, debemos cuidarnos y estar atentos cuando entrevistamos a soldados en no validar el discurso de una institución opresora y asesina; de validar el discurso a través del acto de escuchar a individuos que forman parte de ella.

"El estado habla cuando mata, cuando tortura, cuando viola, cuando desaparece, cuando miente, cuando niega, cuando ignora, cuando fabrica y siembra falsas pistas... El estado nos condena a escucharlo siempre a través de su violencia y nuestro dolor", escribió en su correo.

Gibler nos advirtió también sobre el peligro de acercarse a los soldados a preguntar sobre su experiencia en una manera que los "humaniza" y, en consecuencia, suaviza o blanquea los crímenes que realizaron o disuelve sus responsabilidades en una noción abstracta de la estructura militar. ¿Es posible escuchar al soldado-persona?, le preguntamos. El soldado-persona, dijo, asume la voz del Estado cuando sostiene y repite el discurso del Estado: "combate al narcotráfico", "en algo andaban".

7. ELLOS Y NOSOTROS

Y nos lanzó una pregunta que aún no sabemos si hemos contestado en este libro: "¿Cómo puedo usar la escucha como arma de combate contra la violencia de la tortura, de la desaparición forzada? ¿Se puede?"

El otro

Nos acercamos a los soldados porque son el brazo último del poder.[147] Pensamos que a través de ellos podríamos desmenuzar a una institución que ha desaparecido, torturado, matado y asesinado personas. Entender cómo opera esa institución, cuáles son sus mecanismos de control y qué posibilidades hay de resistirse a ella, siendo parte de ella.

¿Cómo detectar que quien habla es el Estado y no el soldado? ¿Es posible escuchar al soldado-persona sin escuchar a la institución? ¿Es deseable?

En varias ocasiones intentamos crear con los soldados un espacio donde no existieran juicios de por medio para saber cómo entendían ellos los crímenes y los actos inhumanos, propios o ajenos. Lo intentamos, por ejemplo, con Ulises, el sargento que participó en el ataque al EZLN; lo intentamos con Javier, que sostuvo a un joven mientras su sargento lo torturaba hasta la muerte; lo intentamos con Jonathan, quien en lugar de asumir el crimen nos quiso acorralar a decir que sí, que nosotros también mataríamos a alguien que hace mal.

---

[147] En *Hay que defender la sociedad*, Michel Foucault plantea partir de la extremidad última del poder como una forma de entenderlo. Así, haciéndole caso al filósofo, nosotros miramos a los soldados, cabos, sargentos y oficiales de grado bajo que están patrullando en las calles para indagar y reconstruir las dimensiones de un sistema creado para ejercer violencia contra las personas.

Por eso queremos traer a colación el relato de un oficial de la Policía Federal a quien conocimos en el proceso de esta investigación, porque, si bien no es ni fue soldado, posee una experiencia ilustrativa. Muchos de los soldados que entrevistamos pasaron por situaciones similares a las del oficial que quizá no contaron.

A mediados del 2015, en un café Wings del sur de Ciudad de México, mientras unos oficinistas celebraban con cantos y carcajadas el cumpleaños de una compañera de trabajo, el oficial de la Policía Federal comenzó a hablar de sus experiencias en la patrulla. De la muerte que vio y de la que provocó. El oficial venía vestido de civil, playera polo azul y pantalones de mezclilla, y llevaba la barba rasurada y las uñas perfectamente recortadas. Era un hombre alto, blanco, ejercitado y bien parecido. Hablaba despacio y articulado, como si aquello que nos compartía ya hubiera pasado por su cabeza una y otra vez.

Ese día nos contó de dos veinteañeros que habían secuestrado a un niño. El oficial y sus policías los capturaron y encontraron en uno de sus teléfonos una fotografía de su víctima amarrada. El oficial y sus policías llevaron a los veinteañeros a una casa y los torturaron hasta la muerte.

Esa mañana en el café, el oficial sacó su teléfono celular —uno de los tres que tenía— para mostrarnos un video. Recordarlo da escalofríos. En el video, tomado de manera vertical, se veía a los dos muchachos en un lugar oscuro con las paredes de cemento comunes de una obra gris. Los muchachos estaban sentados en el piso, recargados en una pared con las manos atadas a la espalda. Estaban semidesnudos, uno vestía pantalón y el otro bermudas. Se les veía flacos, golpeados, sometidos. Uno de ellos tenía tatuado un personaje de dibujos animados, pero es difícil recordar si estaba en su brazo o en el gemelo, ambos igual de flacos.

No queríamos ver el video, nos forzamos a hacerlo y a grabarlo en nuestra memoria; quizá en algún momento, como ahora, fuera importante contarlo. Mientras mirábamos el video,

7. ELLOS Y NOSOTROS

pensábamos si ellos, esos dos jóvenes, sabían que iban a morir. Que iban a ser enterrados en una fosa clandestina cavada por esos mismos policías.

Preguntamos al oficial por qué registró y guardó en su teléfono ese momento tan brutal. Dijo que lo hizo para mostrarlo al padre del niño secuestrado y que había olvidado borrarlo. La plática con nosotros le recordó el episodio y lo buscó. No le preguntamos si lo había vuelto a ver o a quién más —además del padre del niño— se lo había compartido. Pensábamos demasiadas cosas en ese momento: ¿Por qué los torturaron? ¿Por qué los mataron? ¿Cómo asumieron que podían hacerlo? ¿Cómo cavaron la fosa clandestina? ¿De día, de noche? ¿Se cambiaron el uniforme para hacerlo? ¿De qué platicaron después?

Nosotros no supimos qué decir y no fue necesario. Él siguió hablando.

Nos dijo que tenía más de diez años en la Federal, que "estar frente al mal te hace ser una persona mala". Y sentenció: "Cuando miras mucho tiempo al abismo, el abismo mira dentro de ti." Luego volvió a su celular, pasó los dedos por la pantalla varios segundos, encontró una imagen y nos la mostró. Era una foto de Friedrich Nietzsche en blanco y negro con la frase que él acababa de parafrasear: "Quien con monstruos lucha cuide de no convertirse a su vez en monstruo. Cuando miras largo tiempo a un abismo, también éste mira dentro de ti."

Se la había dado su hermana, nos dijo, como una advertencia para que se cuidara, para que no hiciera *cosas* como las que nos acababa de contar. Como quien da un escapulario bendito al hombre que va a la guerra.

—¿Qué significa eso para ti? —le preguntamos.

—Como con los monstruos, de tanto estar con ellos terminas a su vez convertido en uno de ellos.

El oficial intentó luego justificar por qué habían torturado a los dos muchachos del video.

—¿Por qué los mataron? ¿Por qué no los llevaron a la justicia?

—Aunque los lleves al juez confesos con cuerpos y manos llenas de sangre, los liberan. Esto que hicimos fue por toda la gente que mataron.

—Pero, ¿y la justicia?

—Estos tipos iban a salir a matar más gente, cinco, ocho personas más. Así ha pasado con otros. Ahora ya no pueden hacerlo. Los delincuentes, entre más derechos creen que tienen, menos van a cambiar.

—Pero, torturar, matar, aunque fueran asesinos... Eso no es justicia.

—Esto que yo hice es justicia, la venganza es personal. Esto es justicia. Yo no juego a ser dios. Esta es una generación podrida.

Nos quedamos en silencio, revolviendo el café, con las carcajadas de la cumpleañera de fondo.

El oficial había aprendido del Estado que el Estado no hará su tarea para garantizar la paz social: el Ministerio Público no investigará y el juzgador liberará al criminal. Por lo tanto, el policía, como él, no lo detendrá para llevarlo a la justicia, sino para ejercer su propia *justicia*. El oficial, que es parte del Estado, actúa fuera de los límites en un acto que él llama *justo*: matar a quien hizo el mal. Un funcionario público que actúa con el uniforme de funcionario público pasando los límites de ese Estado que representa para ejecutar un acto de justicia ilegal porque la justicia legal, dice, no cumple su parte del trato.

Este no era un caso aislado, una decisión de "malos integrantes que empañan la actuación honorable de miles de hombres y mujeres en uniforme", como dijo el general Salvador Cienfuegos cuando se hizo público el video de militares y policías torturando a una mujer en el estado de Guerrero. No podía ser considerado una *falla* del Estado sino una de sus muchas formas de operar, de ejercer el poder y la violencia sobre las personas.

Recordamos el caso de un soldado que patrullaba en la colonia popular Lomas de Poleo, de Ciudad Juárez. Durante una entrevista

7. ELLOS Y NOSOTROS

nos dijo que un día, mientras él y sus compañeros surcaban las calles de tierra de la loma montados en su Cheyenne, unos vecinos los detuvieron para pedirles que buscaran a un hombre que acababa de violar a una niña. Los soldados lo encontraron —no dio detalles de cómo supieron que era él—, lo subieron a la batea, lo condujeron a las afueras de la colonia, una zona de piedras y matorrales, allí lo golpearon hasta la muerte. Ni siquiera intentaron desaparecer el cuerpo; no cavaron una fosa para ocultarlo, como los policías federales, ni le prendieron fuego para convertirlo en cenizas, como los soldados del Pelotón de la Muerte en Ojinaga. Lo dejaron ahí tirado, en medio del desierto, pensando que unos animales, el olvido o la impunidad se comerían su cadáver. Ese soldado, al igual que el oficial, nos dijo que había hecho justicia.

Y allí está el sargento Jonathan, que aseguraba jamás haber matado a nadie a sangre fría, pero sugería que estaba bien hacerlo citando el ejemplo del vecino secuestrador. El sargento Jonathan incluso nos había hecho confesar que nosotros también mataríamos. Nos atrajo a su lado, nos hizo asumir que la idea de justicia es la que él practicaba.

Esos crímenes, esas muertes, no pueden ser llamados *justicia*. Es el crimen, pero también el término con el que se pretende justificar: *justicia*. Nos hacemos una pregunta en dos sentidos, sobre el lugar que habita ese acto de matar: ¿Es esta la justicia que, en lo concreto, lejos de leyes y escritorios, nos ofrece el Estado? ¿Es esta la justicia a la que podemos aspirar fuera de los límites de ese Estado? ¿Por qué no decir que es una más de las formas en las que se ejerce el poder y la violencia? ¿Por qué no llamarle, en todo caso, venganza?

"La justicia es la manera en que respondo al hecho de que con el otro, no estoy solo en el mundo", dijo Levinas.[148]

---

[148] Esa frase es parte de la respuesta que Levinas dio a Robert Bernasconi y David Wood en una entrevista que fue publicada con el titulo "La paradoja de la moralidad", dentro del libro *The provocation of Levinas: Retinking the Other*.

¿Quién es ese otro con el que el policía o los soldados decidieron relacionarse? ¿Quién es ese otro al que responde su acto de *justicia*?

El Estado acapara buena parte de esa relación a partir del Poder Judicial. Cuando aparece el conflicto y las partes no se ponen de acuerdo, interviene; cuando una de las partes se aprovecha de la otra, interviene; incluso cuando es el propio Estado el que causa el desequilibrio o el daño, las leyes prevén mecanismos para repararlo y evitar que vuelva a ocurrir.

El esquema anterior exige comportamientos racionales a los actores implicados. Que el policía haga lo que prevé la ley, igual que el soldado o el ciudadano. Por tanto falla cuando no lo hacen. Y el resultado puede ser catastrófico. En la distopía mexicana, un policía asume que la justicia no servirá para prevenir crímenes y mata al probable criminal antes de que sea juzgado; un soldado asume que el otro va a matarle y por tanto dispara primero. La relación con el otro es una distorsión que La Tropa, como representante del Estado, asume. No estar solo, para el policía o el soldado, es lo mismo que vivir amenazado. Lejos de exculparle, esta asunción delata su comodidad. Desde esa comodidad el rostro del *otro* no le convoca al "no matarás" sino que pone en riesgo su propia supervivencia. Si la relación de justicia con el otro se basa en el ojo por ojo, que así sea. Falla el Estado al trabajar bajo este prisma. Fallan los enviados del Estado al no mirar más allá de sus narices.

La justicia, nos han enseñado los zapatistas desde hace 25 años, tiene que ver con la vida, no con la muerte.[149]

---

[149] Los zapatistas bajaron las armas después de 12 días de conflicto armado. "¿Qué sigue? En las tétricas cuentas de la víspera no entraba la posibilidad de plantearnos pregunta alguna. Así que esa pregunta nos llevó a otras: ¿Preparar a los que siguen en la ruta de la muerte? ¿Formar más y mejores soldados? ¿Invertir empeños en mejorar nuestra maltrecha maquinaria de guerra? ¿Simular diálogos y disposición para la paz, pero seguir preparando nuevos golpes? ¿Matar o morir como único

7. ELLOS Y NOSOTROS

En el restaurante Wings, el oficial de la Policía Federal volvió a mirar la imagen con la frase de Nietzsche y nos dijo: "He tenido miedo de volverme un monstruo."

El oficial tenía necesidad de hablar. Murmuró que esas cosas no podía contarlas a su familia, que le tendrían miedo, que le dejarían de considerar un *humano*, que no lo entenderían.

Parece que esa incapacidad de sentirse comprendido es algo bastante común entre militares y exmilitares. En el libro *On Killing* el teniente coronel Dave Grossman recuerda la conversación que tuvo con un veterano de Vietnam, una tarde calurosa en Florida:

—El hecho de que tenías que matar en Vietnam ¿Fue eso lo peor para ti?

—Sí— contestó Roger, el veterano—. Eso fue la mitad de lo peor.

—¿Cuál fue la otra mitad?

—La otra mitad fue que cuando volvimos a casa, nadie entendió.

¿Entenderlos, comprenderlos? ¿Comprender cómo torturan hasta la muerte? ¿Cómo matan sin que medie el debido proceso? ¿Es nuestro deber? ¿Escuchar su trauma para ver si así encuentra un lugar? ¿Es posible? ¿Lo merecen?

Por alguna razón el oficial de la Policía Federal, alejado de su familia —y podríamos decir lo mismo de los soldados con quienes hablamos estos años—, pensó que nosotros sí lo entenderíamos.

Nosotros lo escuchamos.

¿En quién recae la responsabilidad de justificar entonces, en ellos o en nosotros?

---

destino? ¿O debíamos reconstruir el camino de la vida, ése que habían roto y siguen rompiendo desde arriba? [...] Y elegimos. Y en lugar de dedicarnos a formar guerrilleros, soldados y escuadrones, preparamos promotores de educación, de salud, y se fueron levantando las bases de la autonomía que hoy maravilla al mundo", comunicado "Entre la luz y la sombra", 24 de mayo de 2014.

No hay respuestas confortables

José Carlos Agüero publicó en 2015 *Los rendidos. Sobre el don de perdonar*. José Carlos es hijo de dos guerrilleros integrantes del grupo Sendero Luminoso que fueron ejecutados de manera extrajudicial por el Ejército peruano. La suya es una posición compleja de habitar el mundo: es hijo de un hombre y una mujer que formaron parte del grupo guerrillero más sanguinario de América Latina y, al mismo tiempo, es hijo de un hombre y una mujer que fueron perseguidos y asesinados por el Estado fuera de toda legalidad.

José Carlos decidió publicar un libro que es más bien una ofrenda: ofrece a nosotros, los lectores, la memoria de sus padres para convocarnos a conversar. José Carlos pone sobre la mesa a sus padres y no los defiende ni los reivindica como el hombre y la mujer amorosa que tal vez pudieron ser con sus hijos. Por el contrario, los deja vulnerables al escrutinio público a cambio de que quien se asome deje sobre la mesa sus certezas. Se acerque con curiosidad, con respeto, con atención, a escuchar y a enunciar. Lo que José Carlos hace al ofrendar la memoria de sus padres es apostar por la creación de un lugar seguro en el que podamos pensar, sentir y volver a pensar desataviados de nuestros prejuicios, de nuestras certezas de lo que está bien y lo que no, lo que es bueno y lo que es malo.

Hace cuatro años, al iniciar esta investigación, aspiramos a preguntarles por qué matan, por qué torturan, por qué desaparecen. Aspiramos a hacerlo con la intención de encontrar respuestas que nos ayudaran a combatir la violencia de una guerra que nos dijeron era para "acabar con los cárteles de la droga". Con la intención de romper el discurso oficial de "lo merecen porque en algo andaban", de rechazar la muerte como respuesta al crimen. Con la intención de mostrar cómo el Ejército ha usado la fuerza que *legalmente* tiene para decidir a quién matar y cómo. Aspiramos a eso, esperando respuestas claras y definitivas.

7. ELLOS Y NOSOTROS

Y es cierto, tal vez los testimonios de La Tropa que reproducimos aquí no serán suficientes para comprender por qué matan y que las pláticas que tuvimos con ellos no conseguirán que ellos reflexionen sobre lo vivido. Como hemos dicho, esos relatos, además, reavivarán el dolor de los sobrevivientes.

Así que después de cuatro años de investigación movidos por la pregunta ¿por qué mata un soldado?, después de hablar con una veintena de miembros de La Tropa en distintas partes del país, de revisar varias decenas de expedientes y bases de datos, ninguna respuesta ha sido suficiente, abarcadora, final.

Ninguna de las respuestas que encontramos en sus propias experiencias, en las sentencias judiciales, en las teorías académicas o las reflexiones decantadas de ex combatientes, es completamente cierta o completamente falsa:

Un soldado mata porque ha sido entrenado para eso.
Un soldado mata porque se lo ordenan.
Un soldado mata por la inercia del grupo al que pertenece.
Un soldado mata porque *los otros* no son personas.
Un soldado mata por error.
Un soldado mata por miedo a morir.
Un soldado mata para salvar su vida.
Un soldado mata porque dice que así hace justicia.
Un soldado mata por venganza.
Un soldado mata.

Habitar la duda

¿Por qué mata un soldado, entonces?

Intentamos, con la escucha y la escritura, crear un lugar en el que los soldados pudieran hablar. Los soldados, imagen y ejecutores de la violencia de Estado. Quizá sea imposible comprender la muerte, la tortura, la desaparición. Quizá no debamos hacerlo.

Quizá, a lo mucho, alcancemos a comprender situaciones. Quizá lo que tenemos al alcance es resistirnos a esa violencia y rechazarla.

Hoy seguimos habitando la duda que nos convocó a cuestionar las certezas sobre las que hemos entendido la violencia en México en los últimos sexenios, sobre las que hemos decidido, *a priori* muchas veces, quiénes son los buenos y quiénes los malos; qué derechos tienen unos sobre los otros.

Hoy nuestra apuesta es hacer visible ese otro relato para que acaso convoque a sacudir las certezas sobre las cuales hemos asumido esta realidad, hemos aceptado esta violencia, esta historia de guerra.

BIBLIOGRAFÍA

Alexiévich Svetlana, *Los muchachos de zinc. Voces soviéticas de la guerra en Afganistán*. Ed. Debate, México, 2016.

Agüero, José Carlos, *Los rendidos. Sobre el don de perdonar,* Instituto de Estudios Peruanos, Perú, 2015.

Arendt Hannah, *Los orígenes del totalitarismo*, Ed. Alianza, México 2006.

Arendt Hannah, *Eichmann en Jerusalem*, Ed. De Bolsillo, México, México, 2006.

Azahua Marina, *Retrato involuntario*, Ed. Tusquets, México, 2014.

Aguilar Camín, Héctor, *Saldos de la Revolución. Historia y política de México 1910-1968*, Ed. Planeta, México, 1984.

Aguilar Camín, Héctor, *La frontera nómada. Sonora y la Revolución Mexicana*, Ed. Cal y Arena, México, 1985.

Astorga Luis, *Seguridad, traficantes y militares. El poder y la sombra*; Tusquets Editores, México, 2007.

Ávila Felipe Arturo, *Composición y naturaleza del Ejército Zapatista*, El Colegio de México, México.

Bernstein Richard, *El mal radical*, Ed. Fineo, España, 2002.

Bertrand Ogilvie, *El hombre desechable. Ensayo sobre las formas del exterminismo y la violencia extrema*, Ediciones Nueva Visión, Argentina, 2013.

Bourke, Joanna, *Sed de sangre. Historia íntima del combate cuerpo a cuerpo en las guerras del S. XXI*, Ed. Crítica, España, 2008.

Browning Christopher, *Aquellos hombres grises*, Ed. Edhasa, España, 2010.

Butler Judith, *Vidas precarias. El poder del duelo y la violencia*, Ed. Paidós, México, 2004.

Calveiro Pilar, *Política y/o violencia*, Ed. Siglo XXI, México, 2013.

Cercas, Javier, *El Impostor*, Literatura Random House, España, 2014.

Correa-Cabrera Guadalupe, *Los Zetas Inc. Criminal corporations, energy and civil war in México*, University of Texas Press, Estados Unidos, 2017.

De Luna Giovanni, *El cadáver del enemigo. Violencia y muerte en la guerra contemporánea*, 451 Editores, España 2007.

Eco Humberto, *Construir al enemigo*, Ed. Lumen Ensayo, España 2012.

Edward Peters, *La Tortura*, Alianza Editorial, España, 1987.

Falla, Ricardo, *Masacres de la selva*, Editorial Universitaria Universidad de San Carlos de Guatemala, 2014.

Fanon Frantz, *Los condenados de la tierra*, FCE, México, 2006.

Feitzlowitz, Marguerite, *Un léxico del terror*, Ed. Prometeo, Argentina, 2015.

Foucault, Michel, *Hay que defender la sociedad*, Ed. Akal, España, 2003.

Garcíadiego, Javier, *La efeméride oficial y los varios orígenes del Ejército mexicano*. Capítulo del libro *El ejército mexicano 110 años de historia*, El Colegio de México, México, 2013.

Gavilán Sánchez, Lurgio, *Memorias de un soldado desconocido. Autobiografía y antropología de la violencia*, Instituto de Estudios Peruanos, Perú 2012.

Geneste, Alexandra y Pesant Fracois, *Enemigo dentro*, Ed. Urano, México, 2017.

Georgette José, *La rebelión delahuertista: sus orígenes y consecuencias políticas y sociales*. Capítulo del libro *El ejército mexicano 110 años de historia*, El Colegio de México, México, 2013.

Gibler John, *Tzompaxtle. La fuga de un guerrillero*, Ed. Tusquets, México 2014.

Grossman, Dave *On killing. The psycological cost of learnig to kill in war an society*, Back Bay Books, Estados Unidos, 1995.

Grossman, Dave y Christensen Loren, *On Combat, The Psychology and Physiology of Deadly Conflict in War and Peace*, Warrior Science Publications, Estados Unidos, 2018

Hoffman, Danny, *The war machines. Young men and violence in Sierra Leone and Liberia*, Duke University Press, Estados Unidos, 2011.

Juárez, Carlos Manuel, "Tres formas de aprender el silencio", en *Romper el silencio. 22 gritos contra la censura*, Ed. Brigada para leer en libertad, México 2018.

Levi, Primo, *Si esto es un hombre*, Muchnik Editores, España, 2002.

Levinas Emmanuel, *Totalidad e infinito*, Ed. Sígueme, México, 2012.

Loyo, Martha Beatriz, "Reformas militares en el periodo de Plutarco Elías Calles 1924-1928", Capítulo del libro *El ejército mexicano 110 años de historia*, El Colegio de México, México, 2013.

Klemperer Víctor, *La lengua como arma*. Ed. Minúscula, España, 2001.

Milgram Stanley, *Obediencia a la autoridad*, Ed. Capitan Swing, 2016.

Moloeznik Pablo, *El proceso de militarización de la seguridad pública en México (2006–2010)*.

Frontera norte vol.24 no.48 México Jul./Dic. 2012.

Pachirat, Timothy, *Every Twelve Seconds: Industrialized Slaughter and the Politics of Sight*, Yale University Press, Estados Unidos, 2011.

Paley Dawn Marie, *Capitalismo antidrogas. Una guerra contra el pueblo*. Sociedad comunitaria de estudios estratégicos y libertad bajo palabra, México 2018.

Pérez Ana Lilia, *Verdugos. Asesinatos brutales y otras historias secretas de militares*, Ed. Grijalbo, México 2016.

Piñeyro José Luis, *Ejército y sociedad en México: pasado y presente*, UAM, México, 1985.

Ramírez Rancaño, Mario "Ejército federal, jefes políticos, amparos, deserciones; 1872 - 1914", Capítulo del libro *El ejército mexicano 110 años de historia*, El Colegio de México, México, 2013.

Ramírez Rancaño, Mario "La logística del Ejército Federal: 1881 - 1914", Capítulo del libro *El ejército mexicano 110 años de historia*, El Colegio de México, México, 2013.

Ravinovich, Silvana, *Interpretaciones de la heteronomía*, UNAM, México, 2018

Rea, Daniela, *Nadie les pidió perdón. Historias de vida en tiempos de muerte*, Ed. Urano, México 2015.

Ronderos, María Teresa, *Guerras recicladas. Una historia periodística del paramilitarismo en Colombia*, Ed. Aguilar, Colombia 2015.

Sánchez Luis Ignacio, *La educación en el ejército porfiriano 1900 – 1910*, Revista Tzintzun, 2011.

Scarry Elaine, *The Body in Pain. The Body in Pain: The Making and Unmaking of the World*, Oxford University Press, Estados Unidos, 1985.

Scherer García Julio y Monsiváis Carlos, *Parte de Guerra, Tlatelolco 1968. Documentos del general Marcelino García Barragán. Los hechos y la historia*, Ed. Aguilar, México, 1999.

Segato, Laura Rita, *Contra-pedagogías de la crueldad*, Ed. ProMxteo Libros, Argentina, 2018.

Turse Nick, *Kill anything that moves. The real american war in Vietnam*, Metropolitan, Estados Unidos, 2013.

Todorov, Tzvetan, *Frente al límite*, Ed. S.XXI, México, 2004.

Todorov, Tzvetan, *Nosotros y los otros*, Ed. S.XXI, México 1991.

Urquizo L. Francisco, *Tropa vieja*, Ed. Fontamara, México, 2016.

Vela Castañeda Manolo E., *Los pelotones de la muerte. La construcción de los perpetradores del genocidio guatemalteco*, Ed. El Colegio de México, 2014.

Zavala Oswaldo, *Los cárteles no existen. Narcotráfico y cultura en México*, Ed. Malpaso, México 2017.

FUENTES DE INFORMACIÓN

Prólogo
Sobre homicidios dolosos en México:
http://secretariadoejecutivo.gob.mx/incidencia-delictiva/incidencia-delictiva-datos-abiertos.

Sobre número de personas desaparecidas en México:
https://www.gob.mx/sesnsp/acciones-y-programas/registro-nacional-de-datos-de-personas-extraviadas-o-desaparecidas-rnped

Sobre número de enfrentamientos entre civiles y soldados:
http://cadenademando.org/abuso-de-la-fuerza.html En la página se encuentran disponibles para uso público las bases de datos

Sobre la desaparición forzada y asesinato de Javier Eduardo Rosales: "Abusos pasados de militares siguen frescos en la memoria", Luz del Carmen Sosa
https://www.eldiariodechihuahua.mx/Estado/2018/12/05/abusos-pasados-de-militares-siguen-frescos-en-la-memoria-/
https://piedepagina.mx/margarita-rosales.php

Sobre asesinato de Jorge Otilio Cantú:
Recomendación 73/2011 CNDH

Sobre post scriptum de Alonso Rodríguez:
http://cadenademando.org/post-scriptum.html#alonsoro

Capítulo 1
Sobre homicidios dolosos en Nuevo León:
http://www.secretariadoejecutivo.gob.mx/docs/pdfs/estadisticas%20del%20fuero%20comun/Cieisp2010_112017.pdf

Sobre el registro de enfrentamientos entre soldados y civiles:
Folio 0000700005118 INAI a Sedena

Sobre el registro de enfrentamientos entre Policía Federal y civiles:
Folio 0413100047015 INAI a Policía Federal

Sobre el registro de enfrentamientos entre Marina y civiles:
Folio 0001300037215 INAI a Marina

Sobre investigaciones de la PGR contra soldados por homicidio:
Folio 0001700037318 INAI a PGR

Sobre sentencias condenatorias contra soldados:
Ver Folio 0320000075218 INAI a Poder Judicial de la Federación

Sobre el Índice de letalidad en México:
Silva Carlos, Pérez Correa Catalina y Gutiérrez Rodrigo, "Índice de letalidad: indicadores sobre el uso de la fuerza letal y necesidades de transparencia", *Nexos*, https://seguridad.nexos.com.mx/?p=116
Gómez Romero Luis, "Mexico's military is a lethal killing force – should it really be deployed as police?", *The Conversation*, https://theconversation.com/mexicos-military-is-a-lethal-killing-force-should-it-really-be-deployed-as-police-75521

Sobre el Índice de letalidad en el mundo:
Loche Adriana, "A letalidade da ação policial: parâmetros para análise", *Revista de Programa de Pós-Gracuacao en Sociologia*, Universidade Federal de Sergipe, https://seer.ufs.br/index.php/tomo/article/view/507/423
"Muertes naturalizadas letalidad policial sin control y sin justicia", *Centro de Estudios Legales y Sociales*. https://www.cels.org.ar/web/wpcontent/uploads/2018/05/Muertes_Naturalizadas.pdf
Gabriel Richard A. y Metz Karen "A short history of war", http://www.au.af.mil/au/awc/awcgate/gabrmetz/gabr0022.htm

Sobre el crimen contra Vicente y Alejandro de León:
Recomendación 20/2011 CNDH

FUENTES DE INFORMACIÓN

Sobre el crimen contra Jorge Mercado y Javier Arredondo, estudiantes del Tec de Monterrey:
Recomendación 45/2010 CNDH:

Sobre el crimen contra de Rocío Elías Garza y Juan Carlos Peña:
Recomendación 42/2011 CNDH

Sobre el crimen contra Jorge Parral:
Recomendación 67/2016 CNDH

Sobre el crimen contra Jethro Ramsés:
Recomendación 38/2012 CNDH

Sobre el crimen de Tlatlaya:
Recomendación 51/2014 CNDH

Sobre las quejas ante la CNDH contra elementos de las fuerzas armadas:
Consultar los informes anuales de la CNDH 2006-2018

Sobre Informe de la Sedena sobre seguimiento a recomendaciones de la CNDH:
https://www.gob.mx/sedena/acciones-y-programas/derechos-humanos-en-la-s-d-n

Sobre elementos de la Policía Federal y Marina destacamentados en la calles:
Sexto Informe de Gobierno de Enrique Peña Nieto
Ángel Arturo "Con todo y Gendarmería, la Policía Federal tiene ahora mil agentes menos que al inicio del sexenio", *Animal Poítico*, https://www.animalpolitico.com/2018/10/policia-federal-menos-agentes-epn/

Guerrero Eduardo, "La raíz de la violencia":
Nexos https://www.nexos.com.mx/?p=14318

Escalante Fernando, "Homicidios 2008-2009. La muerte tiene permiso":
Nexos, https://www.nexos.com.mx/?p=14089

Atuesta Laura, "Las cuentas de la militarización":
Nexos https://www.nexos.com.mx/?p=31552#ftn1

Sobre combate de fuerzas públicas:
Madrazo Alejandro, Calzada Rebeca y Romero Jorte, "La "guerra contra las drogas" Análisis de los combates de las fuerzas públicas 2006-2011", *Política y Gobierno CIDE*, http://www.scielo.org.mx/pdf/pyg/v25n2/1665-2037-pyg-25-02-379.pdf

Sobre los crímenes contra soldados en la zona metropolitana de Monterrey, en el año 2008:
"Acribilla narco a 9 militares en Monterrey", *Proceso*, https://www.proceso.com.mx/202602/acribilla-narco-a-9-militares-en-monterrey

Sobre la muerte de civiles a partir de la incursión de la Policía Militar en Brasil:
"Seven violent deadths every hour recorded in 2017, in Brazil", *Conectas*, https://www.conectas.org/en/news/seven-violent-deaths-every-hour-recorded-2017-brazil

Sobre el uso de las Bases de Operaciones Mixtas:
http://dof.gob.mx/nota_detalle.php%3Fcodigo%3D5326566%26fecha%3D13/12/2013

Sobre los hechos que comprueban que las fuerzas armadas violen derechos humanos:
"Tlatlaya a un año: la orden fue abatir", *Centro de Derechos Humanos Miguel Agustín Pro*.
http://centroprodh.org.mx/2015/07/02/tlatlaya-a-un-ano-la-orden-fue-abatir/

Sobre "falsos positivos" en Colombia:
"El rol de los altos mandos en Falsos positivos" e "Informe anual de HRW sobre violaciones a derechos humanos en el mundo", https://www.hrw.org/es/world-report/2017/country-chapters/298379

FUENTES DE INFORMACIÓN

Sobre el incremento de la participación militar en el sexenio de Enrique Peña Nieto:
Ángel Arturo, "Peña duplica el número de militares en las calles aunque ninguna ley los regula", Animal Político, https://www.animalpolitico.com/2016/10/pena-nieto-militares-seguridad-publica/

Sobre investigación de PGR en delitos militares contra civiles:
Suárez-Enríquez Ximena, "Justicia olvidada. La impunidad de las violaciones a derechos humanos cometidas por soldados en México", *Wola*, https://www.wola.org/wp-content/uploads/2017/11/WOLA_MILITARY-CRIMES_RPT_SPANISH.pdf

Sobre dichos de Felipe Calderón ante empresarios en Coahuila:
"Pide Calderón un ya basta para delincuencia organizada", El Universal http://archivo.eluniversal.com.mx/primera/36628.html

Sobre mediatización de la justicia:
Lara Klahr Marco, "Tribunales paralelos y exhibición mediática de las personas", *Artículo 19*, https://articulo19.org/wp-content/uploads/2018/09/TRIBUNALES-PARALELOS.pdf
"Urge ONU proteger a jueces y fiscales", *Periódico Reforma*

Sobre amenaza a la prensa en México:
"Informe conjunto del Relator Especial para la libertad de expresión de la CIDH, Edison Lanza, y el Relator Especial de las Naciones Unidas sobre la promoción y protección del derecho a la libertad de opinión y de expresión, David Kaye, sobre su misión a México" Junio 2018.

Capítulo 2
Sobre las bajas militares:
Folio 0000700247117 INAI a Sedena

Sobre ejércitos de Estados Unidos, Gran Bretaña y España:
"UK armed forces biannual diversity statistics: 2017", Ministry of Defense, https://www.gov.uk/government/statistics/uk-armed-forces-biannual-diversity-statistics-2017
"Population Representation in theMilitary Services: Fiscal Year 2016

Summary Report", Office of the Under Secretary of Defense, https://www.cna.org/pop-rep/2016/summary/summary.pdf
"Estadística de personal militar de carrera de las fas de las categorías de oficial general, oficial y suboficial y de personal militar de carrera del cuerpo de la guardia civil 2017", Ministerio de Defensa, https://publicaciones.defensa.gob.es/estadistica-de-personal-militar-de-carrera-de-las-fas-de-las-categorias-de-oficial-general-oficial-y-suboficial-y-de-personal-militar-de-carrera-del-cuerpo-de-la-guardia-civil-2017.html

Sobre salario de las fuerzas armadas:
https://www.gob.mx/cms/uploads/attachment/file/322652/TABLA_HABERES_PERSONAL_MILITAR_ABR._18.pdf

Sobre salario de la población mexicana:
https://salariominimo2018mexico.com/
http://idic.mx/wp-content/uploads/2017/12/VozIndustria-20171213-Vol-05-Num-108-Bajos-salarios-informalidad-y-pobreza-la-debilidad-social-del-modelo-econ%C3%B3mico-v2.pdf

Sobre mediciones de Pobreza Coneval:
https://www.coneval.org.mx/Medicion/PublishingImages/Pobreza_2008-2016/medicion-pobreza-entidades-federativas-2016.JPG
https://www.coneval.org.mx/Medicion/MP/Paginas/Pobreza_2016.aspx
https://www.gob.mx/cms/uploads/attachment/file/34532/Oaxaca_198.pdf

Sobre militarización de zonas indígenas:
"Entre la política sistémica y las alternativas de vida", *Centro de Derechos Humanos Fray Bartolomé de las Casas*, https://frayba.org.mx/entre-la-politica-sistemica-y-las-alternativas-de-vida-2/

Sobre historia de las fuerzas armadas:
Moloeznik Pablo, Las fuerzas armadas en México: entre la atipicidad y el mito. *Revista Nueva Sociedad* no. 213, enero-febrero 2018. ISSN: 0251-3552 https://www.casede.org/BibliotecaCasede/3500_1.pdf

Capítulo 3

Sobre la capacitación de las Fuerzas Armadas:
https://www.gob.mx/sedena/acciones-y-programas/adiestramiento-del-ejercito-y-fuerza-aerea-mexicanos

Manual del Uso de la Fuerza:
http://www.dof.gob.mx/nota_detalle.php?codigo=5375443&fecha=10/12/2014

Reglamento general de deberes militares:
http://www.sedena.gob.mx/pdf/reglamentos/rglmto_deb_mil.pdf

Sobre delitos militares:
Folio: 0000700081017 INAI a Sedena (Solicitud de información realizada por la CMDPDH)
Folio: 0000700007918 INAI a Sedena
https://www.gob.mx/cms/uploads/attachment/file/175274/DELITOS_DEL_ORDEN_MILITAR_ESTAD_STICA_AL_1_ENE_AL_15_DIC_2016.pdf

Benítez-Manaut, Raúl, *Las fuerzas armadas mexicanas a fin de siglo:*
Latin American Studies Association, XXII International Congress Miami 2000.

Sobre caso "Pelotón de la Muerte", Ojinaga, Chihuahua:
Carrasco Araizaga Jorge, "Falla Ejército en acusaciones del 'pelotón de la muerte', *Proceso*, https://www.proceso.com.mx/476285/falla-ejercito-en-acusaciones-del-peloton-la-muerte
Veledíaz Juan, "La traición de los generales", *Proceso*, https://www.proceso.com.mx/409639/la-traicion-de-los-generales

Posicionamiento de José Ramón Cossío sobre caso News Divine:
https://www.sitios.scjn.gob.mx/jrcossio/sites/default/files/articulos/prt090415.pdf

Sobre los dichos de que soldados toman cosas de las casas que catean:
La información proviene de siete testimonios de familias que sufrieron irrupciones y cateos ilegales en sus casas en Nuevo León o Ciudad Juárez, y de expedientes judiciales.

Sobre las denuncias que organizaciones internacionales de derechos humanos han hecho sobre el actuar del Ejército en México:
"México: nuevos informes de violaciones de derechos humanos a manos del ejército", *Amnistía Internacional.*
"Ni Seguridad, Ni Derechos Ejecuciones, desapariciones y tortura en la 'guerra contra el narcotráfico de México'", *Human Rights Watch*
"Atrocidades innegables: Confrontando crímenes de lesa humanidad en México y Corrupción que mata", *Open Society Justice Initiative.*

Panh Rithy, *Documental S21: La máquina de matar de los Jeremes Rojos.*

Mensaje del secretario de la Defensa Nacional Salvador Cienfuegos: https://www.youtube.com/watch?v=uZcmefLAWX4
Video motivacional del Ejército Mexicano https://www.youtube.com/watch?v=ZzFnuFxD0xQ

Capítulo 4
Golden Tim, " Mexican Army is said to abuse rebel suspects", *The New York Times,* 23 enero 1994.
https://www.nytimes.com/1994/01/24/world/mexican-army-is-said-to-abuse-rebel-suspects.html

Sobre la treintena de movimientos de protesta:
"La asociación cívica guerrernse, organismo de vanguardia", *Comité Estatal de la Asociación Cívica Guerrerense,* http://movimientosarmados.colmex.mx/items/show/484

Mendoza García Jorge, "La tortura en el marco de la guerra sucia en México: un ejercicio de memoria colectiva", Polis vol.7 no.2 México ene. 2011. http://www.scielo.org.mx/scielo.php?script=sci_arttext&pid=S1870-23332011000200006

FUENTES DE INFORMACIÓN

Sobre dichos de Richard Nixon que apunta a la estrategia ahora contra las drogas:
Nixon Richard, "President Nixon on nation´s drug problem", conferencia de prensa 1971, https://www.nixonfoundation.org/2016/06/26404/

Capítulo 5
The Kill Factor, documenntal:
https://www.bbc.co.uk/sounds/play/p00gyhhk.

Torres Alberto, "Dos miembros de La Familia mueren en balacera", *El Universal*, 31 de mayo 2009, http://archivo.eluniversal.com.mx/notas/601533.html

"Confirma Sedena muerte de dos sicarios", *Reforma*, 31 de mayo 2009.

Capítulo 6
Sobre soldados desaparecidos:
Folio 0000700034415 INAI a Sedena

Sobre número de soldados patrullando las calles:
Folio 0000700118418 INAI a Sedena

Sobre soldados diagnosticados con padecimiento psiquiátrico y consultas psiquiátricas:
Folio 0000700058616 INAI a Sedena.

Sobre suicidio de soldados:
Folio 0000700149915 INAI a Sedena

Sobre crimen cometido contra José Fausto Gálvez:
Recomendación 29/2008 CNDH

Sobre delitos cometidos por soldados:
Arredondo Íñigo, "En la cárcel 12 mil soldados en 10 años", *El Universal*, https://www.eluniversal.com.mx/articulo/periodismo-de-investigacion/2016/12/22/en-la-carcel-12-mil-soldados-en-10-anos

Sobre soldados con padecimientos psiquiátricos:
García Denis, "Desertaron 50 mil soldados en dos sexenios, *La Jornada*, https://www.jornada.com.mx/2018/11/26/politica/011n1pol#
"Enfermedades psiquiátricas invaden a militares", *El Informador*, https://www.informador.mx/Mexico/Enfermedades-psiquiatricas-invaden-a-militares-20121224-0041.html

Sobre soldados heridos o incapacitados:
Alzaga Ignacio, "De 4 mil a 11 mil pesos las compensaciones militares", *Milenio*, https://www.milenio.com/policia/4-mil-11-mil-pesos-compensaciones-militares

Sobre tortura cometida por fuerzas armadas:
"Huellas imborrables: desapariciones, torturas y asesinatos por instituciones de seguridad en México 2006-2017", *Comisión Mexicana de Defensa y Promoción de los Derechos Humanos*
http://cmdpdh.org/project/huellas-imborrables-desapariciones-torturas-y-asesinatos-por-instituciones-de-seguridad-en-mexico-2006-2017/

Sobre soldados estadounidenses en Afganistán:
Snow Lalage, "We Are Not The Dead: soldiers' faces before, during and after serving in Afghanistan", *The Telegraph* https://www.telegraph.co.uk/news/picturegalleries/uknews/9013365/We-Are-Not-The-Dead-soldiers-faces-before-during-and-after-serving-in-Afghanistan.html?image=8
Fisher Steve y McDonnell Patriclk, "México decidió utilizar a las fuerzas armadas en su lucha contra las drogas. Muchos cuestionan los costos para la sociedad y el Ejército", *Los Ángeles Times*.
https://www.latimes.com/espanol/mexico/la-es-mexico-decidio-utilizar-a-las-fuerzas-armadas-en-su-lucha-contra-las-drogas-muchos-cuestionan-los-co-20180618-story.html
Jones Edgar, "The Psychology of Killing: The Combat Experience of British Soldiers during the First World War", *Journal of Contemporary History*, 2006.

FUENTES DE INFORMACIÓN

Sobre post Scriptum de Rafael Mondragón:
http://cadenademando.org/post-scriptum.html#carta-sobre-el-dolor

Capítulo 7
"Entre la luz y la sombra", Subcomandante Marcos:
http://enlacezapatista.ezln.org.mx/2014/05/25entre-la-luz-y-la-sombra/

AGRADECIMIENTOS

A Olivia, Ricardo, Pau, Emilia y Naira, por entender todo esto. Por animarnos. Por soportarnos y, aún así, querernos.

A nuestros amigos que, muchas veces sin saberlo, nos acompañaron, nos cuidaron y nos sostuvieron estos años de andar en caminos de pocas certezas.

A Diego Fonseca, por ayudarnos a pensar.

A quienes con su lectura, escucha y comentarios enriquecieron este libro: Adán Ramírez, Alberto Arce, Alberto Serdán, Carlos Carabaña, Carlos Villarreal, Elsa González, Emanuela Borzachielo, Héctor López Elizalde, Javier Yankielevich, John Gibler, Jorge Lule, José Carlos Agüero, Luis Eduardo Rea Zacanini, Mago Torres, Mariano Villegas, Mariejo Delgadillo, Marina Azahua, Mateo Reyes, Michael Manzur, Nayeli García, Ofelia Islas, Olivia Zerón, Oswaldo Zavala, Paula Mónaco, Pietro Ameglio, Rafael Mondragón, Ricardo Pérez-Zúñiga Trejo, Rosario Gómez, Santiago Aguirre, Sara Escobar, Ximena Suárez-Enríquez, María Benítez e Íñigo Arredondo.

Al equipo del Programa de Política Antidrogas del CIDE.

A todo el equipo de Pie de Página, por su acompañamiento estos años.

A la delegación de EL PAÍS, en México.

A la Comisión Mexicana de Defensa y Promoción de los Derechos Humanos.

A Pilar Calveiro y su grupo de maestría en la UACM, a quienes presentamos el proyecto Cadena de Mando.

A César Ramos, por esperarnos siempre.

```
SP
364.972 R281

Rea Gómez, Daniela,
La Tropa :por qué mata un
Stanaker WLNF
02/20
```

La tropa de Daniela Rea / Pablo Ferri,
se terminó de imprimir en abril de 2019
en los talleres de
Litográfica Ingramex, S.A. de C.V.
Centeno 162-1, Col. Granjas Esmeralda, C.P. 09810
Ciudad de México.